# OS SONS
# DA FÉ

# OS SONS DA FÉ

# PHILIP YANCEY

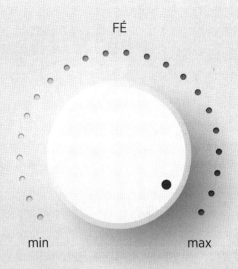

© 2015, Philip Yancey
All rights reserved.

EDITORA VIDA
Rua Conde de Sarzedas, 246 – Liberdade
CEP 01512-070 – São Paulo, SP
Tel.: 0 xx 11 2618 7000
Fax: 0 xx 11 2618 7030
www.editoravida.com.br

Todos os direitos desta tradução em língua portuguesa reservados por Editora Vida.

PROIBIDA A REPRODUÇÃO POR QUAISQUER MEIOS, SALVO EM BREVES CITAÇÕES, COM INDICAÇÃO DA FONTE.

Scripture quotations taken from *Bíblia Sagrada, Nova Versão Internacional*, NVI®.
Copyright © 1993, 2000 by International Bible Society®. Used by permission IBS-STL U.S. All rights reserved worldwide.
Edição publicada por Editora Vida, salvo indicação em contrário.

Editor responsável: Marcelo Smargiasse
Editor-assistente: Gisele Romão da Cruz Santiago
Tradução: Maria Emília de Oliveira
Revisão de Tradução: Sônia Freire Lula de Almeida
Revisão de provas: Andrea Filatro
Diagramação: Claudia Fatel Lino
Capa: Arte Peniel

Todas as citações bíblicas e de terceiros foram adaptadas segundo o Acordo Ortográfico da Língua Portuguesa, assinado em 1990, em vigor desde janeiro de 2009.

1. edição: abr. 2015
1ª reimp.: jul. 2016

Dados Internacionais de Catalogação na Publicação (CIP)
(Câmara Brasileira do Livro, SP, Brasil)

Yancey, Philip
    Os sons da fé / Philip Yancey ; [tradução Maria Emília de Oliveira]. — São Paulo : Editora Vida, 2015.

    ISBN 978-85-383-0315-2

    1. Deus 2. Fé 3. Vida cristã I. Título.

14-13406                                    CDD-248.44

Índice para catálogo sistemático:
    1. Fé : Vida cristã    248.4

# SUMÁRIO

## PARTE 1 — Desafios à fé

- Capítulo 1 — Dor e dúvida — 9
- Capítulo 2 — A defesa da dor feita por um médico — 27
- Capítulo 3 — Lições dos campos de concentração — 51
- Capítulo 4 — A crise de falta de moralidade — 83
- Capítulo 5 — A mais nova moralidade — 109

## PARTE 2 — Respostas cristãs

- Capítulo 6 — O legado de Francis Schaeffer — 129
- Capítulo 7 — A grande ideia de T. S. Eliot — 155
- Capítulo 8 — Os perigos de fazer o bem — 171
- Capítulo 9 — Quem são os evangélicos? — 195

## PARTE 3 — Os sons da fé

- Capítulo 10 — Um aguilhão, um prego e rabiscos na areia — 211
- Capítulo 11 — Arte e propaganda — 225
- Capítulo 12 — A música de Deus — 237
- Capítulo 13 — A ópera do sr. Händel — 249

# PARTE 1

## Desafios à FÉ

## Capítulo 1
## Dor e dúvida

Assisti, certa vez, a uma entrevista na televisão com uma atriz famosa de Hollywood, cujo amante morrera afogado em um porto cerca de Los Angeles. A investigação policial revelou que ele havia caído do iate, completamente embriagado. Apesar de tudo, a atriz olhou para a câmera, com seus lindos traços contorcidos pelo sofrimento, e perguntou:

— Como um Deus de amor permitiu que isso acontecesse?

Embora a atriz talvez não tivesse pensado em Deus uma única vez em meses, ou anos, de repente, diante do sofrimento, ela soltou as amarras da raiva. Para ela, e para quase todas as pessoas, a dúvida acompanha o sofrimento como uma ação reflexa. Sentimo-nos feridos e instintivamente nos voltamos contra Deus, sejam quais forem as circunstâncias. Jogamos a culpa em Deus — e duvidamos dele.

Em duas décadas como escritor, entrevistei muitas pessoas que estavam sofrendo. Algumas, como um piloto adolescente, cujo avião caiu em um campo de milho por falta de combustível, foram responsáveis pelo próprio sofrimento. Outras, como uma jovem que morreu de leucemia seis meses após o casamento, pareceram uma tragédia aleatória. Todas, no entanto, sem exceção, tiveram sérias dúvidas a respeito de Deus em razão do sofrimento que atravessaram.

O sofrimento põe em dúvida nossas convicções mais elementares a respeito de Deus. Quando alguém que já sofreu muito me conta sua história, ouço quatro perguntas básicas mais ou menos com estas palavras: *Deus é competente? Deus é realmente poderoso? Deus é justo? Por que Deus não parece se importar com a dor?* Conheço bem essas perguntas, porque já as fiz em tempos de sofrimento. Se você ainda não as fez, provavelmente as fará um dia, quando o sofrimento bater à sua porta.

### Deus é competente?

Quando expressada dessa maneira negativa, a pergunta parece estranha e até herética. Creio, porém, que muitas das quatro perguntas acerca da dor remontam à questão da competência de Deus. Deus não poderia ter feito um trabalho melhor com a criação?

Certamente, o mundo esbanja beleza em todos os lugares. Ande por um jardim na primavera ou observe a neve cair na encosta de uma montanha, e, por um instante, tudo parece estar no lugar certo no mundo à nossa volta. As dúvidas desaparecem. O mundo reflete a grandeza de Deus da mesma forma que uma pintura reflete a genialidade do artista.

Se, contudo, lançarmos um olhar mais atento a este mundo maravilhoso, começaremos a ver dor e sofrimento por toda parte. Animais devoram uns aos outros em um círculo de alimentação vicioso. Terroristas fazem pessoas inocentes voar pelos ares. Furacões, terremotos, *tsunamis* e inundações provocam devastações no planeta. Na verdade, tudo o que vive, um dia morre. A majestosa pintura de Deus parece imperfeita, como uma peça de arte destruída por um anarquista.

Confesso que cheguei a considerar a dor como uma grande estupidez de Deus em um mundo normalmente impressionante. Por que incluir a dor para criar o caos em um mundo como esse? Sem dor e sofrimento, seria muito mais fácil respeitarmos Deus e confiar nele. Não seria melhor criar simplesmente todas as coisas belas no mundo e deixar a dor de fora?

Minhas dúvidas em relação à competência de Deus foram sacudidas no lugar mais inusitado de todos, porque, para meu espanto, aprendi que realmente existe um mundo sem dor dentro das paredes de um hospital para leprosos. Ao percorrer os corredores de um leprosário em Louisiana e conhecer as vítimas dessa enfermidade, minhas dúvidas a respeito do valor da dor dissiparam-se. Os leprosos não sentem dor física — o que acaba sendo, de fato, a tragédia dessa doença. À medida que ela progride, as terminações nervosas responsáveis pelos sinais da dor permanecem silenciosas; portanto, os pacientes do leprosário oferecem uma visão do que seria um mundo sem dor.

Não conheço ninguém que sinta inveja da vida de um leproso. Em geral, as pessoas reagem com medo e repulsa diante da doença. Por quê? Por causa de nossas imagens visuais (quase sempre distorcidas nos romances e filmes sensacionalistas) da doença. Trata-se de uma doença cruel e, se não for tratada, pode causar graves deformidades nas mãos, nos pés e no rosto. Não conheço nenhuma pessoa mais solitária no mundo que as vítimas da lepra. No entanto, este é o fato mais impressionante acerca da lepra, um fato que passou despercebido até a década de 1950: praticamente todas as deformidades físicas ocorrem *porque a vítima da lepra não sente dor*. A doença destrói as células nervosas; consequentemente, todas as outras deteriorações do tecido são causadas porque o paciente não sente dor.

Conheci um paciente leproso que perdera todos os dedos do pé direito simplesmente porque insistiu em usar sapatos apertados e estreitos. Conheço outro que quase perdeu o dedão por causa de uma ferida que se desenvolveu quando ele segurava o cabo do esfregão com muita força. Muitos pacientes naquele hospital ficaram cegos simplesmente porque a lepra silenciava as células responsáveis pela dor, projetadas para alertá-los a piscar os olhos. Com o tempo, os olhos deles se secaram por falta da lubrificação que ocorre quando piscamos.

Aprendi isto de mil maneiras, grandes e pequenas: a dor é útil para nós todos os dias. Quando temos saúde, as células da dor alertam-nos quando devemos trocar de sapatos, quando apertar com menos força o cabo do rodo ou da vassoura, quando piscar. Em resumo, a dor permite que levemos uma vida livre e ativa. Se você duvida disso, visite um leprosário e veja com os próprios olhos um mundo sem dor.

Minha pesquisa sobre a natureza da dor impressionou-me a tal ponto que, um dia, escrevi um livro[1] que descreve algumas características notáveis do processo da dor em nosso corpo. Não sou capaz de reproduzir todas aqui, mas há algumas dignas de ser mencionadas.

- Sem o sinal de advertência da dor, a maioria dos esportes seria arriscada demais.
- Sem dor, não haveria sexo, porque o prazer sexual é transmitido, em grande parte, pelas células da dor.
- Sem dor, a arte e a cultura seriam muito limitadas. Todos os músicos, bailarinos, pintores e escultores confiam na sensibilidade do corpo à dor e à pressão. O violonista, por exemplo, precisa ser capaz de sentir exatamente onde colocar o dedo na corda e até que ponto pressioná-la.
- Sem dor, nossa vida seria um perigo mortal e constante. As raras pessoas que não sentem dor não recebem o sinal físico da ruptura do apêndice, do infarto ou de um tumor cerebral. A maioria delas morre precocemente por causa de um problema médico não detectado em razão de sua insensibilidade à dor.

Concluí minha pesquisa com a convicção ferrenha de que a dor é essencial para a vida normal neste planeta. Não é uma inovação de Deus planejada no último minuto da criação para tornar nossa vida infeliz. Nem é uma grande estupidez de Deus. Essa dúvida não existe mais. Hoje, olho para o conjunto incrível de milhões de sensores espalhados por todo o nosso corpo, ajustados precisamente à nossa necessidade de proteção, e vejo um exemplo da competência de Deus, não de incompetência.

[1] **Onde está Deus quando chega a dor? São Paulo: Vida, 2005.**

**Deus é poderoso?**

A dor física é, claro, somente a camada superior daquilo que chamamos de sofrimento. Morte, doença, terremotos, tornados — tudo isso levanta questões mais complicadas a respeito do envolvimento de Deus no mundo. Uma coisa é dizer que Deus planejou originariamente o sistema de dor como uma advertência eficaz para nós. Mas o que seria do mundo agora? Estaria Deus satisfeito com a maldade humana desenfreada, com as catástrofes naturais e as doenças que matam crianças? Por que ele não intervém com poder e põe fim a alguns dos piores tipos de sofrimento? Será que Deus tem poder suficiente para reorganizar o mundo de tal forma que aliviasse o sofrimento das pessoas?

Alguns anos atrás, um livro surpreendente sobre esse mesmo assunto chamou a atenção: *Quando coisas ruins acontecem às pessoas boas*,[2] escrito pelo rabino Harold Kushner. Trata-se de uma obra de teologia, uma raridade nas listas dos *best-sellers*, escrita por um rabino judeu que aborda o problema da dor.

As dúvidas de Kushner a respeito de Deus vieram à tona quando seu filho bebê foi diagnosticado com uma doença chamada progéria. De alguma forma, ninguém sabe como, a progéria acelera rapidamente o processo de envelhecimento. Em vez de crescer, a criança com progéria começa a encolher, como se fosse uma pessoa idosa. O filho de Kushner perdeu todos os cabelos por volta da época em que a maioria das crianças começa a frequentar o jardim de infância. A pele tornou-se rígida e enrugada. Os dentes, que então acabavam de nascer, começaram a cair. Embora, pelo calendário, ainda não estivesse em idade escolar, o menino tinha o corpo de um velho. E, aos 8 anos de idade, ele morreu.

Durante o período agonizante do progresso da doença do filho, Harold Kushner trabalhava como rabino. Teve de visitar viúvos e viúvas, doentes em hospitais, pais de outras crianças que também sofriam e

[2] São Paulo: Nobel, 2003.

ser representante de Deus a eles. Enquanto fazia isso, seu entendimento a respeito de Deus passou por uma profunda mudança... para pior. Certa vez, um filósofo expôs o problema da dor da seguinte maneira: ou Deus é todo-poderoso, ou totalmente amoroso. Deus não pode ser as duas coisas e permitir a dor e o sofrimento. Kushner concluiu que ele também não poderia mais acreditar em um Deus todo-poderoso e totalmente amoroso.

O livro de Kushner explica como ele passou a aceitar o amor de Deus, mesmo enquanto questionava seu poder. Hoje ele acredita que Deus é bom, que nos ama e que odeia ver-nos sofrer. Infelizmente, as mãos de Deus estão amarradas. Deus simplesmente não tem poder suficiente para resolver os problemas deste mundo — problemas como crianças com progéria. O livro de Kushner tornou-se *best-seller* porque as pessoas encontraram consolo nele. Kushner havia conseguido verbalizar algo em que as pessoas queriam acreditar o tempo todo: Deus deseja ajudar, mas não pode. Quando recorremos a Deus para resolver nossos problemas, estamos simplesmente esperando demais.

Eu também encontrei consolo no livro do rabino Kushner — tanto que ele começou a me perturbar. Suas ideias soam como algo que eu gostaria que fosse verdade. Mas será que são? Meus problemas aumentaram à medida que eu estudava o livro de Kushner à luz da Bíblia, um livro dado por Deus para revelar a natureza deste mundo.

Kushner cita, em um capítulo, o livro de Jó, e recorri a esse livro do Antigo Testamento sobre um homem que sofreu grande dor, sem merecer. Deus faz um discurso a Jó e a seus três amigos depois que passaram vários longos dias discutindo o problema do sofrimento. Se alguém merecia uma resposta ao problema da dor, esse alguém era Jó. Ele, o homem mais justo do mundo, estava enfrentando o maior de todos os sofrimentos.

A resposta de Deus a Jó, o discurso mais longo de Deus registrado na Bíblia (capítulos 38—41), não foi a que Jó esperava. Deus não se desculpou, não usou expressões de solidariedade, como "Sei quanto você está sofrendo", nenhuma explicação do tipo "Sinto muito, amigo, mas eu tinha outras coisas em mente". Em vez de receber uma merecida explicação sobre o problema do sofrimento, Jó recebeu uma lição mais ampla a respeito do que está envolvido na administração do Universo.

"Esteja preparado como homem", Deus começou a dizer. "Vou questioná-lo, e você vai me responder". Deus começou, então, a dar um passeio pelo cosmos.

> "Onde você estava quando lancei
> os alicerces da terra?
> Responda-me, se é que você sabe tanto.
> Quem marcou os limites
> das suas dimensões?
> Talvez você saiba!" (38.4,5).

Passo a passo, Deus conduziu Jó ao longo da Criação: desenhando o planeta Terra, cavando as profundezas do mar, pondo o sistema solar em ação, trabalhando a estrutura cristalina dos flocos de neve. Em seguida, Deus passa a falar dos animais, apontando com orgulho para animais como cabras-monteses, boi selvagem, avestruz e falcão. E Deus pergunta, para concluir:

> "Aquele que contende
> com o Todo-poderoso
> poderá repreendê-lo?
> Que responda a Deus
> aquele que o acusa!" (40.2).

O romancista Frederick Buechner resume a confrontação desta maneira: "Deus não explica. Deus explode. Pergunta a Jó quem ele pensa que é. Diz que tentar explicar o tipo de coisas para as quais Jó deseja uma explicação seria como tentar explicar Einstein a um molusco. Deus não revela seu plano grandioso. Deus se autorrevela".

Na conversa com Jó, Deus tem a oportunidade perfeita para discutir a falta de poder divino, se esse fosse o problema verdadeiro. Evidentemente, Jó teria aceitado com satisfação estas palavras: "Jó, lamento muitíssimo o que está acontecendo. Espero que você entenda que não tive nada a ver com tudo o que você está passando. Gostaria de poder ajudar, Jó, mas não posso". Deus não disse isso. Ao falar a um homem completamente ferido e desmoralizado, Deus proclamava sabedoria e poder. Se isso for verdade — e você poderá ler em Jó 38—41 —, eu preciso questionar a teoria do rabino Kushner a respeito da falta de poder de Deus. Por que Deus escolheu a pior situação possível — e insistiu nela — no momento em que o poder divino estava sendo totalmente posto em dúvida?

Outras partes da Bíblia convencem-me de que talvez devamos considerar o problema do sofrimento como uma questão de tempo, não de poder. Temos muitas indicações de que Deus, assim como nós, está insatisfeito com a condição deste mundo, uma criação danificada por um antagonista maldoso. Deus sente desgosto e raiva diante da violência, da guerra, do ódio, do sofrimento e ele planeja fazer algo sobre isso no momento adequado.

Nos escritos dos profetas, nos ensinamentos de Jesus e no Novo Testamento inteiro é recorrente o tema da esperança, de um dia maravilhoso quando um novo céu e uma nova terra substituirão os antigos. O apóstolo Paulo explica desta maneira:

> Considero que os nossos sofrimentos atuais não podem ser comparados com a glória que em nós será revelada. A natureza criada aguarda, com grande expectativa, que os filhos de Deus sejam revelados. [...] Sabemos que toda a natureza criada geme até agora como em dores de parto (Romanos 8.18,19,22).

Às vezes, pelo fato de vivermos nesta criação que geme, sentimo-nos semelhantes ao pobre e velho Jó, que raspava suas feridas com caco de louça e se perguntava por que Deus lhe permitiu tal sofrimento.

Assim como Jó, somos chamados a confiar em Deus mesmo quando todas as evidências parecem ser contrárias à verdade. Devemos acreditar que Deus de fato controla o Universo e seu poder é supremo, independentemente da aparência das situações.

Em resumo, não podemos cometer o erro de julgar o poder ou o caráter de Deus com base no estado em que o mundo se encontra. Deus planeja um mundo bem melhor para nós um dia, um mundo sem dor, sem maldade, sem lágrimas, sem morte, e pede que tenhamos fé na promessa dessa nova criação.

**Deus é justo?**

*Por que logo comigo?*, perguntamos instintivamente quando enfrentamos uma enorme desgraça. *Havia dois mil carros na autopista — por que exatamente o meu derrapou em direção à ponte? As filas do teleférico estiveram lotadas de esquiadores o dia inteiro — por que fui o único que quebrou a perna e estragou as férias? Há um tipo raro de câncer que ataca apenas uma entre mil pessoas — por que meu pai tinha de estar entre as vítimas?*

Se analisar essas perguntas com muito cuidado, você poderá detectar um ponto em comum. Cada pergunta parte do princípio de que Deus foi responsável de alguma forma, que ele causou diretamente a dor. Se, de fato, Deus é todo-poderoso e totalmente competente, então isso quer dizer que ele controla todos os detalhes da vida? Será que Deus escolheu a dedo que carro derraparia na estrada? Ele dirigiu apenas um esquiador, mas não outros, para colidir com um tronco de árvore? Deus usa uma lista telefônica para escolher aleatoriamente as vítimas de câncer?

Poucos de nós somos capazes de evitar tais pensamentos quando o sofrimento chega. Começamos imediatamente a vasculhar nossa consciência à procura de algum pecado pelo qual Deus nos está punindo. *O que Deus está tentando me dizer com este sofrimento?* E se não encontrarmos nada definido, começamos a questionar a justiça de Deus. *Por que estou sofrendo mais que meu vizinho, uma pessoa totalmente imbecil?*

A maioria das pessoas que entrevistei se atormenta com essas perguntas. Enquanto se contorcem de dor no leito, questionam Deus. Em geral, isso só serve para fazer os cristãos bem-intencionados se sentirem pior. Eles chegam ao quarto do hospital carregando uma pilha de culpa (*Você deve ter feito alguma coisa para merecer isto*) e frustrações (*Você não tem orado com fé suficiente*).

Repetindo, a Bíblia é o único lugar confiável para pôr nossas dúvidas à prova acerca de Deus. O que encontramos lá? Que Deus usa o sofrimento para nos castigar? A bem da verdade, sim. A Bíblia registra numerosos exemplos, principalmente os castigos infligidos à nação de Israel no Antigo Testamento. Mas observe: em todos os casos, o castigo vem depois de repetidas advertências contra um comportamento que merece ser punido. Os livros dos profetas, com centenas de páginas, apresentam um aviso alto e eloquente a Israel para que se afastasse do pecado antes da vinda do julgamento.

Pense em um pai que castiga o filho pequeno. De nada adiantaria um pai aparecer de repente e sorrateiramente em casa durante o dia e espancar o filho sem nenhuma explicação. Essa tática produziria uma criança neurótica, não uma criança obediente. O castigo eficaz precisa estar claramente relacionado ao comportamento.

A nação de Israel sabia por que estava sendo castigada; o povo havia sido dolorosamente avisado pelos profetas. O faraó do Egito sabia exatamente por que as dez pragas tinham sido lançadas sobre sua terra. Deus o advertira e lhe dissera por que aconteceriam e que só seriam suspensas se o coração do faraó mudasse. Os exemplos bíblicos de sofrimento como castigo parecem seguir um padrão recorrente: o sofrimento chega depois de muita advertência, e ninguém fica perguntando depois: "Por quê?". O povo sabia muito bem por que estava sofrendo.

Será que esse padrão recorrente representa o que acontece a quase todos nós hoje? Temos uma revelação direta de Deus avisando-nos de uma catástrofe iminente, como um terremoto? O sofrimento pessoal é acompanhado de uma explicação clara de Deus? Se não, tenho de questionar se o sofrimento que a maioria de nós sente — um acidente ao esquiar, câncer na família, tragédia no trânsito — são castigos de Deus.

Sinceramente, creio que, se Deus não nos revelar de outra maneira, será melhor ler outros exemplos bíblicos de pessoas que sofreram. E a Bíblia contém algumas histórias de pessoas que sofreram, mas que nem por isso estavam sendo castigadas por Deus. Mais uma vez, Jó apresenta o melhor exemplo. Ele também questionou a justiça de Deus, e com bons motivos: Deus havia descrito Jó como "irrepreensível, íntegro, homem que teme a Deus e evita o mal" (1.8). Por que, então, Jó teve de suportar uma provação tão grande?

Os amigos de Jó insistiram em dizer que o problema era Jó, não Deus. Afinal, eles raciocinaram, Deus é justo e não comete erros. Jó, apesar de seus protestos de inocência, devia ter feito algo para *merecer* aquele sofrimento. Milhares de anos passaram, mas continuamos à procura das mesmas explicações sobre o sofrimento que os amigos de Jó verbalizaram. Esquecemos de que essas explicações foram rejeitadas por Deus no final do livro. Deus insistiu em que Jó não havia feito absolutamente nada para merecer o sofrimento, e o sofrimento não fora um castigo por seu comportamento.

Jesus abordou o mesmo assunto em dois lugares diferentes no Novo Testamento. Certa vez, os discípulos apontaram para um cego e perguntaram quem havia pecado para merecer tal sofrimento — o cego ou os pais dele. Jesus respondeu que nenhum deles havia pecado (v. João 9.1-5). Em outra ocasião, Jesus comentou sobre dois eventos daqueles dias: a queda de uma torre que matou 18 pessoas e o massacre de alguns adoradores no templo. Aquelas pessoas, disse Jesus, eram tão inocentes quanto quaisquer outras (v. Lucas 13.1-5). Elas também não haviam feito nada para merecer tal sofrimento.

Concluí que a maioria dos cristãos que sofre hoje não está sendo castigada por Deus. Ao contrário, o sofrimento delas encaixa-se no padrão recorrente do sofrimento inesperado, inexplicável, como o de Jó e das vítimas da catástrofe que Jesus descreveu. Há exceções, claro.

Alguns sofrimentos têm ligação clara com comportamento: no caso de vítimas de acidente de carro que dirigem embriagadas e ou de doenças sexualmente transmissíveis não é necessário muito tempo para tentar entender os motivos por trás do sofrimento. Mas, para quase todos nós, na maioria das vezes não encontro na Bíblia nenhuma explicação fácil para o sofrimento.

Por que Jó sofreu? Por que aquele homem era cego? Por que aquelas pessoas pereceram quando a torre caiu? A Bíblia não apresenta nenhuma resposta simples a essas perguntas. Vivemos em um mundo imperfeito, um mundo que inclui forças antagônicas ao plano original de Deus; nem tudo funciona como desejamos. Na verdade, o livro de Jó deixa subentendido que as respostas vão além do entendimento humano. Tentar entender por que tudo neste mundo funciona como funciona é o mesmo que um molusco tentar entender Einstein.

A Bíblia sempre desvia o assunto da pergunta sobre a causa para a pergunta que tem uma resposta. "Deus é justo?", perguntamos em meio ao sofrimento. "Eu estou no controle, por pior que seja a situação", é a única resposta de Deus. Em seguida, Deus tem apenas uma pergunta para nós: "Você confia em mim?".

**Deus se importa conosco?**

A última grande dúvida produzida pela dor é sutilmente diferente. As outras perguntas são mais abstratas e filosóficas; esta é pessoal: Por que Deus não se preocupa mais conosco em tempos de necessidade? Se Deus se importa com a minha dor, por que não me diz isso?

O notável autor cristão C. S. Lewis escreveu uma obra clássica sobre o sofrimento, *O problema do sofrimento*,[3] na qual responde com convicção a muitas dúvidas que surgem quando os cristãos sofrem. Centenas de milhares de pessoas encontraram consolação no livro de Lewis.

---

[3] São Paulo: Vida, 2009.

No entanto, anos depois que Lewis escreveu esse livro, sua esposa contraiu uma forma debilitante de câncer. Ele a viu definhar em um leito de hospital e depois a viu morrer. Após a morte de Joy, Lewis escreveu outro livro sobre o sofrimento, este último muito mais pessoal e emocional, *A anatomia de uma dor*, que inclui esta passagem:

> Nesse meio-tempo, onde está Deus? Esse é um dos sintomas mais inquietantes. Quando você está feliz, muito feliz, não faz nenhuma ideia de vir a necessitar dEle, tão feliz, que se vê tentado a sentir suas reivindicações como uma interrupção; caso se lembre e volte a Ele com gratidão e louvor, você será — ou assim parece — recebido de braços abertos. Mas, volte-se para Ele, quando estiver em grande necessidade, quando toda outra forma de amparo for inútil, e o que você encontrará? Uma porta fechada na sua cara, ao som do ferrolho sendo passado duas vezes do lado de dentro. Depois disso, silêncio. Bem que você poderia dar as costas e ir embora.[4]

Apesar de não ter duvidado da existência de Deus, C. S. Lewis questionou o amor de Deus. Jamais Deus parecera tão distante ou desligado. Se Deus nos ama realmente, onde está ele no meio da dor? Até os cristãos mais fervorosos podem, como Lewis, duvidar da preocupação de Deus conosco. Quando isso acontece, as orações parecem meras palavras atiradas ao vento.

Tenho conversado com muitas pessoas em grande sofrimento para entender que as experiências diferem umas das outras. Nem todos têm a sensação de abandono descrita por C. S. Lewis. Alguns cristãos dizem que Deus se tornou particularmente real a eles durante o sofrimento. O Espírito Santo pode oferecer uma misteriosa consolação que nos ajuda

---

[4] **A anatomia de uma dor: um luto em observação. 3. reimp. São Paulo: Vida, 2013**. p. 33.

a vencer o sofrimento que estamos sentindo. Mas nem sempre isso acontece. Ás vezes, Deus parece estar em total silêncio. E, então, o que fazer?

Não posso generalizar a maneira com que cada pessoa experimenta estar próxima de Deus ou distante dele. Mas há duas expressões do cuidado de Deus que se aplicam a todos nós, em qualquer lugar. Uma é a reação de Jesus ao sofrimento. A outra envolve cada pessoa que se diz cristã.

Em Jesus temos o fato histórico de como Deus reagiu ao sofrimento no mundo, e qualquer um que duvide do amor de Deus deveria prestar um pouco mais de atenção em Jesus, que nos dá uma resposta bem próxima e pessoal acerca do sofrimento humano. Todas as nossas dúvidas sobre Deus e o sofrimento deveriam, de fato, ser filtradas através do que conhecemos a respeito de Jesus.

Em primeiro lugar, há o fato incrível de que o próprio Deus aceitou e enfrentou a dor. O mesmo Deus que se vangloriou perante Jó sobre o mundo que havia criado escolheu sujeitar-se ao mundo e a todas as leis naturais que o regem, inclusive a dor. Outra autora cristã, Dorothy Sayers, explica da seguinte maneira:

> Por motivo que desconhecemos, Deus escolheu fazer o homem como ele é — limitado, sofredor e sujeito a angústias e morte; ele teve a honestidade e a coragem de tomar do próprio remédio. Seja qual for o jogo que esteja fazendo com sua criação, Deus mantém as próprias regras e joga limpo. Não pode exigir nada do homem que ele não exige de si mesmo. Ele próprio passou por todas as experiências humanas, desde irritações comuns da vida em família, restrições dolorosas causadas por trabalho árduo e falta de dinheiro até os piores horrores de dor, humilhação, derrota, desespero e morte. Em forma de homem, agiu como homem. Nasceu na pobreza, morreu de forma vergonhosa e achou que valeu a pena.

" 'Porque Deus tanto amou o mundo", diz o versículo bíblico tão conhecido, "que deu o seu Filho Unigênito, para que todo o que nele crer não pereça, mas tenha a vida eterna' " (João 3.16). O fato de Jesus ter vindo ao mundo, sofrido e morrido não elimina o nosso sofrimento. Nem garante que sempre nos sentiremos bem. No entanto, deixa claro que Deus não permanece imóvel vendo-nos sofrer sozinhos. Deus está conosco, e através da vida terrena de Jesus sofreu muito mais que nós. Ao fazer isso, conforme Paulo escreveu posteriormente, ele conquistou uma vitória que torna possível um mundo futuro sem dor.

A palavra "compaixão" deriva de duas palavras latinas que significam "sofrer com". Jesus mostrou compaixão no sentido mais profundo quando veio voluntariamente ao mundo e aceitou a dor. Ele sofreu conosco e por nós. Jesus passou grande parte da vida entre pessoas que sofriam, e sua reação diante delas também nos mostra como Deus se sente em relação à dor.

Como Deus se sente em relação ao nosso sofrimento? Olhe para Jesus. Ele reagiu com tristeza e dor diante de pessoas que sofriam. Quando o amigo de Jesus morreu, ele chorou. E, depois, com poder sobrenatural, curou os sofredores. Duvido que os discípulos de Jesus se sentissem atormentados com perguntas como: "Será que Deus se importa com o ser humano?", porque eles tiveram provas visíveis todos os dias do cuidado de Deus. Eles simplesmente olhavam para o rosto de Jesus e o viam realizando a missão de Deus na terra.

Apesar disso, Jesus não permaneceu na terra. Hoje, não podemos ir a Jerusalém, alugar um carro e agendar um encontro pessoal com ele. O que podemos fazer hoje? Como sentir o amor de Deus? Temos o Espírito Santo, claro, um sinal verdadeiro da presença de Deus em nós. E temos a promessa do futuro quando Deus restaurará o mundo e encontrará conosco face a face. Mas o que fazer neste momento? Temos a prova física e visível do amor de Deus na terra?

É aí que entra a Igreja, a comunidade que inclui todas as pessoas deste mundo que seguem Deus verdadeiramente. A Bíblia usa a expressão "Corpo de Cristo" para expressar nossa nova identidade terrena. Somos chamados a representar Cristo como ele é, principalmente aos que sofrem.

O apóstolo Paulo deve ter tido esse processo em mente quando escreveu estas palavras:

> [...] Deus de toda consolação, que nos consola em todas as nossas tribulações, para que, com a consolação que recebemos de Deus, possamos consolar os que estão passando por tribulações. Pois assim como os sofrimentos de Cristo transbordam sobre nós, também por meio de Cristo transborda a nossa consolação (2Coríntios 1.3-5).

Há somente uma única maneira positiva de entender como o Corpo de Cristo pode ministrar a uma pessoa em sofrimento: vendo-o em ação. Já vi isso e darei um exemplo ao contar a história de Martha, uma pessoa que passou por grande sofrimento e teve muitas dúvidas.

Martha era uma mulher de 26 anos de idade, muito atraente, quando a conheci em Chicago. Um dia, sua vida mudou drasticamente quando ela contraiu esclerose lateral amiotrófica (ELA) ou doença de Lou Gehrig. A ELA é uma doença neurodegenerativa. Afeta primeiro os movimentos voluntários, como o controle dos braços e das pernas, depois o das mãos e dos pés. Progride até afetar os movimentos involuntários, como a respiração, causando a morte. Às vezes, o corpo da pessoa sucumbe rapidamente; outras, não.

Martha parecia perfeitamente normal quanto me contou sobre a doença. Um mês depois, estava andando de cadeira de rodas. Foi demitida do emprego na biblioteca da universidade. Depois de um mês, Marta perdeu os movimentos do braço direito e, logo depois, perdeu o movimento dos dois braços e mal podia controlar a nova cadeira elétrica com as mãos.

Comecei a visitar Martha no hospital de reabilitação. Ajudei-a a dar passeios curtos na cadeira de rodas e em meu carro. Entendi o significado da indignidade ao ver seu sofrimento. Ela precisava de ajuda para cada movimento: vestir-se, ajeitar a cabeça no travesseiro, limpar a "comadre". Quando ela chorava, alguém tinha de enxugar-lhe as lágrimas e segurar-lhe um lenço sob o nariz. O corpo reagia exatamente o oposto à vontade dela. Não obedecia a nenhum de seus comandos.

Conversamos sobre a morte e, de passagem, sobre a fé cristã. Confesso sem pestanejar que a grande esperança dos cristãos a respeito da vida eterna, da cura definitiva e da ressurreição parecia vazia, frágil e imperceptível quando se tratava de alguém como Martha. Ela não queria ter asas de anjo, mas um braço que não ficasse pendurado ao lado, uma boca que não babasse e pulmões que não a impedissem de respirar. Confesso que a eternidade, mesmo sendo uma eternidade sem dor, parecia ter uma estranha irrelevância ao sofrimento de Martha.

Ela pensava em Deus, claro, mas raramente pensava nele com amor. Não concordava com conversões em leito de morte, insistindo em que, conforme dizia, somente recorreria a Deus por amor, não por medo. E como poderia amar um Deus que lhe permitia tanto sofrimento?

Por volta de outubro, ficou claro que a doença completaria rapidamente seu ciclo em Martha. A dificuldade em respirar era grande demais. Em razão de pouca oxigenação no cérebro, ela dormia no meio da conversa. Às vezes, acordava em pânico à noite, com a sensação de estar sufocada, incapaz de pedir ajuda.

Martha queria sair do hospital por, pelo menos, duas semanas e permanecer em seu apartamento em Chicago, para receber as amigas, uma a uma, a fim de despedir-se. Mas as duas semanas no apartamento apresentaram um problema. Como receber a ajuda de que necessitava durante vinte e quatro horas por dia? O governo prestava assistência para que ela fosse mantida em um quarto de hospital, mas não em casa, em razão dos cuidados intensivos de que necessitava para permanecer viva.

Apenas um grupo na região de Chicago ofereceu-se para cuidar de Martha com amor e sem remuneração: o Reba Place Fellowship, de Evanston. Aquela comunidade cristã adotou Martha como um projeto e apresentou-se como voluntária para suprir tudo o que fosse necessário a fim de realizar seus últimos desejos. Dezesseis mulheres reorganizaram a vida para cuidar dela. Dividiram-se em grupos, revezaram-se para cuidar dos filhos pequenos e partiram para a luta. Permaneceram ao lado de Martha, ouviram suas palavras de ira e reclamações, deram banho nela, ajudaram-na a sentar-se e movimentar-se. Passaram a noite inteira com ela, oraram por ela e a amaram. Para Martha, elas se tornaram o Corpo de Deus.

As mulheres do Reba Place também falaram da esperança dos cristãos a Martha. Finalmente Martha, ao ver o amor de Deus refletido em seu Corpo, as pessoas a seu redor — embora, para ela, Deus parecesse indiferente, até mesmo cruel —, aceitou Deus por intermédio de Cristo e apresentou-se com confiança àquele que morreu por ela. Martha não aceitou Deus por medo; ela finalmente encontrou o amor de Deus nas mulheres do Reba Place. Em um culto muito comovente em Evanston, ela deu um testemunho com voz fraca, e foi batizada.

Na véspera do feriado do Dia de Ação de Graças, Martha morreu. Seu corpo encolhido, maltratado e atrofiado era uma imitação patética de sua beleza de outrora. Quando finalmente parou de funcionar, Martha saiu dele. Nós, cristãos, acreditamos que hoje Martha vive em um novo corpo incorruptível e triunfante, em razão da vitória que Cristo conquistou e porque seu Corpo, a Igreja, falou dessa vitória a ela. Martha teve um encontro com Deus em meio ao sofrimento, porque foi durante o tempo de sofrimento que ela compreendeu quem Deus realmente era, por meio do amor e da compaixão expressos nas ações daquelas mulheres cristãs à sua volta. E suas dúvidas acerca de Deus aos poucos desapareceram.

# Capítulo 2
## A defesa da dor feita por um médico

Pergunte a qualquer grupo de universitários o que eles têm contra o cristianismo, e eles provavelmente repercutirão as variações sobre o tema da dor e do sofrimento: "Não posso acreditar em um Deus que tenha permitido o Auschwitz", "Minha irmã adolescente morreu de leucemia apesar de todas as orações dos cristãos", "Um terço do mundo foi dormir com fome na noite passada — como isso se enquadra em seu cristianismo?". Em geral, a defesa do cristão soa como uma apologia, não no sentido teológico clássico de uma defesa bem ponderada, mas no sentido envergonhado, evasivo e cabisbaixo do constrangimento.

Nunca li um poema exaltando as virtudes da dor, nem vi uma estátua erigida em sua homenagem, nem ouvi um hino dedicado a ela. A dor quase sempre é definida como "infortúnio". Se você insistir em uma resposta, é provável que muitos cristãos admitam que a dor foi um erro de Deus. O Criador deveria ter trabalhado mais e inventado uma forma melhor de alertar-nos contra os perigos do mundo. Eu já me senti assim certa vez, mas agora estou convencido de que a dor tem uma conotação negativa. Talvez *devêssemos* ver estátuas, hinos e poemas em sua homenagem.

Confusos diante do problema da dor, parece que nos esquecemos do fato central que me foi trazido à mente repetidas vezes pelo dr. Paul Brand, o cirurgião missionário que dirigiu a ala de reabilitação do único leprosário dos Estados Unidos antes de sua morte em 2003. "Se eu pudesse dar um único presente a um leproso, eu lhe daria o presente da dor", dizia o dr. Brand. A dádiva da dor: um conceito estranho e paradoxal que jamais nos teria ocorrido, mas que flui naturalmente da experiência de um cirurgião que tratou de pacientes leprosos.

De acordo com o ponto de vista de Brand, a dor, como o resto da natureza, é uma criação essencialmente boa que, de alguma forma, desviou-se do plano original de Deus na queda da criação. Essa ideia encaixa-se perfeitamente no esquema cristão cósmico da criação, da queda e da suprema restauração.

Pense na Terra, que espelha maravilhosamente a obra de Deus: as tonalidades brilhantes e as sombras delicadas do pôr do sol ou do arco-íris, a confiabilidade serena das marés; os desenhos magnificamente abstratos das borboletas, 20 mil variações exóticas condensadas em minúsculas amostras de tecidos voando de um lado para o outro. No entanto, o mesmo Sol que enfeita o céu com uma profusão de cores forma uma camada de terra dura e ressequida no solo africano, ameaçando milhões de pessoas a morrer de fome. O ritmo constante da arrebentação de ondas pode, quando agitado por um maremoto, formar um paredão da morte, eliminando cidades e povoados. E as criaturinhas multicoloridas e inofensivas que passam a vida voando entre as flores são abocanhadas na ferocidade da cadeia alimentar da natureza. O mundo, apesar de ser um espetáculo grandioso de Deus, é também um lugar de morte e destruição.

Pense nos seres humanos: o país que produziu Bach, Lutero, Goethe e Beethoven também produziu Hitler, Eichmann, Goering. O país que idealizou os direitos civis trouxe-nos o Watergate e a prisão de Abu Graibh. Em todos nós, os traços de caráter de criatividade, bondade e compaixão competem com fraude, egoísmo e crueldade.

O mesmo ocorre com a dor. O sistema nervoso que transporta suas sensações torna possível realizarmos nossos trabalhos mais nobres. Você já assistiu ao concerto de um violinista? Cada vez que o dedo dele comprime uma corda, ele coordena o movimento sincronizado de dezenas de músculos. Os dedos que se movimentam em 12 posições comprimem as cordas com poder e segurança, depois procuram delicadamente a corda mi, e então tangem um alto *pizzicato*. O sistema nervoso, combinando uma trajetória intricada de sensações de pressão com seu comando de movimento, capacita o violinista a fazer sua apresentação.

Você poderia dizer, claro, que o sistema nervoso tem algo bom dentro dele. Mas como explicar quando um golpe de dor corre até o cérebro, abafando os sons suaves de todas as outras sensações? Pode ser uma dádiva? Sim, a *dor* em si é uma dádiva. Depois de trabalhar anos a fio com pacientes leprosos, o dr. Paul Brand aprendeu a agradecer a sensação que resulta quando cortamos o dedo, torcemos o tornozelo, mergulhamos em uma banheira de água muito quente. "Graças a Deus pela dor!", disse ele.

Os médicos acreditavam que a lepra causava as feridas nas mãos, nos pés e no rosto, que, com o tempo, produzia o apodrecimento da carne e a perda dos membros do corpo. A pesquisa do dr. Brand comprovou que, em 99% dos casos, a lepra apenas amortece as extremidades. A destruição do tecido ocorre unicamente porque o sistema de alerta da dor permanece silencioso.

Os visitantes dos vilarejos rurais da África e da Ásia observaram, algumas vezes, uma cena horripilante: o leproso da cidade em pé ao lado de um caldeirão de ferro no fogo, tomando conta das batatas. Quando as batatas estão cozidas, ele enfia a mão na água fervente e as retira, sem vacilar. O dr. Brand considera que esses atos abusivos eram a principal causa da deterioração do corpo dos leprosos. A vítima da lepra, encarregada de tomar conta das batatas, não sentia nenhuma dor, mas a pele formava bolhas, suas células eram destruídas e ficavam abertas à infecção. A lepra não destruía tecido; simplesmente eliminava os sensores de alerta ao perigo.

A rotina diária da vida punha em risco mãos e pés dos pacientes, e, sem um sistema de alerta, eles sucumbiam. Se torcessem o tornozelo, danificando o tendão e o músculo, eles começavam a mancar, mas continuavam a andar. Se um rato lhes mordia o dedo à noite, eles só ficavam sabendo disso na manhã seguinte. (Na verdade, Brand exigia que seus pacientes na Índia levassem um gato para casa a fim de evitar essa ocorrência comum.)

Essa descoberta revolucionou o tratamento da lepra e de outras doenças do tipo "dormentes", como o diabetes. E ilustra muito bem por que Paul Brand pôde dizer com toda a sinceridade: "Graças a Deus pela dor!". Por definição, a dor é desagradável, tão desagradável a ponto de *forçar*-nos a tirar imediatamente o dedo da água fervente — a particularidade especial que nos salva da destruição. Se o sinal de alerta não exigir uma resposta, poderemos não prestar atenção a ele.

A descoberta de Brand no campo físico equipara-se intimamente ao argumento moral da dor apresentado por C. S. Lewis em *O problema do sofrimento*. A dor física é um sistema de alerta ao cérebro e serve também de sistema de alerta para a alma. A dor é o megafone de Deus que às vezes murmura, às vezes grita, para lembrar-nos de que algo está errado.

Podemos acreditar (algumas pessoas acreditam) que o propósito da vida é a busca do prazer. Divirta-se, compre uma bela casa, coma iguarias finas, faça sexo, viva bem. A presença da dor, contudo, complica essa filosofia. É muito mais difícil acreditar que o mundo foi feito para minha satisfação hedonista quando $1/3$ da humanidade vai dormir com o estômago vazio todas as noites. É muito mais difícil acreditar que o objetivo da vida é o conforto quando visito uma ala de hospital reservada a pacientes com câncer. O sofrimento faz-me lembrar, em voz muito alta, de como a vida seria vazia se este mundo se limitasse a tudo o que eu conheço.

Se você duvida do valor do megafone do sofrimento, visite a unidade de terapia intensiva de um hospital. Pelo saguão do hospital passam todos os tipos de gente: ricos e pobres, bonitos e feios, brancos e negros, inteligentes e tolos, religiosos e ateus, patrões e empregados. No entanto, a unidade de terapia intensiva é o único lugar no mundo onde esses rótulos não fazem nenhuma diferença, onde as pessoas estão unidas por um único aspecto terrível: o amor por um parente ou amigo agonizante. Diferenças econômicas e raciais, até mesmo as religiosas, desaparecem. Todas estão enfrentando o momento derradeiro da vida, e muitas chamam um pastor, padre ou rabino pela primeira vez. Somente o megafone do sofrimento é forte o suficiente para fazê-las dobrar os joelhos.

Há alguma coisa errada com um mundo de violência, injustiça e morte prematura. Quem deseja ter satisfação neste mundo, que pensa que o único motivo de nossa existência é ter uma vida boa, deve estar sempre com algodão nos ouvidos, porque o som do megafone do sofrimento é alto demais. O sofrimento, o megafone de Deus, pode afastar-me de Deus. Ou, por outro lado, pode conduzir-me a Deus.

O conceito da dor como se fosse uma dádiva contradiz a atitude cristã generalizada de evitá-la a todo custo. Reservamos as medalhas mais reluzentes aos que foram curados, provocando um frequente efeito colateral nos que não foram curados: eles começam a achar que foram esquecidos por Deus. Nada na Bíblia indica que os cristãos devem esperar ter uma vida mais fácil, mais protegida contra doenças ou mais segura. Precisamos ter uma conscientização madura das contribuições do sofrimento e coragem para nos apegar a Deus como fez Jó, apesar da presença da dor e, às vezes, por causa dela. O cristianismo chama-nos a ter uma completa identificação com o mundo — um mundo sofredor —, não a viver como um peregrino sem as cicatrizes do percurso.

■ ■ ■ ■ ■

Tive a esplêndida oportunidade, no início de minha carreira como escritor, de passar anos aprendendo com o dr. Paul Brand. Em uma variedade de lugares — o hospital para leprosos na Índia, o Royal College of Surgeons em Londres, o laboratório para animais em Louisiana, a casa dele em Seattle depois que se aposentou — passei horas entrevistando-o e formulando perguntas a respeito da dor e do sofrimento, de teologia e de tudo que me passava pela cabeça.

O dr. Brand tornou-se famoso nos círculos médicos por dois grandes resultados alcançados. Primeiro, conforme já mencionei, ele foi o pioneiro na descoberta surpreendente de que os males da lepra eram um efeito secundário da falta de dor e que poderiam ser evitados. A teoria, totalmente nova quando Brand a apresentou como cirurgião missionário na Índia, passou a ser aceita mundialmente. A conscientização do perigo da ausência de dor tem evitado, desde então, dezenas de milhares de amputações nas pessoas que sofrem de doenças como lepra e diabetes.

Segundo, ele foi aclamado como um competente e criativo cirurgião da mão, e a maioria dos principais livros sobre cirurgia da mão contém vários capítulos escritos por ele. Brand foi o primeiro a aplicar as técnicas de transferência de tendões para os problemas específicos dos leprosos, cujas mãos quase sempre endurecem e ficam rígidas. Por essas realizações, Brand recebeu a Medalha de Ouro do Serviço de Saúde Pública dos Estados Unidos e o famoso Prêmio Albert Lasker, e foi nomeado Comandante da Ordem do Império Britânico.

Minhas conversas com Brand abordaram muitos aspectos da vida cristã — a doutrina da redenção, a Trindade, a evolução, inspiração verbal, problemas sociais —, bem como seus passatempos sobre genética, carpintaria e ecologia. Ele se destacou entre o punhado de mentes brilhantes no protestantismo, embora poucos evangélicos tenham ouvido falar dele. Eu gostava dessa sua característica. Ele não escreveu livros, não tinha programas de rádio nem fundou uma organização com seu nome. Apesar de ser um cirurgião britânico promissor, trabalhava humildemente para a classe mais baixa de todo o mundo: os leprosos aflitos e "intocáveis" da Índia.

Passei quase dez anos trabalhando em livros que tiverem origem em meu relacionamento com o dr. Brand: o primeiro foi *Onde está Deus quando chega a dor?*,[1] depois *Feito de modo especial e admirável*[2] e sua continuação

---

[1] **São Paulo: Vida, 2005.**
[2] **São Paulo: Vida, 2006.**

*À imagem e semelhança de Deus*,[3] e finalmente *A dádiva do sofrimento*.[4] Reli manuscritos antigos para reunir trechos de muitas de nossas conversas, concentrando-me especificamente no problema da dor:

*Yancey:* Certa vez o senhor dirigiu uma pesquisa na qual tentou desenvolver um sistema alternativo de dor para pessoas insensíveis a ela, como os pacientes de lepra. De certa forma, o senhor, sua equipe de cientistas e os bioengenheiros estavam brincando de criador com o corpo humano. O que isso lhe ensinou a respeito do processo da criação de Deus?

*Brand:* Nossa reação mais impressionante foi um profundo temor reverencial. Nossa equipe trabalhou especificamente com o sistema da dor na mão humana. Que engenharia perfeita encontramos nela! Eu poderia encher uma sala com volumes de livros de cirurgia que descrevessem operações planejadas para a mão lesionada: maneiras diferentes de reorganizar tendões, músculos e juntas; maneiras de substituir partes de ossos e juntas mecânicas — milhares de procedimentos. Mas desconheço qualquer operação bem-sucedida para aperfeiçoar uma mão normal. Isso é lindo. Todas as técnicas corrigem os problemas: aquela única mão em cem que não está funcionando como Deus planejou. Não encontramos nenhuma maneira de aperfeiçoar a mão que Deus nos deu.

Concordo com as palavras de Isaac Newton: "Na ausência de qualquer outra prova, o polegar humano sozinho me convenceria da existência de Deus". Penso nas mãos mecânicas complexas que vemos nos laboratórios nucleares para manusear materiais radioativos. Milhões de dólares e alta tecnologia de engenharia mecânica entraram no circuito para desenvolver essas mãos. No entanto, são volumosas, lentas e limitadas demais quando comparadas à mão de uma criança.

---

[3] **São Paulo: Vida, 2003.**
[4] São Paulo: Mundo Cristão, 2005.

*Yancey:* Quase todos reconhecem a estrutura maravilhosa do corpo humano. Mas o que dizer de uma só mão anormal entre cem normais? Por que a criação de Deus permitiu que essas exceções enchessem nossos hospitais?

*Brand:* Uma resposta parcial à sua pergunta encontra-se, creio eu, nas limitações inerentes de qualquer meio que obedeça às leis da física. Ao criar o mundo, Deus escolheu trabalhar com partículas atômicas feitas para funcionar de acordo com as leis da física e da química, impondo, portanto, alguns limites. Esses foram os blocos de construção da criação. Na parte superior do processo como um todo, para realizar a maior de todas as façanhas criativas, Deus quis fazer um cérebro humano que fosse independente e tivesse liberdade de escolha.

O exemplo de C. S. Lewis da madeira ilustra as limitações sobre o material cumpridor da lei. Para sustentar folhas e frutos nas árvores, Deus teve de criar uma substância com propriedades rígidas e inflexíveis. Usamos madeira para móveis e para construir casas em razão dessas qualidades. No entanto, em um mundo livre, essa característica convida ao abuso. A madeira pode ser usada como porrete para golpear a cabeça de alguém. A natureza da substância permite a possibilidade de um tipo de uso não planejado.

Gosto de saber que o mundo é governado por leis: que o fogo é quente e o gelo é frio, que a madeira é dura e o algodão é macio. Como médico e cientista, preciso confiar nessas propriedades para minhas técnicas de tratamento e cirurgia. Se eu não confiar que o gesso é firme, por exemplo, não poderia usá-lo como tala para engessar um osso fraturado.

Com o passar do tempo, tivemos de abandonar nossas tentativas de um sistema alternativo de dor, em parte por causa dessas leis. As substâncias que tentamos usar — metal e componentes eletrônicos — se quebrariam depois de algumas centenas de usos, ao passo que o corpo conta com milhões de usos de cada uma de suas células de dor.

Não temos capacidade sequer para chegar perto de duplicar a complexidade e a flexibilidade existentes dentro da mais simples célula nervosa.

*Yancey:* Quando o senhor estudava o corpo humano, principalmente em sua sensibilidade à dor, e quando tentava pensar como Deus, chegou a ver alguma coisa que teria feito de maneira diferente?

*Brand:* Eu não seria tão ousado a ponto de expressar dessa maneira, mas contemplei as escolhas que Deus deve ter levado em consideração ao criar o corpo. Uma das características fascinantes do sistema da dor no corpo é a maneira pela qual cada terminação nervosa da dor em um tecido envia sua mensagem dentro de um nível de estresse apropriado para a preservação daquele tecido em particular. Os pés, por exemplo, reagem insensivelmente à dor, uma vez que precisam ser firmes o suficiente para enfrentar o rigor diário de pisar e sustentar o corpo. Mas seus olhos são incrivelmente sensíveis. Posso imaginar o Criador pensando no reflexo da dor na córnea. Trata-se de um tecido extremamente especializado para transparência e, consequentemente, precisa funcionar sem um suprimento regular de sangue (o que o tornaria opaco). Um ferimento na córnea representa um verdadeiro desastre, porque um pequeno ferimento pode levar à cegueira. As terminações nervosas da dor são tão sensíveis que piscamos involuntariamente quando um cílio toca sua superfície — nenhuma outra parte do corpo reage ao peso de um cílio.

Ao estabelecer os níveis de sensibilidade, o Criador deve ter reconhecido que, se o olho fosse um pouco mais sensível, seria impossível mantê-lo aberto em uma atmosfera ligeiramente empoeirada ou enfumaçada, ou talvez quando o vento estivesse soprando. No entanto, como médico preocupado principalmente com doenças e ferimentos, eu gostaria de ter mais sensibilidade.

O mesmo se aplica ao revestimento da traqueia e laringe. Ficamos impacientes quando somos forçados a tossir, mas os pacientes agonizantes de câncer no pulmão desejariam, às vezes, que o Criador tivesse feito a mucosa da traqueia menos tolerante à fumaça do tabaco de tal forma que, pela sua própria fisiologia, o ato de fumar fosse proibitivo. Nem mesmo a onipotência agrada a todos.

*Yancey:* Vamos falar por alguns momentos sobre seu conceito de onipotência. De acordo com meu entendimento, o senhor encara a onipotência em termos do poder em si, não do processo que ele descreve. Por exemplo, um levantador de pesos russo pode ser chamado de o homem mais poderoso do mundo. Mas sua tarefa de levantar pesos não é mais fácil para ele que minha tarefa de levantar a quantidade de peso que está diante de mim; ele precisa gemer, suar e esforçar-se. Há alguma analogia sobre como o senhor interpreta a onipotência de Deus?

*Brand:* É possível. Não gosto da palavra "onipotência". A palavra transmite uma ideia simplista do Criador e Sustentador do Universo, como se Deus tivesse uma varinha mágica para tudo funcionar a contento. Nossos esforços humanos para construir a Capela Sistina ou uma espaçonave exigiram grande planejamento e previsão, e posso imaginar Deus realizando um processo semelhante de planejamento e experimentação no ato original da criação.

Quanto mais eu penso nas leis naturais — o átomo, o Universo, os elementos sólidos, as moléculas, o Sol e, acima de tudo, a interação de todos os mecanismos necessários para sustentar a vida —, fico assombrado. A criação inteira poderia desabar como um castelo de cartas se apenas um desses fatores fosse retirado. A construção do Universo que conhecemos exigiu planejamento e previsão, e, creio eu, esse é o argumento mais forte para a presença de Deus na Criação.

Por meio da possibilidade de colisão das moléculas, podemos, às vezes, descobrir um súbito e empolgante ciclo recorrente, mas ele se dissipa rapidamente. Algumas pessoas pensam realmente que todo o projeto e precisão na natureza surgiram por acaso, que, se os milhões de moléculas se bombardeassem por muito tempo, os terminais de células nervosas e sensoriais passariam a existir nesse exato momento. Para essas pessoas, eu simplesmente sugiro que tentem criar uma, como eu tentei, e vejam se conseguem.

Eu vejo Deus como um desenhista cuidadoso e paciente e não acho que, pelo fato de chamá-lo de Deus, isso torne fácil o processo da criação. Há bilhões de possibilidades nas quais os átomos podem unir-se, e Deus teve de descartar apenas alguns por serem inadequados. Não creio que possa ser agradecido a Deus, a não ser usando a palavra "difícil" para descrever o processo criativo.

Gosto de pensar em Deus desenvolvendo habilidades, por assim dizer, ao criar as amebas e depois as formigas e baratas, desenvolvendo a complexidade até criar o ser humano, o apogeu da criação. Mais uma vez Deus teve diante dele várias opções em cada decisão. Uma pessoa que quebre a perna ao esquiar poderia desejar ossos mais fortes. Talvez o osso pudesse ter sido feito mais forte (embora os cientistas não sejam capazes de encontrar uma substância mais forte e adequada para realizar um implante), mas, nesse caso, os ossos teriam de ser mais grossos e mais pesados. Se fossem mais pesados, provavelmente não seríamos capazes de esquiar, porque teríamos um corpo volumoso demais e inerte.

Pegue um modelo do esqueleto humano e observe o tamanho dos ossinhos nos dedos das mãos e dos pés. Esses ossos nos dedos dos pés suportam todo o nosso peso. Se fossem maiores e mais grossos, muitos eventos de atletismo seriam impossíveis. Se os dedos das mãos fossem mais grossos, muitas atividades humanas, como tocar piano ou instrumentos de corda, seriam impossíveis. O Criador teve de fazer escolhas difíceis entre força e mobilidade, peso e volume.

*Yancey:* E os animais receberam características diferentes com base em suas necessidades. Alguns são mais fortes e mais rápidos que os humanos e enxergam e ouvem melhor. Alguns voam; outros possuem um sistema de ecolocalização.

*Brand:* É verdade, só podemos considerar a criação perfeita em relação a outras opções disponíveis. Até os tipos humanos diferem. O americano é melhor que o vietnamita? O americano é maior, mas há necessidade de mais comida para sustentá-lo. Se houver escassez de alimento, os vietnamitas sobreviverão porque necessitam apenas de uma tigela de arroz, ao passo que os americanos morreriam se ingerissem somente esse tanto de comida. Portanto, as características físicas não são boas ou más, mas boas em determinadas circunstâncias. Tenho uma admiração enorme pela maneira segundo a qual o mundo foi criado, tudo com muito critério. Mas cada estágio do desenvolvimento — transformar o inanimado em animado, uma única célula em células múltiplas, criar o sistema nervoso — exigiu raciocínio e escolha. É por isso que tenho uma definição própria de onipotência.

*Yancey:* Quando o senhor fala de dor, e até de morte, parece incluir esses dois elementos no plano geral de Deus para este planeta. Quase sempre são vistos como prova da condição deste mundo, emaranhado e decaído. Como o senhor concilia esses elementos com a crença em um Criador sábio e amoroso?

*Brand:* Não acho fácil imaginar a vida neste planeta sem dor e morte. A dor é um mecanismo útil e essencial para a sobrevivência. Eu poderia percorrer os corredores de um leprosário com você e mostrar-lhe como é a vida para as pessoas que sentem pouca dor. Tenho pacientes que perderam todos os dedos dos pés simplesmente porque usavam sapatos apertados demais e inapropriados, que causavam pressão e cortavam a circulação do sangue. Você e eu teríamos parado de usar esses sapatos ou, então, modificado nosso modo de andar. Esses pacientes, porém, não se dão ao luxo de sentir dor que os alerta de que estão maltratando os tecidos dos pés.

Estamos acostumados a ver em livros e filmes de Hollywood essa imagem estereotipada da perda dos dedos causada pela lepra. Isso ocorre porque o bacilo da lepra destrói as células da dor, e as vítimas não recebem mais os sinais de aviso quando machucam o corpo durante uma atividade normal. Neste mundo, em razão de nosso ambiente material, eu não desejaria uma vida sem dor, nem por um momento sequer. Seria uma total infelicidade. Mencionei antes que 99% das mãos são perfeitamente normais. As estatísticas indicam o contrário para as pessoas insensíveis à dor: a grande maioria tem algum tipo de má-formação ou disfunção simplesmente porque o sistema da dor não funciona a contento.

No caso da morte, quando olho para o mundo da natureza, sua característica mais impressionante como sistema fechado é a extinção exagerada de vida em todos os níveis. Todas as vezes que abre a boca, a baleia engole 1 milhão de plânctons. Cada lagoa do jardim é uma cena do sacrifício constante da vida para que outra se desenvolva. A morte não é uma intrusa maldosa que destrói a bela criação; ela está entrelaçada no próprio tecido e essência da beleza da criação em si. Grande parte dos animais maiores foi planejada para que sua sobrevivência dependa da morte dos níveis mais inferiores de vida. Depois de produzir a pirâmide alimentar e de ter colocado os seres humanos no topo, o Criador instruiu-nos a desfrutá-la e usá-la com responsabilidade. Na cultura moderna, temos a tendência de ver um pouco de crueldade e falta de amor na natureza, mas creio que essa ideia se origina de uma civilização cujo principal contato com a vida animal se dá apenas com animais domésticos e contos infantis protagonizados por animais antropomórficos.

*Yancey:* Um momento! É verdade que a dor e a morte se encaixam no atual sistema de vida na terra, mas os teólogos dizem que esses fatores foram introduzidos por causa da rebelião e queda do homem. O senhor está dizendo que havia dor e morte no jardim do Éden?

*Brand:* Bom, qualquer coisa que eu diga a respeito do jardim do Éden é mera conjectura, porque temos pouquíssimas informações a respeito dele. Tenho quase certeza de que Adão sentiu dor, se o corpo dele era igual ao meu. Se havia pedras pontiagudas nas quais ele poderia ferir-se, espero que ele tenha tido um sistema de dor para alertá-lo. O processo da dor é tecido de modo tão complexo nas funções do corpo — ele nos diz quando ir ao banheiro e se estamos muito perto do fogo e conduz sentimentos de prazer e também de dor —, que não posso imaginar um corpo sadio neste mundo sem ele. Note que, na maldição que Deus impôs a Eva, ele *multiplicou* sua dor ao dar à luz.

Creio que a morte física também estava presente antes da Queda. A própria natureza da cadeia de vida exige isso. Não podemos ter solo fértil sem a morte de bactérias; não podemos ter passarinhos sem a morte de minhocas. O formato da dentição do tigre é totalmente inapropriado para comer plantas — e até os vegetarianos vivem da morte das plantas, parte da ordem criada. O abutre não sobreviveria sem um organismo morto. Não considero a morte algo mau em si.

*Yancey:* Mas a advertência explícita dada a Adão foi: " 'No dia em que comer da árvore do conhecimento do bem e do mal, certamente você morrerá' ".[5]

*Brand:* A expressão exata é importante: "No dia em que". Para mim, a história inteira indica claramente que Deus estava falando da vida espiritual: o sopro de Deus, a imagem do próprio Deus reservada exclusivamente para os seres humanos. Acredito que Adão estivesse biologicamente vivo antes de Deus soprar vida nele; a palavra hebraica sugere uma vida espiritual, uma ligação direta de comunicação e comunhão entre Deus e o homem. E imediatamente após a rebeldia de Adão — "no dia em que" — a ligação espiritual direta foi rompida. Deus teve de procurar Adão após seu pecado. Não acredito que a maldição tenha se referido de maneira alguma à morte física e presumo que Adão teria morrido biologicamente, mesmo sem ter se rebelado.

[5] Cf. Gênesis 2.17 [N. do T.]

*Yancey:* Continua estranho ouvir alguém defender a dor com tanta firmeza. O senhor trabalha em um hospital lotado de pessoas insensíveis à dor. Depois de conhecer alguns pacientes leprosos, concordo facilmente com a lacuna criada na vida deles em razão da ausência de dor. Mas, se o senhor trabalhasse em um hospital para pacientes com câncer, digamos, entre pessoas que sentem dor constante e implacável, seria capaz de enaltecer a dor com tanta confiança assim?

*Brand:* Trabalhei em lugares de grande sofrimento: clínicas que tratavam das vítimas dos bombardeios em Londres durante a guerra, alas cirúrgicas de hospitais na Índia. A única queixa legítima que podemos fazer contra a dor é que ela não pode ser interrompida. Às vezes, foge totalmente do controle, como no caso de pacientes com câncer em estado terminal, embora seu aviso tenha sido ouvido e não haja nada que possa ser feito para tratar a causa da dor. Tenho certeza de que menos de 1% da dor enquadra-se na categoria das que fogem totalmente do controle. Noventa e nove por cento de todas as dores que as pessoas sentem são de curta duração, situações passíveis de correção que exigem medicamento, descanso ou mudança de estilo de vida.

Em nossos experimentos com sistemas alternativos de dor, aprendemos que era contraproducente usar um botão para interromper a corrente. Tínhamos uma luva que, quando pressionada com força, emitia um choque elétrico. Mas, se o paciente estivesse girando uma chave de fenda com muita força e disparasse um choque elétrico, ele simplesmente anulava o sinal de dor e o desligava. Resultado: quase sempre ele se feria. Para que o sistema fosse útil, teríamos de eliminar o botão de desligar, ou colocá-lo longe do alcance do paciente. Entendo por que Deus não permitiu um botão de desligar. Deus permitiu que a dor fugisse do controle. Não se esqueça de que a melhor droga do mundo para aliviar a dor é a semente de ópio da papoula, que as pessoas têm usado ao longo da História. Há muitas maneiras de aliviar a dor de um paciente com câncer terminal.

*Yancey:* O senhor pensa muito no mundo dos ressurretos onde viveremos após a morte? A Bíblia apresenta poucas indicações a respeito disso, mas o senhor insiste de maneira muito enfática na necessidade da dor neste mundo... e no próximo? A Bíblia dá a entender que, no que se refere à dor, a vida no céu será completamente diferente.

*Brand:* Sinceramente não sei. Jesus atravessou uma porta resistente em seu corpo ressurreto; portanto, parece claro que a vida após a morte será governada por um conjunto diferente de leis físicas. Haverá alguma continuidade. O corpo de Jesus e dos outros no monte da Transfiguração foram reconhecidos; além disso, o Jesus ressurreto ainda tinha as cicatrizes de seu sofrimento neste mundo. O discípulo Tomé chegou a tocá-las.

O céu é um mundo espiritual, e torna-se difícil conjecturar como será quando nossas formas espirituais estiverem completamente desenvolvidas. As crianças terão corpo ressurreto de crianças? Penso em minha mãe, a vovó Brand, que morreu com 95 anos. Ela trabalhou arduamente como missionária durante setenta anos sob condições dificílimas na Índia. As décadas de saneamento deficiente, de doenças indianas e de má nutrição foram, aos poucos, tomando conta dela, e seu corpo ficou curvado e torto. Ela se achava tão feia que proibiu espelhos na casa. No entanto, quando passava pelo vilarejo, montada em um jumento, ela era bonita aos olhos do povo que a conhecia, uma mensageira do amor. Talvez nosso relacionamento no céu seja tão grande a esse respeito que a aparência física não terá nenhuma importância. Quanto à dor, não sei explicar. Se o versículo "não haverá mais [...] choro"[6] for levado ao pé da letra, nossos olhos serão diferentes, porque neste mundo ficaríamos cegos rapidamente sem lágrimas.

*Yancey:* E quanto a alguns paralelos psicológicos à dor física? Estou pensando particularmente em emoções que, em geral, consideramos

---

[6] Apocalipse 21.4. [N. do T.]

negativas, como culpa e medo. O senhor considera que essas emoções contribuam para a saúde da mesma forma que a dor física?

*Brand:* A culpa tem valor espiritual: força a pessoa à purificação. Atua como a dor para a consciência de que algo errado deve ser corrigido. Dois passos são necessários. Primeiro, a pessoa precisa descobrir a causa da culpa, da mesma forma que precisa descobrir a causa da dor. Grande parte do aconselhamento moderno lida com esse processo de desenraizar os motivos da culpa.

Deve haver um segundo passo: um caminho para livrar-se da culpa. Se o objetivo não for o de purificação, a culpa é um ônus inútil. A culpa, da mesma forma que a dor, não nos leva a lugar nenhum: ambas simplesmente indicam uma condição que necessita de atenção. Nesse sentido, a culpa é certamente positiva, se for direcional, se nos levar a tomar uma atitude. O propósito em mente é que nos livremos do sentimento de culpa, do qual não gostamos. Subjacente a esse há um propósito mais significativo de desenraizar a causa da culpa e lidar com ela. O mesmo ocorre com a dor.

Na sociedade moderna, temos a tendência de encarar a dor como inimiga. Livramo-nos dela sem perguntar por que surgiu. Os analgésicos aliviam a dor, mas não resolvem se a causa não for determinada. Do mesmo modo, creio que a psicologia moderna se concentra na culpa como um infortúnio e tenta sufocá-la ou eliminá-la. Pare de sentir culpa, dizem. Viva a vida como quiser. Mas, no contexto do cristianismo, a culpa é muito importante. Ela nos força a reparar o erro que a causou e dá-nos o escape do perdão para expurgá-la.

O medo também é um elemento essencial à vida humana, um instinto protetor sem o qual a raça humana não teria sobrevivido. A mãe não deve deixar o bebê sozinho enquanto ele não crescer e aprender a ter um medo sadio do fogo ou de altura. Por meio da adrenalina, o medo faz aumentar as batidas cardíacas e outros mecanismos para extrair reservas anormais de força. O segredo está em ter a quantidade certa de medo e controlá-lo adequadamente.

*Yancey:* Sabemos que a dor e o esforço produzem caráter e que, em geral, na esfera da música e da arte as tensões da infância resultam em gênios criativos. O senhor considera negativa a tendência moderna de equilibrar a personalidade de cada pessoa com livros de autoajuda, aconselhamento e medicação? Eu sempre me pergunto como um psiquiatra teria lidado com Beethoven, um homem visivelmente desequilibrado em algumas particularidades.

*Brand:* Há problemas nessa área. Uma é a tendência de eliminar a variedade. Para mim, a variedade é empolgante e encantadora, apesar de termos estabelecido normas e da tendência de rejeitar as pessoas que são diferentes. Se a pessoa não tiver o padrão ideal de altura, peso, aparência, formato do nariz, personalidade expansiva e extrovertida, é sinal de que a psique foi ferida, e ela perde a vontade de ter sucesso na vida. Qualquer um que não se amolde aos nossos objetivos artificiais está destinado ao fracasso. Quando uma criança adora livros, não leva jeito para esportes e não sabe conversar brilhantemente, a sociedade tende a descartá-la. Esse, porém, é o material de que os cientistas pesquisadores são feitos. Acho que tentamos exageradamente modelar as pessoas.

Outro perigo é a tendência da cultura moderna de eliminar os riscos e as aventuras da vida. A maioria de nosso entusiasmo ocorre indiretamente, quando vemos isso na televisão. Protegemos nossos filhos, retirando-os de situações de risco e, consequentemente, tolhemos seu crescimento. Sempre digo o seguinte a respeito de nossos seis filhos: eu preferiria ter quatro sobreviventes que tiveram uma vida intensa, com aventura e autodeterminação diante dos riscos, a ter seis crianças medrosas e tímidas. Felizmente, todos os seis sobreviveram e são capazes de contar algumas histórias de arrepiar os cabelos sobre o que enfrentaram para encontrar a própria independência.

Essa tendência de eliminar os riscos é construída sobre os idosos. Visitei um hospital muito asseado para pessoas idosas, no qual o superintendente me mostrou, com grande orgulho, como cada pessoa tinha um quarto separado e cama limpa. Eles passavam o dia todo deitados. Perguntei por que não tinham permissão para sair da cama e andar. Ele respondeu: "Se fizerem isso, alguns vão cair e fraturar o quadril. Se saírem ao ar livre, pegarão resfriado e, se tiverem contato uns com os outros, trocarão infecções. Se viverem em quartos pequenos separados, não pegarão infecções, não quebrarão a perna, não ficarão resfriados". A lembrança que guardo de lá é de corpos que se mantinham vivos, mas com o espírito aprisionado.

*Yancey:* Sua ênfase à restauração do espírito humano provoca uma linha interessante de questionamento. Na área de reabilitação, o senhor trabalha com pouquíssimos pacientes, com um gasto anual de milhares de dólares e horas de trabalho humano com cada um. Na verdade, no leprosário de Louisiana, a proporção entre funcionários e pacientes é quase de um por um. O senhor não se incomoda de saber que, na Índia, enquanto milhões de pessoas vivem sem o tipo mais primitivo de tratamento médico, os pacientes do leprosário em Louisiana recebem um cuidado tão especial?

*Brand:* Não gosto da comparação entre os dois casos — os pacientes na Índia e os pacientes nos Estados Unidos. Trabalho com tetraplégicos e outras pessoas com deficiência física que necessitam de grandes quantidades de dinheiro, sim. A oportunidade de trabalhar com uma pessoa e ajudá-la a liberar sua vitalidade é um de meus desafios mais inspiradores. Nenhum esforço é grande demais, e não se deve poupar nenhum centavo para restaurar a atividade de uma pessoa ou ajudar sua vitalidade a sobrepujar as limitações físicas.

Até mesmo na Índia, eu me vi diante de terríveis escolhas de prioridades. Depois de aplicar técnicas de cirurgia de mão ao caso específico da lepra, nossa equipe conseguiu reconstruir mãos. Pudemos transformar uma mão rígida e congelada em uma mão flexível e útil e dar a oportunidade a um mendigo de encontrar trabalho. Apesar de nosso tempo e recursos limitados, tínhamos de fazer escolhas, da mesma forma que os hospitais de países mais ricos precisam tomar decisões entre os pacientes que necessitam de transplante. Eu pergunto: devemos dar um leito de hospital a um paciente que necessitará permanecer lá um ano, ou a 12 pacientes que permanecerão um mês, ou a 50 que permanecerão uma semana? Devemos reabilitar um paciente idoso com muitas deformidades ou um mais novo com uma vida inteira pela frente? Os casos mais patéticos — aqueles sem braços ou pernas e ossos expostos — eram, em geral, os últimos da fila; tentávamos nos concentrar nos casos menos avançados a fim de prevenir abuso posterior. Eram escolhas muito difíceis. No entanto, aquele histórico de alternativas não depreciavam de forma alguma o valor das vidas humanas que tratamos ao longo do tempo.

*Yancey:* Ouvi dizer, por um indiano, que os avanços da medicina ocidental aplicados na Índia prejudicavam o equilíbrio natural. Anos atrás, a taxa de nascimento era alta, mas apenas $1/3$ dos bebês sobrevivia à primeira infância. Atualmente, a taxa de nascimento continua alta, mas a maioria dos bebês sobrevive. Ele acusou o Ocidente, e os missionários em particular, de ser responsável pela superpopulação na Índia por causa de sua ajuda "caridosa".

*Brand:* De certo modo, ele tem razão. Os missionários, em termos gerais, não são os principais responsáveis. São muito ineficientes e fáceis de ser localizados. Mas a Organização Mundial de Saúde chega com imensos recursos e elimina as doenças que causam a morte. Eu não viajaria à Índia com a missão de salvar vidas sem vincular essa iniciativa à educação para reduzir as taxas de natalidade. Enquanto estive na Índia, minha tarefa destinava-se especificamente a tratar de doenças responsáveis por limitações físicas. Ajudei a refazer a vitalidade humana, e isso, penso eu, é totalmente legítimo. As despesas exigidas por uma de nossas operações poderiam ter salvado centenas de pessoas do cólera, mas continuo acreditando que a atividade de salvar o espírito da vida humana é digna de louvor.

*Yancey:* Jesus disse: "Ame o seu próximo como a si mesmo".[7] A mídia moderna transformou esse mandamento em algo infinitamente mais complexo e oneroso. Por causa da televisão, o mundo inteiro passou a ser o nosso próximo. Vemos nos noticiários noturnos o progresso da fome, das guerras e das epidemias. Como podemos reagir a todas essas desgraças?

*Brand:* Não podemos, exceto ao menos no sentido empregado por Jesus. Você precisa lembrar-se do contexto no qual Jesus estava falando. Ele estava se referindo à família, aos povoados vizinhos, Cafarnaum. Jesus curou pessoas, mas em uma área muito restrita. Em sua vida terrena, ele não exerceu influência sobre celtas, chineses ou astecas. E penso que uma carga intolerável de culpa, como a que você descreveu, simplesmente nos paralisa e nos impede de reagir. Precisamos tocar as pessoas que amamos.

Nós, os ocidentais, com nosso modo de vida opulento, somos muito sensíveis nesse ponto. Mas, sinceramente, não creio que as crianças nascidas em meio à pobreza em Bangladesh sofram muito mais que as crianças mimadas dos países ricos. Em *O mito da caverna*, Platão descreveu pessoas que nasceram e foram criadas totalmente na escuridão. Em consequência disso, seu grau de apreciação à beleza, luz e alegria era muito diferente das pessoas que viviam do lado de fora. Quando viram a luz, ficaram encantadas e aprenderam a apreciar um novo grau de felicidade. Isso, para mim, é uma profunda percepção do espírito humano. A criança desenvolve um modelo acima do qual está a felicidade e, abaixo, o sofrimento.

Estive pouco tempo atrás em Bombaim, ou Mumbai, no meio dos horríveis vilarejos de refugiados entre o aeroporto e a cidade. As crianças

---

[7] Mateus 22.39. [N. do T.]

moram em casebres malcheirosos e medonhos, sustentados por estacas, convivendo com excremento humano, pulgas e piolhos. No entanto, vemos as crianças saindo dos casebres para brincar de pega-pega e amarelinha, totalmente despreocupadas. Sua capacidade de apreciar os elementos básicos da vida parece maior que a de uma criança mimada após o Natal, que resmunga e amassa seus brinquedos novos, entediada.

*Yancey:* Como o senhor consegue manter um senso de compaixão cristã no trabalho? Na Índia, o senhor viu milhares de pacientes, quase todos com as mesmas aflições. Depois de examinar 3 mil mãos maltratadas, como consegue continuar sentindo compaixão?

*Brand:* Não sei se faço isso muito bem. Provavelmente me lembro mais das mãos de uma pessoa que do rosto. Quando reconheço alguém, digo imediatamente: "Você perdeu mais uma parte de seu dedo anular". Na Índia, aprendi a importância do toque. Às vezes, quando estávamos tratando de um caso grave e havíamos prescrito alguma droga, os parentes do paciente compravam o remédio, voltavam e pediam que eu o ministrasse ao paciente "com minhas boas mãos". Eles acreditavam que o remédio ajudaria mais o paciente se fosse ministrado pela mão do médico. Você não acha interessante saber que Jesus sempre tocava em seus pacientes?

A maneira cristã de multiplicar é do modo biológico, não aritmético. Um se transforma em dois, e dois se transformam em quatro, e quatro se transformam em oito. Tenho visto bons trabalhos médicos cristãos na Índia perderem gradualmente sua missão original. Eles se tornam institucionalizados, com um edifício e funcionários para manter, e logo precisam cobrar uma taxa de seus pacientes. Para que o trabalho seja mais autossustentável, eles se dividem em técnicas especializadas de cirurgia. Logo em seguida estão realizando cirurgias cerebrais com todos os tipos de equipamentos requintados, e as pessoas que, no início, tentavam alcançar — os indianos pobres, subnutridos — não têm condições de pagar as despesas hospitalares. O testemunho cristão destaca-se quando um jovem sai para trabalhar entre os moradores nos povoados, dentro de suas condições sanitárias, tratando de diarreias, melhorando a nutrição ou dando orientação sobre partos. Creio que, no final das contas, esse tipo de ministério pessoal é bem melhor.

Jesus Cristo não precisava tocar nas pessoas enquanto as curava. Poderia facilmente, e com o mesmo poder, empunhar uma varinha mágica. Na verdade, com uma varinha mágica ele teria alcançado mais pessoas que com um toque. Poderia ter dividido a multidão em grupos: os paralíticos de um lado, os febris de outro, os leprosos bem longe, e poderia ter levantado as mãos para curar cada grupo, mas ele não quis fazer isso. Não; sua missão era alcançar pessoas individualmente; pessoas que haviam contraído uma doença. Elas se aproximavam dele porque tinham uma enfermidade, mas ele as tocava porque eram seres humanos e porque as amava. Você pode prontamente demonstrar amor a uma multidão. Ame as pessoas individualmente.

## Capítulo 3
## Lições dos campos de concentração

Meu primeiro contato com os campos de concentração surgiu durante uma conversa tarde da noite em Nova York na casa de um fotógrafo que havia perdido muitos parentes com a "Solução Final" de Hitler. A cena descrita por ele, transmitida por tias-avós e tios-avós, deixou-me horrorizado. O Holocausto, a metáfora nuclear do mal nos tempos modernos, representa um tipo diferente de sofrimento que os seres humanos infligem uns aos outros. E como tal suscita novos e grandes desafios à fé.

Mais tarde, o discurso lacônico de Elie Wiesel e as explosões iradas de Soljenitsyn forçaram-me a entrar no grande mundo da literatura que emergiu de forma centrífuga dos campos de concentração da Alemanha de Hitler e da Rússia de Stalin. As informações que encontrei nesses relatos surpreenderam-me. Muito longe de ser uma comunidade de vítimas sem identidade, os milhões de aprisionados formavam uma civilização paralela, um laboratório vivo da humanidade, desnudado até o âmago. Aprendemos com os sobreviventes como é a vida dentro e fora dos campos de concentração.

Hoje em dia, um número espantoso de pessoas não tem nenhum conhecimento (ou interesse) nas lições aprendidas nos campos de concentração, e algumas chegam até a negar sua existência. Para mim, esse esquecimento, intencional ou não, é a pior injustiça que podemos fazer aos poucos sobreviventes. Devemos muito mais a eles.

■ ■ ■ ■ ■

O jornalista Edward R. Murrow, ao cobrir a libertação das tropas aliadas da Alemanha, acompanhou um dos primeiros contingentes que assumiu o controle de um campo de concentração da Alemanha. Nenhum americano estava preparado para ver a cena dilacerante dentro daqueles portões: corpos magérrimos empilhados como lenha e rolos de fumaça que transportavam o odor repulsivo de carne queimada. Mais perturbadores ainda foram os corpos vivos, os *Muselmanner*, ou mortos ambulantes. Um homem, ou melhor, um esqueleto humano com a pele enrolada sobre si como se fosse couro solto, fitou Murrow com olhos sem vida e fundos. Finalmente ele falou com voz estridente e ofegante: "Sr. Murrow... sr. Murrow... você se lembra de mim?".

Edward R. Murrow olhou para o homem e sacudiu a cabeça. O homem insistiu, agarrando o braço de Murrow com os dedos feito pinças. "Não se lembra? Você me entrevistou em Praga. Eu era o prefeito de lá, de Praga, na Checoslováquia".

Seis anos após aquela libertação, a milhares de quilômetros de distância no deserto desolado da Sibéria, Alexander Soljenitsyn estava cumprindo pena por ter feito uma referência injuriosa a Stalin em uma carta. Depois de seis anos desalentadores, ele descobriu, de repente, a alegria de escrever. "Às vezes, no meio de um grupo de trabalhadores carrancudos, com soldados empunhando metralhadoras e vociferando contra mim, linhas e imagens povoavam-me a mente de modo tão absoluto que eu me sentia transportado pelo ar, saltando por cima das filas, com pressa de chegar ao campo de trabalho e encontrar um canto para escrever. Nesses momentos, eu me sentia livre e feliz."

Como, porém, ele conseguiu escrever? Qualquer pedacinho de papel seria confiscado e levantaria suspeita, por mais inocente que fosse o texto. Afinal, as linhas poderiam estar codificadas ou talvez contivessem a lista de membros de alguma organização secreta. Soljenitsyn aprendeu que a memória de um prisioneiro, livre de conhecimento supérfluo, tinha uma capacidade surpreendente. Ele escrevia trechos de 12 a 20 linhas por vez e queimava-os depois de aprimorá-los e decorá-los. Para não se perder na contagem, começou a quebrar palitos de fósforo em pedacinhos, dispondo-os em duas fileiras de dez cada. Enquanto recitava cada linha para si mesmo, retirava um pedacinho do palito de cada fileira, primeiro contando as unidades, depois de dez em dez. Até isso tinha de ser feito com cuidado, porque o movimento regular dos palitos acompanhado dos movimentos de sussurro dos lábios poderia levantar suspeita dos delatores. Soljenitsyn memorizava cada quinquagésima e centésima linhas com cuidado especial, para ajudá-lo a não se perder na contagem. Uma vez por mês, ele recitava tudo o que escrevera. Se errasse as quinquagésimas ou centésimas linhas, ele teria o trabalho penoso de começar tudo de novo até que estivessem na ordem certa.

Posteriormente, ao observar os católicos lituanos com seus rosários, Soljenitsyn decidiu imitar aquela técnica. Fez um rosário de cem peças coloridas de pão duro, modelando a décima, vigésima, trigésima etc. em formato de cubo. Surpreendeu os lituanos com seu zelo religioso (os devotos possuíam apenas 40 contas), ao tocar as contas uma a uma com o dedo e contando-as dentro de luvas grandes enquanto permanecia em pé nas filas, marchando para o trabalho e em todos os momentos de espera. Os guardas da prisão que descobriram as contas acharam que se destinavam a orações e permitiram que ele ficasse com o colar. No final de sua sentença, Soljenitsyn havia acumulado 12 mil linhas, que ele transportou avidamente para o papel depois de ser libertado.

■ ■ ■ ■ ■

Como ocorre com todas as gerações, a nossa está tentando, de maneira claudicante, chegar a um acordo com seu passado recente. Os campos de concentração, especialmente aqueles construídos por Hitler e Stalin (Bigodinho e Bigodão, como Soljenitsyn os chamava), provocaram uma cratera moral na história da humanidade que somente agora estamos começando a assimilar e avaliar seu impacto. Nos últimos anos, uma enxurrada de filmes e livros tem mexido com a consciência do público em geral.

O efeito psíquico dos campos de concentração alemães foi muito bem documentado pelos psicólogos sobreviventes Viktor Frankl, Bruno Bettelheim e Elie Cohen, além de ser recontados com maestria por romancistas como Elie Wiesel e John Hersey. Em razão da censura rígida, os relatos dos campos soviéticos foram esporádicos e imperfeitos, e até o lançamento de *Arquipélago Gulag*, de Soljenitsyn, ninguém havia sido capaz de compilar um registro histórico tão completo. As histórias de maus-tratos na China sob o regime de Mao estão começando a vir à tona. Se os campos de genocídio da Alemanha deixaram uma cicatriz no corpo de toda a humanidade, os campos de Stalin infligiram uma ferida quase fatal que atravessou uma nação inteira, a União Soviética. Os estudiosos estimam que 60 milhões de pessoas foram assassinadas ou encarceradas por Stalin. Significa que um entre três cidadãos soviéticos perdeu um membro da família no regime de terror de Stalin.

Por que atrair a atenção para os campos de concentração? Apesar do desconforto e da angústia que causam, esse enfoque atende a várias necessidades. A principal está esculpida em pedra no Memorial de Dachau, conforme articulado pelo filósofo Santayana: "Aqueles que não se lembram do passado estão condenados a repeti-lo". Nós, que fomos criados em um clima de desespero existencial ou ironia pós-moderna, não somos capazes de imaginar a crença otimista no progresso da humanidade que foi aumentando gradativamente antes da Primeira Guerra Mundial e finalmente condenada à morte na Alemanha e na Rússia.

Duas grandes fontes de cultura e civilização (civilização *cristã*) deram origem a forças demoníacas, e não se pode exagerar o impacto dos campos de concentração na visão moderna da humanidade. A crueldade deliberada passou a ser institucionalizada como política oficial de Estado. As previsões de que o mundo "está melhorando a cada dia e em todos os aspectos" cessaram abruptamente. Palavras como "desumano" e "despropositado" perderam o significado na Solução Final de Hitler, a qual havia sido, na verdade, posta em prática por seres humanos que exigiam uma consciência limpa. Um filósofo concluiu de modo melancólico: "Existe apenas uma doutrina da teologia empiricamente comprovada: o pecado original".

Ao organizar os arquivos do Terceiro Reich, os historiadores depararam com palavras como estas, proferidas por Heinrich Himmler aos generais da SS em Posen, em 1943: "Quero também conversar com vocês com muita sinceridade sobre um assunto muito sério. Ele deve ser mencionado de maneira bastante sincera entre nós, porém jamais falaremos disso publicamente. [...]. Estou falando do [...] extermínio da raça judia [...]. A maioria de *vocês* sabe o que significa quando 100 cadáveres estão deitados lado a lado, ou 500, ou 1.000. O fato de termos suportado tudo isso — excluindo as exceções causadas por fraquezas humanas —, de termos permanecido cidadãos decentes, tornou-nos pessoas de fibra. Esta é uma página de glória em nossa história que nunca foi escrita e nunca será".

Qualquer um que tenha sido resguardado de tais horrores necessita apenas visitar um dos campos de concentração preservados, como Auschwitz-Birkenau. Ali, em campo aberto, vemos flores e gramados crescendo de maneira exuberante. Ao curvar-se, vemos um tipo de solo branco e polvorento que permite um crescimento tão fecundo. A primeira camada desse solo consiste em uma espécie de argila fina de ossos, restos mortais de 960 mil seres humanos destruídos nos fornos de um campo de concentração.

Os grupos judeus que fizeram grande pressão para preservar esses campos adotaram este *slogan*: "Nunca mais". Hoje os campos, limpos, cultivados com esmero, organizados como parques nacionais, simbolizam um testemunho inextirpável da imperfeição trágica e básica da humanidade e um aviso terrível a todos os que subestimam a tendência maligna do poder. "Nunca mais" é a principal lição dos campos de concentração, que deveriam ter imunizado a humanidade contra as falsas promessas do totalitarismo. A longa litania do mal que se seguiu comprovou que a memória do mundo é realmente curta.

No entanto, a memória dos campos de concentração e de quem os criou não é a única lição que devemos aprender. Há também os sobreviventes: Soljenitsyn, assentando metodicamente os tijolos no inverno da Sibéria enquanto milhares de linhas lhe povoavam a mente, o prefeito de Praga, os psicólogos Bettelheim e Frankl, o químico Primo Levi e o romancista Jerzy Kosinski, os memorialistas espirituais Elly Hillesum e Corrie ten Boom, a poetisa russa Irina Ratushinskaya — foram os poucos entre milhões que sobreviveram para contar a respeito de quem somos. Suas vozes são, às vezes, estridentes. Perguntaram certa vez a Flannery O'Connor por que ela decidiu escrever sobre personalidades atípicas e anormais. Sua resposta: "Para os quase cegos, eu escrevo em letras grandes. Para os surdos, eu grito". Da mesma forma, os sobreviventes são caricaturas da humanidade forçados a viver em condições insuportáveis, e em tais circunstâncias eles revelam muito a nosso respeito.

Os campos de concentração queriam eliminar todas as marcas distintivas entre os prisioneiros. Para seus captores, Soljenitsyn era apenas mais um *zek* (palavra russa que significa prisioneiro) com a cabeça raspada e um número pintado no peito; para seus colegas prisioneiros, ele não passava de um competidor para conseguir alimento e espaço. O grupo de prisioneiros, despidos de sua identidade individual, ensina-nos sobre a natureza fundamental da humanidade.

À primeira vista, a lição aprendida com os sobreviventes parece previsível. De um dos lados da cerca, havia um bando misturado de prisioneiros, atirados juntos como animais em jaulas, cada detalhe da vida deles determinado. Do outro lado, estavam os guardas, indivíduos livres que assistiam a concertos, tinham tempo para seus *hobbies*, praticavam esportes, liam livros, desenvolviam o caráter. Conforme Terrence Des Pres assinalou, o objetivo dos campos de concentração era "reduzir os presos a criaturas irracionais, cujo comportamento poderia ser totalmente previsto e controlado. Os campos [de concentração] são até hoje a imitação mais próxima na terra de uma perfeita Caixa de Skinner [B.F.]. Eram fechados e completamente regulados, um mundo 'total' no sentido estrito. Dor e morte eram os 'reforços negativos', alimento e vida eram os 'reforços positivos', e todas essas forças eram empurradas e arremessadas vinte e quatro horas por dia na camada mais profunda da necessidade humana".[1]

A experiência fracassou. Soljenitsyn, supostamente reabilitado, gritou tão alto que foi expulso de sua terra natal. Muitos homens e mulheres que sobreviveram aos campos de concentração alemães retornaram à vida normal, esmagados e feridos pela experiência, sim, mas muito longe de se tornarem robôs irracionais como desejavam seus captores. As crianças, porém, que cresceram sob um regime cujo objetivo era decididamente o mal emergiram com um alto senso de moralidade e compaixão.

Textos escritos pelos sobreviventes reiteram estudos detalhados da personalidade dos indivíduos dentro dos campos de concentração. Um livro simples e pequeno como *Um dia na vida de Ivan Denisovich*, de Soljenitsyn, que limita sua abrangência a um período de dezesseis horas em um campo de concentração, contém uma riqueza de descrições tridimensionais dos presos.

Se as vítimas revelam um grau surpreendente de individualidade e resistência, seus captores, em quase todos os relatos, se misturam-se anonimamente em um grupo amorfo, indistinguível. Soljenitsyn percebeu isso quando se levantou para falar em nome dos prisioneiros a um comitê especial que investigava irregularidades:

> Tudo o que está escrito naquelas páginas, tudo o que realizamos, tudo o que remoemos em todos aqueles anos e em todos aqueles dias de greve de fome — eu poderia muito bem tentar dizer, tanto aos orangotangos quanto a eles. Em certo sentido, eles continuavam a ser russos, continuavam a ser mais ou menos capazes de entender expressões russas razoavelmente simples, como "Permissão para

---

[1] **The Survivor**, p. 162 [tradução livre].

entrar!", "Permissão para falar, senhor!". Mas, quando se sentavam ao redor da mesa grande, exibindo suas caras brancas, lisas, complacentes, uniformemente inexpressivas, ficava claro que eles se haviam degenerado em um tipo biológico distinto, que a comunicação verbal entre nós se rompera irremediável e definitivamente, e que o único que podíamos trocar eram... balas".[2]

Outra testemunha, George Mangakis, descreveu o processo de seu torturador ter se transformado em verdadeira vítima depois de ser preso durante a junta militar grega, ou ditadura dos coronéis, no fim da década de 1960:

> Vivenciei a sina de uma vítima. Vi de perto o rosto do torturador. Sua condição era pior que meu rosto lívido e ensanguentado. O rosto do torturador estava tão distorcido e repuxado, que mal parecia um rosto humano [...]. Naquela situação, passei a ser uma pessoa de sorte. Fui humilhado. Não humilhei outras pessoas. Estava apenas guardando uma humanidade profundamente infeliz em minhas entranhas doloridas, ao passo que os homens que nos humilharam precisavam primeiro humilhar a noção de humanidade que havia dentro deles. Não faz mal se eles andam com ar empertigado dentro de sua farda, envaidecidos por saber que podem controlar o sofrimento, as noites em claro, a fome e o desespero de seres humanos iguais a eles, embriagados com o poder nas próprias mãos. Sua empolgação não passa de degradação da humanidade. O último grau de degradação. Eles tiveram de pagar muito caro cada um de meus tormentos.
>
> Eu não era o que estava na pior condição. Era simplesmente um homem que gemia por sentir muita dor. Prefiro isso. Neste momento não tenho a alegria de ver as crianças indo para a escola ou brincando nos parques, ao passo que eles têm de encarar os próprios filhos.

[2] **Gullag III**, p. 267 [tradução livre].

Em certo sentido, os campos de concentração reduzem as pessoas a seres puramente materialistas. As únicas coisas que importam são a sopa quente com espinhas de peixes gordurosos boiando, um par de botas pretas de feltro e luvas quentes. Recebem uma quantidade mínima de 225 gramas de pão; os que realizam serviços pesados recebem mais. No entanto, logo se torna evidente a qualquer um que leia os relatos dos sobreviventes que não se trata de histórias de seres materialistas. Embora os captores tenham eliminado qualquer vestígio capaz de sustentar o espírito humano, esse espírito continua a movimentar-se com intensidade. No corpo desnutrido dos prisioneiros, há um senso bem desenvolvido de *moralidade, arte* e *esperança*. Ninguém espera encontrar esses atributos nesse tipo de lugar, mas brotam como nascentes em meio a pedras de granito.

(Devo ressaltar que, por necessidade, precisei generalizar os numerosos relatos dos sobreviventes. Evidentemente, nos campos de concentração há extrema violência, atos desumanos, conivência e crueldade entre os prisioneiros. Alguns demonstram uma obediência desproporcionada. Esses comportamentos são esperados. O fato extraordinário, contudo, é que em um ambiente propício a produzir tais reações, existem ainda sinais sublimes de humanidade.)

## Moralidade

Entre os prisioneiros, persistia um senso de moralidade, mesmo em um ambiente de maldade praticamente massiva. Sim, alguns sobreviventes perderam a fé em Deus, principalmente os judeus. Criados para acreditar que eram o povo escolhido, eles descobriram de repente que "Hitler é o único que manteve suas promessas, todas as promessas, ao povo judeu", conforme um judeu expressou de maneira comovente.

Elie Wiesel registra um episódio profundamente tocante, ocorrido enquanto esteve preso em Buna quando tinha 15 anos. Uma única cena expressa o horror dos campos de concentração, talvez com mais força que todas as estatísticas já publicadas sobre o assunto.

Um depósito secreto de armas foi descoberto no campo de concentração, pertencente a um holandês, que o despachou rapidamente para Auschwitz. No entanto, o holandês tinha um menino a seu serviço, um *pipel*, como era chamado, um garoto de rosto refinado e bonito, de uma beleza inexistente nos campos de concentração. Ele tinha o rosto de um anjo triste. O pequeno criado, da mesma forma que seu dono holandês, foi cruelmente torturado, mas não revelou nenhuma informação. Por isso os homens da SS o sentenciaram à morte, ao lado de outros dois prisioneiros que haviam sido descobertos com as armas.

Um dia, quando voltávamos do trabalho, vimos três forcas erguidas no local onde o povo se reunia, três corvos negros. Chamada dos nomes da lista. Todos os SS ao redor de nós, treinados em lidar com metralhadoras: a cerimônia tradicional. Três vítimas acorrentadas — e uma delas, um pequeno criado, o anjo de olhos tristes.

Os SS pareciam mais preocupados, mais perturbados que o normal. Enforcar um menino diante de milhares de espectadores não era tarefa fácil. O chefe do campo de concentração leu o veredicto. Todos os olhos estavam cravados no menino, que tinha o semblante lividamente pálido, quase calmo, mordendo os lábios. As sombras das três forcas incidiam sobre ele.

Desta vez o Lagerkapo recusou-se a agir como executor. Três SS o substituíram.

As três vítimas subiram ao mesmo tempo nas cadeiras.

Os três pescoços foram colocados no mesmo instante no laço. "Vida longa e liberdade!", gritaram os dois adultos. Mas o menino ficou em silêncio.

"Onde está Deus?", "Onde ele está?", alguém atrás de mim perguntou.

A um sinal do chefe do campo de concentração, as três cadeiras tombaram. Silêncio total no campo inteiro. No horizonte, o sol se punha.

"Descubram as cabeças!", disse o chefe do campo com voz engasgada. Estávamos chorando.

"Cubram as cabeças!"

Então, o processo começou a avançar. Os adultos já estavam mortos. A língua de cada um pendia para fora da boca, inchada e azulada. Mas a terceira corda ainda se movimentava; por ser leve demais, o menino continuava vivo [...].

Ele permaneceu ali por mais de meia hora, lutando entre a vida e a morte, agonizando sob nossos olhos. E tínhamos de olhar para o rosto dele. O menino continuava vivo quando passei diante dele. A língua continuava vermelha, e os olhos não estavam vitrificados.

Atrás de mim, ouvi o mesmo homem perguntar: "Onde está Deus agora?". E ouvi uma voz dentro de mim responder: "Onde ele está? Ele está aqui. Pendurado nestas forcas...".

Naquela noite, a sopa tinha gosto de cadáveres.[3]

Wiesel perdeu a fé em Deus naquele campo de concentração. Mas não porque perdeu a fé na moralidade — e, sim, pelo motivo oposto. Ele acreditava tanto na moralidade que não podia mais adorar a um Deus que permitia que as crianças fossem penduradas em forcas e atiradas nos fornos.

A intenção dos guardas da SS em Buna com essa lição objetiva era reforçar a justiça imposta pela força: coopere, e você talvez viva, resista, e certamente morrerá. Ela teve um efeito oposto nos prisioneiros, que, com o coração endurecido por ter visto milhares de mortes, comoveram-se diante daquela. A lição objetiva não contribuiu em nada para quebrar o espírito de resistência; simplesmente fortaleceu a vontade daqueles que estavam determinados a lutar contra seus algozes.

Quem sobreviveu aos campos de concentração? Aqueles que cooperaram com os guardas, fornecendo informações sobre seus

---

[3] **Night**, p. 75-76 [tradução livre].

companheiros de prisão? Não na Alemanha. De acordo com Bruno Bettelheim: "aqueles que [...] se aliaram ao inimigo, o comandante do campo de concentração, sacrificando a vida de outros para adquirir vantagens para eles próprios, possivelmente não permaneceram vivos. Para sobreviver, os prisioneiros tinham de ajudar uns aos outros". Na Rússia, os prisioneiros também construíram um esquema próprio de moralidade, às vezes brutal. Os delatores, por exemplo, tinham a garganta cortada durante a noite. Quando, porém, conseguiram assumir o comando de um campo inteiro em Kengir por seis semanas, os prisioneiros estabeleceram regras humanas e viáveis para se governarem — muito mais sensíveis que as regras impostas pelos guardas. Não se entregaram à anarquia nem à ganância, nem mesmo quando tiveram poder e uma dose de liberdade nas mãos.

Os psicólogos que estudaram a vida dos sobreviventes dos campos de concentração identificam a culpa como um dos principais efeitos residuais. Culpa porque eles, não os outros, sobreviveram. Culpa por não terem lutado o suficiente para protestar. Conforme Bettelheim confessa, "o sobrevivente, como ser pensante, sabe muito bem que ele não é culpado, como eu, por exemplo, sei a meu respeito, mas isso não muda o fato de que o lado humano dessa pessoa, como ser que tem emoções, exige que se *sinta* culpa, e é como realmente se sente. Esse é o aspecto mais significativo da sobrevivência". Ellie Wiesel escreve: "Vivo, portanto sinto culpa. Continuo aqui graças a um amigo, um companheiro, um desconhecido que morreu em meu lugar".

Em uma das muitas ironias, um alemão após outro marchou calmamente em direção ao banco dos réus em Nuremberg para contar que não sentia nenhuma culpa sobre o que havia sido feito com os judeus, que estava "apenas cumprindo ordens". Nesse meio-tempo, milhares de inocentes herdavam um fardo intolerável de culpa porque seu senso de moralidade continuava vivo dentro dos campos de concentração.

Por sua experiência na prisão, Soljenitsyn não chegou à conclusão de que todos os prisioneiros eram puros e justos, ou que todos os guardas eram violentamente maus. Mas, de acordo com seus registros no segundo volume de *Gulag*, seu conceito sobre humanidade foi profundamente alterado pelo que viu nos campos de concentração:

> Foi somente quando estava deitado na palha de uma prisão fétida que senti dentro de mim as primeiras evoluções do bem. Aos poucos, fui percebendo que a linha que separa o bem do mal não passa por condições de vida, nem entre classes sociais, tampouco por partidos políticos, mas pelo coração de cada ser humano e pelo coração de todos os seres humanos [...]. *Bendita sejas, prisão*, por ter estado em minha vida.[4]

O salmista clamou: "Para onde poderia fugir da tua presença? Se eu subir aos céus, lá estás; se eu fizer a minha cama na sepultura, também lá estás".[5] Podemos acrescentar que, da mesma forma, ninguém pode fugir da imagem de Deus nos seres humanos. Nas profundezas do inferno da depravação humana, na presença do mal absoluto — até mesmo lá —, podemos encontrar vislumbres disso. Os campos de concentração ensinam-nos até que ponto vai a depravação humana, claro. Mas eles também apontam para nossa imoralidade, revelando um traço da imagem de Deus que não pode ser apagado — nem mesmo no vazio frio e pavoroso do mal, onde o próprio Deus parece ausente.

## Arte

Embora quase todos os elementos daquilo que geralmente é conhecido como arte ou cultura tenham sido destruídos dentro dos campos de concentração, essa expressão humana também continuou a sustentar-se. É claro que havia poucas lembranças da arte — não eram permitidos

---

[4] P. 615.
[5] Salmos 139.7b,8. [N. do T.]

concertos nem balés, apenas alguns livros. Ainda assim, os prisioneiros quase sempre mostravam um sentido de estética altamente desenvolvida. Mesmo quando a vida fora reduzida a seus elementos básicos mais rudes, quando a arte exigia um esforço que poderia roubar das necessidades mais prementes de sobrevivência, ela vinha à tona. Uma pesquisa recente no Google sobre a "arte do Holocausto" revelou quase 6 milhões de *sites*, inclusive muitos reproduzindo a arte das vítimas infantis.

Eugenie Ginzburg, um ativista do Partido Comunista que caiu em desgraça e passou duas décadas em um dos piores campos de concentração no Gulag, lembra o fato da seguinte maneira:

> Durante aqueles anos, tive muitos sentimentos conflitantes, mas o principal foi o de assombro. [...] Ainda sentíamos satisfação ao ver a bruma fugaz da manhã, o pôr do sol cor de violeta que brilhava sobre nós quando voltávamos das pedreiras, a proximidade dos navios que atravessavam o mar e que percebíamos através de um sexto sentido — e na poesia, que ainda repetíamos uns aos outros à noite. [...] Eu sentia instintivamente que, enquanto pudesse comover-me com a brisa do mar, com o brilho das estrelas e com a poesia, continuaria vivo, embora minhas pernas tremessem e minhas costas se curvassem sob o peso de pedras abrasadoras.

Para Soljenitsyn, claro, escrever tornou-se a força motora que lhe permitiu transpor os muros do campo de concentração. Seu corpo, dentro de um uniforme *zek*, sofria o regime exaustivo marcado por gritos para sair da cama, trabalho pesado e filas para comer. Mas na pausa entre carrinhos de mão cheios de argamassa, no casebre aquecido no inverno, no andaime, ele rabiscava furtivamente cada uma das linhas que lhe povoavam a mente:

> Eu vivia um sonho. Sentava no saguão em completa balbúrdia para o ritual da sopa de aveia, sem nem sequer notar seu sabor, surdo

aos sons ao redor de mim tateando o caminho a respeito de meus versos e aparando-os como se fossem tijolos em uma parede. Eu era vasculhado, contado e conduzido como gado pela estepe — e via o tempo todo os cenários para minha peça, a cor das cortinas, o lugar dos móveis, os holofotes, cada movimento dos artistas no palco.

Alguns rapazes atravessavam a cerca de arame em um carrinho aberto, outros passavam por baixo dela rastejando, outros andavam por cima de um monte de neve mas, para mim, a cerca não existia; eu estava o tempo todo empreendendo uma jornada longa e distante de fuga, e isso era algo que os guardas não conseguiam descobrir quando contavam as cabeças.[6]

Do outro lado do Gulag, e nos campos de concentração da Alemanha, quantos outros estavam tão agitados e emocionados como Soljenitsyn? Quantos inventaram seus códigos secretos e elaboraram técnicas para esconder seus escritos dos guardas e levaram aqueles códigos consigo para a sepultura? Confinados em espaços tão pequenos que nem se pode imaginar, recebendo uma quantidade insignificante de calorias por dia para subsistir, mesmo sob tais condições os prisioneiros encontravam força para escrever, para a música e para a arte.

Às vezes, os prisioneiros tinham acesso a livros, e eles folheavam aqueles objetos preciosos como se estivessem segurando um pergaminho de valor inestimável. Eugen Kogon, autor e sobrevivente de Buchenwald, encontrou uma oportunidade rara de ler em silêncio. No inverno de 1942, foi necessário estabelecer uma vigilância noturna em razão de uma série de furtos de pão em Buchenwald. Ele se apresentou para trabalhar como voluntário em turno extra, sentado sozinho das 3 às 6 horas. Os únicos sons que ouvia eram os roncos dos companheiros dormindo. "Que experiência foi aquela", ele relata, "sentar-se em silêncio ao lado de um abajur, estudando a fundo as páginas de

---

[6] **Gulag III**, p. 104.

*Diálogos*, de Platão, *Canto do cisne*, de Galsworthy, ou as obras de Heine, Klabund, Mehring!"

Elie Wiesel registra uma cena comovente que ocorreu quando ele e centenas de outros judeus estavam confinados durante três dias em um cômodo tão apinhado que muitos se sufocaram porque o ar era pouco para um número tão grande de corpos humanos. Enroscado entre os corpos, estava um jovem e magro judeu de Varsóvia chamado Juliek. Por incrível que possa parecer, Juliek segurou firme seu violino junto ao corpo durante uma marcha forçada rumo à morte no meio de tempestades até Gleiwitz. Naquela noite, espremido entre as centenas de corpos humanos quase sufocados, Juliek lutou para encontrar um espaço livre e começou a tocar o trecho de um concerto de Beethoven. Os sons eram puros, estranhos e destoavam daquele ambiente.

> Estava escuro como breu. Eu ouvia apenas o violino, e era como se a alma de Juliek estivesse curvada. Ele estava tocando a própria vida. Sua vida inteira deslizava sobre as cordas — suas esperanças perdidas, seu passado queimado, seu futuro extinto. Ele tocava como se fosse a última vez. [...] Até hoje, sempre que ouço Beethoven ser tocado, fecho os olhos, e, na escuridão, surge o rosto triste e pálido de meu amigo polonês, de quando ele se despediu tocando violino para uma plateia de moribundos.
>
> Não sei por quanto tempo ele tocou. Fui vencido pelo sono. Quando acordei, à luz do dia, vi Juliek, caído do outro lado, morto. Perto dele estava seu violino, amassado, pisoteado, um pequeno corpo estranho e esmagado.[7]

Essa cena representa uma parábola do papel da arte nos campos de concentração. Lá, a morte dita as regras. Tudo o que é belo, alegre e digno é eliminado. No entanto, os campos de concentração contêm

---

[7] **Night**, p. 107-108.

pessoas, não animais. E, em meio a empurrões e luta pela sobrevivência, emerge um rumor de transcendência: o tom puro, celestial, de um concerto de Beethoven tocado ao violino. O espírito humano morre tão obstinadamente quanto o corpo.

**Esperança**

Pandora, a primeira mulher mítica a entrar no mundo, trazia consigo uma caixa que continha algo desconhecido para ela: todas as doenças que atormentam os mortais. Depois de abrir a caixa e libertar as maldades, ela fechou-a sobre o último "presente" que restou dos deuses: Esperança.

Para as vítimas dos campos de concentração, sobre quem todas as doenças mortais pareciam convergir, a esperança parecia, às vezes, outra praga. Por que não havia mais levantes judeus como o de Varsóvia? Em parte, porque os judeus tinham muita esperança. Eles não acreditavam que existissem atos desumanos como as câmaras de gás, apesar dos boatos que varriam as colônias judaicas. Em *Night* [Noite], Elie Wiesel conta a história de Moche, um judeu idoso que fugiu milagrosamente das metralhadoras que exterminaram os judeus perto de Kolomaye, na Polônia. Ele voltou à pequena cidade de Wiesel na Hungria e bateu de casa em casa, avisando os amigos e vizinhos do terror que se aproximava.

Ninguém acreditou em Moche. "Acharam que eu estava louco", sussurrava ele, e as lágrimas caíam de seus olhos como pingos de cera.

Mais tarde, quando Wiesel e os judeus de sua cidade foram atirados aos montes em vagões de trem e arrastados por tempestades de neve rumo à Polônia e Alemanha, outra pessoa tentou avisá-los. Madame Schachter, uma mulher enlouquecida, assustou os ocupantes do vagão ao ficar em pé perto da janela, gritando: "Fogo! Fogo!... Judeus, ouçam o que eu digo! Estou vendo fogo! Labaredas enormes! É uma fornalha!".

Da mesma forma, ninguém deu ouvidos a madame Schachter. Em quatro vezes diferentes, ela levantou-se aos gritos até que, finalmente, os outros passageiros, amarraram-na em um canto e golpearam-lhe a cabeça, incapazes de suportar o medo e a tensão causados por seus gritos. Eles tinham esperança demais para acreditar nas ameaças proferidas por uma louca — até que foram levados a Auschwitz e viram chamas com os próprios olhos.

No entanto, para as vítimas dos campos de concentração na Alemanha e na Rússia, a esperança era também o pão diário de sobrevivência. Como um homem condenado a enfrentar vinte e cinco anos de trabalhos forçados na Sibéria consegue atravessar o dia? Ele simplesmente reduz as expectativas pessoais, estabelece pequenas metas e realizações para si, procurando cuidadosamente elementos que deem esperança. Conforme Alyosha, o cristão, explicou a Ivan Denisovich, ele não orava por pacotes de alimento extra nem por luvas de pelo. "Dentre todas as coisas terrenas e mortais, nosso Senhor ordenou que orássemos apenas pelo pão de cada dia. 'O pão nosso de cada dia dá-nos hoje' ".

O relato de Soljenitsyn de um dia na vida de um prisioneiro termina com Ivan adormecendo profundamente satisfeito.

> Ele tivera muitos lances de sorte naquele dia; não o haviam colocado nas celas; nem tinham enviado um pelotão de soldados para fiscalizar seu alojamento; ele devorara uma tigela de *kasha* no jantar; o líder do pelotão determinara o ritmo de trabalho de forma satisfatória; ele construíra um muro e gostara do serviço; trouxera clandestinamente um pedaço de serra para metais; conquistara um favor de Tsezar naquela noite; comprara aquele tabaco. E não adoecera [...].
> Um dia sem uma nuvem negra. Um dia quase feliz.[8]

Para nós, que passamos os dias nos preocupando com estáticas excessivas na faixa FM do rádio do carro, com o carpete surrado na sala de estar e com a decisão de colocar uma camada extra de isolante

---

[8] **Um dia na vida de Ivan Denisovich**, p. 158 [tradução livre].

no sótão, essas esperanças parecem realmente elementares. Esta é a natureza do espírito humano: ele se adapta às circunstâncias. E o grande Soljenitsyn, bem como os concertistas de violino, os prefeitos e os artistas despachados para os campos de concentração da Alemanha e da Rússia adaptaram-se a circunstâncias inferiores. A esperança deles tornou-se profunda e primordial.

Alguns sobreviventes falam do "poder enigmático da força interior" que permitiu que o corpo deles se mantivesse aquecido, apesar do frio penetrante de um solo congelado, e que também lhes permitiu manter o entusiasmo, apesar da morte e do extermínio que os rondavam. Quase todos os sobreviventes acreditavam piamente que os alemães perderiam a guerra, embora estivessem cercados de evidências da força dos alemães.

A esperança diária não é uma tolice. Poliana acreditava que não demoraria para que a situação melhorasse e tudo voltasse à normalidade. Trata-se simplesmente de uma decisão, um mecanismo de sobrevivência que alimenta o desejo de viver. Soljenitsyn conclui: "Tudo o que aquelas pessoas torturadas podem fazer é continuar a ter esperança. Depois de cada decepção, precisam encontrar uma nova razão para ter esperança. E elas encontraram".

No entanto, além dessa esperança diária, surgia uma esperança mais misteriosamente animadora: a esperança de liberdade.

Como qualquer um de nós, que vive em regime democrático, pode aceitar com entusiasmo o desejo ardente de liberdade que motiva os prisioneiros dos campos de concentração? Podemos ler mil páginas dos relatos de Soljenitsyn cercado por paredes cinzentas e deparar com suas descrições daqueles primeiros dias de liberdade. Podemos ver Papillon, o homem louco por liberdade, velho e cambaleante, quando se lança de um penhasco de 30 metros e cai no mar bravio. Ou talvez contemplemos a última cena congelada do filme *O expresso da meia-noite*: Billy Hayes no uniforme roubado de um policial saltando de alegria quando sai da terrível prisão turca e vê a luz do sol.

Liberdade. Para os visionários que a perderam, vale a pena lutar o tempo todo pela liberdade. Para um fugitivo determinado, dois dias fora do campo de concentração compensarão as torturas e surras ao voltar.

Constrangidos, perguntamo-nos por que Soljenitsyn apontou o dedo ameaçadoramente para o Ocidente por exibir sua liberdade ao mundo e não se preocupar em levá-la aos povos que não a têm. Soljenitsyn participou de um ato de liberdade estranhamente rebelde: greve de fome. Aquela liberdade foi um castigo autoimposto, mas foi também a única forma de protesto que não podia ser interrompida. Pelo menos o homem tem o direito de decidir se deve abrir a boca para manter-se vivo.

> Aquela greve de fome não foi feita por pessoas bem alimentadas e com reservas de gordura subcutânea, mas por homens de olhos fundos, esqueléticos, que sentiam o chicote da fome todos os dias durante anos a fio, que conseguiam com dificuldade uma espécie de equilíbrio físico, e que sofriam enorme aflição se lhes tirassem uma única ração de 100 gramas. Até as pessoas à beira da morte passaram fome com o resto, embora um jejum de três dias pudesse levá-la a um declínio irreversível e fatal. A comida que recusamos, e que sempre consideramos desprezível, era uma miragem de abundância nos sonhos febris daqueles homens famintos. [...]
> 
> Havia, porém, uma espécie de fascinação nesse sentimento de desesperança. Havíamos dado um passo fútil e desesperado, que somente poderia acabar mal — e que acabou bem. Nosso estômago estava vazio, nosso coração tremia de medo, mas *algo mais sublime estava sendo satisfeito*.[9]

Bem mais tarde, Soljenitsyn participou de um novo tipo de liberdade. Saiu da prisão depois de cumprir sentença.

---

[9] **Gullag III**, p. 258-259.

E saio *andando!* E me pergunto se todos sabem o significado dessa estupenda palavra de liberdade. Estou andando *com minhas pernas*. Sem nenhum rifle automático atrás de mim, nem ao lado nem atrás. Olho por cima dos ombros: não há ninguém! Se eu quiser, posso virar à direita, passar pela cerca da escola, onde um porco enorme está revolvendo uma poça de água suja. E, se quiser, posso virar à esquerda, onde as galinhas estão andando empertigadas e se coçando em frente ao Departamento de Educação do Distrito [...].

Não consigo dormir! Ando, ando e ando sob o luar. Os jumentos cantam sua canção. Os camelos cantam. Cada fibra em mim canta: Estou livre! Estou livre![10]

O que motiva um homem como Ivan Denisovich a dormir tão contente à noite? O que provoca uma guerra de fome em três homens desnutridos e esqueléticos?

A experiência da esperança acima de toda a esperança, gravidez simbólica, e o grande anseio de liberdade que arde dentro das vítimas do campo de concentração são rumores de transcendência ainda mais distantes, mais evidência da imagem de Deus impressa indelevelmente no espírito humano. Deus investiu uma dose tão grande de liberdade nos seres humanos que, no final das contas, eles a perverteram para criar os mesmos campos de concentração que tentam eliminá-la.

Um passo adiante até mesmo da esperança que se expressa no fervor por liberdade foi a esperança religiosa que persistiu entre as vítimas dos campos de concentração. "Quando as coisas vão mal", Soljenitsyn disse, "não nos envergonhamos de nosso Deus. Somente nos envergonhamos dele quando as coisas vão bem".

Bruno Bettelheim, psicólogo e sobrevivente dos campos de concentração, declara com todas as letras: "Há um fato muito conhecido dos campos de concentração: aqueles que tinham firmes convicções

---

[10] **Gullag III**, p. 417, 420.

religiosas e morais administravam a vida muito melhor que o resto. Suas crenças, inclusive a crença na vida após a morte, davam-lhes força para suportar o que era insuportável para a maioria dos demais".

Demonstrando o mesmo fenômeno, Terrence Des Pres cita um sobrevivente anônimo eu seu livro *The Survivor* [O sobrevivente]:

> Dor e [...] medo mantêm-nos acordados. Um céu sem nuvens, povoado de estrelas cintilantes, veio visitar nossa prisão lotada e triste. A Lua brilhava através da janela. Sua luz era deslumbrante naquela noite, dando ao rosto pálido e debilitado dos prisioneiros uma aparência fantasmagórica. Parecia que a vida havia sido sugada deles. Estremeci de pavor, porque, de repente, ocorreu-me que eu era o único homem vivo entre cadáveres.
>
> Imediatamente o silêncio opressivo foi quebrado por uma melodia fúnebre. Eram os tons de lamento da antiga oração *Kol Nidre*[11] [aramaico: *Todos os votos*]. Levantei o corpo para ver de onde vinha. Lá, junto à parede, o luar batia sobre o rosto erguido do homem idoso, que, de maneira desinteressada e totalmente absorto, cantava para ele próprio. [...] Sua oração trouxe de volta à vida o grupo fantasmagórico de seres humanos aparentemente insensíveis. Pouco a pouco, todos se levantaram, e todos os olhos fixaram-se no rosto banhado pelo luar.
>
> Sentamos em silêncio para não perturbar o velhinho, e ele não percebeu que estávamos ouvindo. [...] Quando finalmente se calou, houve uma exaltação entre nós, uma exaltação que os homens só sentem quando caem tão baixo quanto nós caímos e então, pelo poder místico de uma oração imortal, despertam mais uma vez o mundo do espírito.[12]

---

[11] Declaração judaica recitada nas sinagogas no início do culto noturno de Yom Kipur que se permite renunciar a todo e qualquer voto feito sob coação. [N. do R.]
[12] P. 92-93.

A esperança religiosa não sobreviveu em todos. Para alguns, a tragédia dos campos de concentração foi a prova final de que Deus não se importava com a condição humana. Mas, para outros, na Rússia de Stalin, na Alemanha de Hitler e na China de Mao, a fé religiosa era uma esperança que não podia ser extinta. Rumores de liberdade e anistias iam e vinham: era possível ter esperança em Deus para sempre, por mais distante que ele parecesse na época.

Certa vez, entrevistei Allen Yuan, um dos quatro patriarcas da igreja perseguida na China, que passou o total de vinte e dois anos em campos de concentração. Após sua prisão, os guardas submeteram Yuan a torturas e meses de confinamento solitário em uma cela sem janela. "Eu puxava os cobertores sobre a cabeça e orava. Durante dez anos, não recebi nenhuma carta de minha família. Não tinha nenhuma Bíblia em meu poder; apenas algumas passagens e salmos, bem como uma canção. Sabe qual? *Rude cruz*." Ele começou a cantar em voz alta:

> Sim, eu amo a mensagem da cruz.
> Seu triunfo meu gozo será!
> Pois um dia, em lugar de uma cruz,
> A coroa Jesus me dará.[13]

Yuan passou treze daqueles anos de confinamento em uma província no extremo norte da China, acima da Mongólia. "Foi um milagre!", ele disse com grande entusiasmo. "Eu tinha apenas um casaco leve no inverno gelado e nunca peguei resfriado ou gripe. Nem um só dia! Deus respondeu às orações!"

Perguntei ao pastor Yuan o que aprendera com a perseguição. "Vivemos uma época semelhante à que os apóstolos viveram", disse ele. "Os cristãos são perseguidos, sim. Mas olhe para Hong Kong e Taiwan

---

[13] Hino 266 do *Hinário presbiteriano Novo Cântico*. George Gennard 1873-1958. Tradução de Antônio Almeida 1920.

— eles possuem tudo, mas não buscam Deus. Confesso que saí daquela prisão com mais fé do que quando entrei. Assim como José, só mais tarde, ao fazer uma retrospectiva, ficamos sabendo por que passamos por tempos tão difíceis. Pense nisto: logo teremos a maior comunidade cristã do mundo na China, e em um país ateu que tentou nos aniquilar!"

## Resistência

Contrariando as expectativas, as vítimas dos campos de concentração não perderam a identidade nem se tornaram pessoas sem rosto, autômatos submissos. Muitos demonstraram atos individuais de coragem e autossacrifício. Neles persistia um senso altamente desenvolvido de moralidade, tanto que eles saíram com uma sensação aflitiva de culpa maior que a de seus opressores. Além disso, intensificou-se a apreciação pela arte e pela beleza, mesmo na monótona tonalidade cinzenta dos campos de concentração. Finalmente, uma profunda expressão de esperança e desejo de liberdade marcou as vítimas. Tudo isso aponta para o espírito humano imortal. Diferentemente dos animais criados em zoológicos, as pessoas nunca perderam de vista seu destino maior. Nunca aprendem a *pertencer* aos campos de concentração.

No entanto, essa conclusão estimulante está longe de ser satisfatória. Soljenitsyn saiu da prisão como um homem mais forte, mas o que dizer de seus companheiros *zeks* que morreram? Elie Wiesel emocionou o mundo com suas lembranças do sofrimento, mas e o que dizer dos mortos que Wiesel descreve? Seis milhões de judeus foram assassinados; somente 1% desse número foi libertado dos campos de concentração.

E quanto àqueles que ficaram marcados permanentemente? Alguns vivem com terror nos olhos, incapazes de enfrentar o mundo lá fora, incapazes de confiar. A simples presença de um pastor-alemão os faz tremer de medo.

A mensagem de *Um dia na vida de Ivan Denisovich* é que, com vontade ferrenha e um pouco de sorte, talvez um dia Deus possa fazer você entrar nos campos de concentração. Mas uma pergunta maior ecoa. *Quem vai o tirar de lá?*

Certa primavera, enquanto a série de TV *O Holocausto* estava sendo exibida, minha igreja organizou um serviço de identificação para os judeus que haviam sofrido nos campos de concentração, uma liturgia Yom HaShoá para cristãos. Vários membros da congregação, inclusive crianças, deram voz aos sobreviventes lendo o diário de Chaim Kaplan no gueto de Varsóvia, o poema de uma criança sobre a ausência de borboletas no gueto, observações de Viktor Frankl como médico da prisão, histórias comoventes de Elie Wiesel, poema de Nelly Sach sobre as chaminés do crematório e uma seleção intitulada "Por que os cristãos nos odeiam?", do romance de Andre Scharz-Bart, *The Last of the Just* [O último dos justos].

A congregação permaneceu em silêncio enquanto cada trecho era lido. Algumas pessoas tiveram de abandonar o recinto quando as descrições se tornaram chocantes demais. Um amigo assimilou profundamente tudo o que foi dito e, após o culto, reagiu desta maneira: "Há uma coisa que me causa mais dor que toda a agonia e culpa que senti ao ouvir essas vozes dos judeus. Tudo que posso fazer é solidarizar-me e lamentar com eles. O que realmente me incomoda são as numerosas situações semelhantes àquelas que estamos desprezando agora. É fácil culpar os cristãos por não terem agido com mais rapidez e determinação na Segunda Guerra Mundial. Mas o que dizer de nossa reação hoje diante de situações recentes como no Camboja, em Darfur, na República Democrática do Congo e em Ruanda? Será que não deveríamos também realizar cultos em favor desses lugares?".

Fatos sobre os campos de concentração judeus foram apregoados detalhadamente no *New York Times* no início de 1939. Poucas pessoas, contudo, acreditaram neles, ninguém reagiu, e os Estados Unidos só entraram na guerra dois anos depois, após o ataque direto dos japoneses.

Em Auschwitz, observei um campo coberto com vários centímetros de uma espécie de argila fina, os restos mortais de 60 mil judeus queimados ali. No entanto, 3 milhões de cambojanos foram assassinados na era contemporânea. Como o resto do mundo reagiu?

Uma pergunta angustiante soa e ressoa ao longo do terceiro volume do *Arquipélago Gulag*, de Soljenitsyn: "Fiz o suficiente para resistir?". Os sobreviventes dos campos de concentração parecem angustiados com essa pergunta. Mas, para nós que estamos do lado de fora, nossa atitude é comprovada no fato de que a Harper and Row retardou a publicação do terceiro volume por quase dois anos porque os leitores americanos estavam cansados das descrições de Soljenitsyn sobre os campos de concentração, e o volume 2 não fora lucrativo.

Apelos para intervenção direta em locais como Ruanda e Darfur provocam indignação hipócrita ("Será que não aprendemos com a experiência do Vietnã e Iraque?") ou um bocejo prolongado. E daí?

Para mim, no entanto, há uma conclusão inevitável extraída dos campos de concentração. Trata-se de uma lição mais importante que todas as outras: a justiça precisa vir de fora. Todas as vítimas de um campo de concentração são apocalípticas; a ajuda que elas esperam só pode vir de uma força externa. Nenhuma moralidade ou coragem, nenhum senso de beleza ou contaminação de esperança, por maiores que sejam, serão suficientes para assegurar a sobrevivência deles. Somente uma força externa. Para a maioria esmagadora, a sobrevivência depende da destruição do mundo que é o campo de concentração. A questão principal não é o que o prisioneiro pode fazer — a maior parte não tem como agir —, mas a necessidade de vencer de alguma forma os responsáveis pelo campo de concentração.

Até o momento da libertação pelas Forças Aliadas, de todos os milhões de judeus, ciganos, homossexuais e cristãos aprisionados, apenas um punhado conseguiu fugir — os campos de concentração alemães eram muito eficientes.

Soljenitsyn usa o exemplo da rebelião do campo de Kengir como ponto nevrálgico de seu terceiro volume. Eles fizeram o suficiente para resistir? Dominaram o campo em Kengir por seis semanas, derrubando muros, casando com mulheres prisioneiras, estabelecendo um governo e leis próprias — tudo dentro do confinamento com cercas de arame farpado. No entanto, mesmo Kengir durou apenas seis semanas. Tanques e metralhadoras entraram em ação, provando em poucas horas trágicas a insignificância e a futilidade daquele movimento.

Se deparássemos hoje com um genocídio na mesma proporção de perseguição aos judeus pela Alemanha nazista, reagiríamos? Deveríamos reagir? Para mim, essa é a questão complexa, porém inevitável, que se levanta como uma chama das ruínas dos campos de concentração. E trata-se de uma questão que estamos desprezando educadamente. Depois de ler dezenas de relatos das tragédias alemã e russa, eu tremo de indignação contra o mal que elas encerram. No entanto, quase imediatamente, algumas forças sutis chegam para suavizar a raiva, aquietá-la e levar-me de volta à complacência. Tenho tentado identificar essas forças.

1. Primeiro, há o simples fato de que uma pessoa calorosa tenha dificuldade de compreender uma pessoa fria. O próprio Soljenitsyn, um defensor ferrenho da resistência perseverante contra a opressão, descobriu esse processo penetrar em sua consciência depois de conquistar respeito na era Khrushchev e depois de ver a publicação de seu romance *Um dia na vida de Ivan Denisovich* nas revistas nacionais. Ele foi chamado à sede pomposa na Praça Vermelha para testemunhar a respeito das injustiças que presenciara e sentira. Contou sua história aos tecnocratas, que tiveram respostas razoáveis a todos os seus protestos. "E de fato", ele registra, "vistos daquele ambiente luminoso e festivo, desde as poltronas confortáveis até o acompanhamento da eloquência que deles fluía suavemente, os campos de concentração não parecem tão terríveis, apenas racionais. [...] Bom, *você* deixaria essas pessoas horrorosas soltas na comunidade?"

Cauteloso com os perigos do esquecimento, Soljenitsyn deu início a um ritual anual no aniversário de sua prisão e criou "o dia do *zek*":

de manhã, ele cortou 650 gramas de pão para sua ração diária e, para o almoço, preparou um caldo com uma concha cheia de papa de farinha de milho. E, assim ele contou, no fim do dia "já estava ajuntando migalhas para pôr na boca e lambendo a tigela. As velhas sensações voltaram vividamente".

Esse fenômeno de insensibilidade ao sofrimento assumiu proporções terríveis pouco antes da Segunda Guerra Mundial. O presidente Roosevelt e outros líderes mundiais reuniram-se em Evian-les-Bains, na França, em julho de 1938 para discutir a ocupação de Hitler na Áustria e seus maus-tratos aos judeus na Alemanha. Seus esforços foram em vão. "Mais que qualquer outro fator", escreveu uma correspondente, a conferência "assinou a sentença de morte para 6 milhões de judeus europeus".

Essa mesma correspondente, Peggy Mann, do *Guardian* de Manchester, visitou posteriormente a área do balneário e conversou com um empregado que se lembrava muito bem da reunião. Ele contou:

> Pessoas muito importantes estiveram aqui, e todos os delegados passaram um tempo agradável. Eles se deliciavam com os passeios de barco no lago. À noite, jogavam no cassino. Tomavam banho de água mineral e recebiam massagens no corpo no *Establissement Thermal*. Alguns fizeram uma excursão a Chamonix para esquiar no verão. Alguns cavalgaram; nós temos, você sabe, um dos estábulos mais requintados da França. Alguns jogaram golfe. Temos um campo lindo de golfe com vista para o lago.
>
> Reuniões? Sim, alguns assistiram às reuniões. Mas, claro, é difícil sentar-se em um ambiente fechado para ouvir discursos quando todos os prazeres que o Evian oferece estão aguardando do lado de fora.

A reunião terminou. Ninguém levantou o assunto de quotas de imigração para permitir que mais judeus conseguissem a liberdade, e Hitler não foi censurado.

Devo acrescentar que é difícil sentar-se em um ambiente fechado lendo textos sobre o sofrimento e opressão do mundo quando todos os prazeres que os países ricos oferecem estão aguardando ali do lado de fora.

2. Nossa resistência para insurgir contra a opressão recebeu ajuda, penso eu, de uma reação totalmente saudável a intervenções confusas em lugares como Vietnã e Iraque. A maioria das pessoas admite que a política dos Estados Unidos foi errada de alguma forma — ou na concepção ou na técnica. Combinando essa experiência com a da Coreia, aprendemos que uma nação, por mais poderosa que seja, não pode ser polícia do mundo.

Soljenitsyn ousa insistir veementemente naquilo que ele considera a consequência lógica de sua reação. Em seu discurso em Harvard, esbravejou:

> O erro mais cruel ocorreu com o fracasso de entender a Guerra do Vietnã. Algumas pessoas queriam sinceramente que todas as guerras acabassem o mais rápido possível; outras acreditavam que deveria haver espaço para autodeterminação nacional, ou comunista, no Vietnã ou Camboja, como vemos hoje com particular clareza. Mas os membros do movimento antibélico dos Estados Unidos acabaram envolvendo-se na traição das nações do Extremo Oriente, em um genocídio e no sofrimento imposto hoje a 30 milhões de pessoas da região. Será que esses pacifistas convictos ouvem os lamentos que vêm de lá? Eles entendem qual é sua responsabilidade hoje? Ou preferem não ouvir? A *intelligentsia* americana perdeu a coragem, e em consequência disso o perigo tem chegado muito perto dos Estados Unidos. Mas não há conscientização disso. Os políticos estadunidenses de visão tacanha que assinaram a capitulação apressada do Vietnã aparentemente deram aos Estados Unidos uma temporada feliz para respirar; contudo, um Vietnã cem vezes maior agiganta-se acima de vocês.

Soljenitsyn chegou a essas conclusões; eu ainda não estou pronto para isso. Mas admito ter sido afetado por uma reação contra os fracassos de nosso país no passado. Um cão mordido por serpente tem menos capacidade de voltar a caçar cobras.

3. Um pacifismo latente ganhou terreno nos círculos cristãos, principalmente na Europa, e está crescendo também nos Estados Unidos. Os cristãos que apoiam as forças militares não as apoiam, assim esperamos, em razão de um grande amor por derramamento de sangue e violência. Eles as apoiam, infelizmente, como manifestação das restrições necessárias para conter as forças do mal que, se não forem contidas, poderão criar monstruosidades como os campos de concentração. A expressão *guerra justa* é uma denominação imprópria. Nenhuma guerra é justa, mas os cristãos ao longo dos séculos concluíram que os resultados de participar de algumas guerras são mais justos que as injustiças que a guerra deseja derrubar.

A tendência moderna é ressaltar as injustiças das guerras. O autor Kurt Vonnegut alonga-se mais no assunto do bombardeio de Dresden na Segunda Guerra Mundial que nos aspectos da libertação. No filme *Sete belezas*, Lina Wertmuller declara sua condição de maneira espetacular. Entremeando cenas dos campos de concentração com cenas de uma mulher prostituindo-se nas ruas de Nápoles com soldados americanos, ela dá a entender que os americanos que lutavam contra o fascismo eram, na verdade, tão maus quanto as forças que eles derrotavam. Ela parece dizer que nada faz diferença — Hitler ou seu legado, os campos de concentração ou a libertação. Tragédia, comédia e injustiça são encontradas igualmente em todos eles.

Bruno Bettelheim, sobrevivente dos campos de concentração, escreveu uma denúncia mordaz das *Sete belezas* em seu extenso ensaio "Surviving" na revista *New Yorker*, posteriormente publicado em *Surviving and Other Essays* [Sobrevivendo e outros ensaios]. E concluiu o texto com este parágrafo:

Nossa experiência não nos ensinou que a vida não tem significado, que o mundo dos seres vivos não passa de um prostíbulo, que devemos viver para atender às exigências grosseiras do corpo, sem levar em conta as compulsões da cultura. Ensinou-nos que, por mais infeliz que seja o mundo no qual vivemos, a diferença entre ele e o mundo dos campos de concentração é tão grande quanto a diferença entre a noite o dia, o céu e a salvação, a vida e a morte. Ensinou-nos que a vida tem significado, embora seja difícil compreendê-lo — um significado muito mais profundo que imaginávamos existir antes de nos tornarmos sobreviventes. E nosso sentimento de culpa por ter tido tanta sorte de sobreviver ao inferno do campo de concentração é a parte mais importante desse significado — um testemunho à humanidade que nem mesmo a abominação do campo de concentração é capaz de destruir.

Cristo entrou no Gulag do mundo para soltar os cativos e trazer liberdade aos escravizados e deixou-nos a incumbência de fazer disso a nossa missão. Os sobreviventes dos campos de concentração mostram o valor do projeto que Jesus deixou conosco. A moralidade, a arte e o senso de esperança desses sobreviventes são lampejos da alma imortal que habita cada um deles, almas dignas de serem libertadas e redimidas, mesmo que isso envolva um preço muito alto.

Podemos discordar das técnicas que promovem justiça e liberdade aos cativos. Independentemente disso, a lição final dos campos de concentração convence-me de que não devemos nos atrever a anular nossa responsabilidade fingindo que essas lições tão onerosas não passam de lições da história da humanidade.

# Capítulo 4

# A crise de falta de moralidade

Marilyn vos Savant, incluída no *Hall* da Fama dos Recordes Mundiais do *Guinness Book* como a pessoa com o QI mais alto até hoje, responde a perguntas em uma coluna semanal chamada "Pergunte a Marilyn" na revista *Parade*, um periódico dominical dos Estados Unidos. Em geral, ela resolve problemas de matemática para os leitores que tentam desafiá-la. Certa vez, porém, um leitor fez uma pergunta sobre um assunto muito mais sério: "Em sua opinião, qual é a origem da autoridade moral?".

"A maioria das pessoas encontra a origem da autoridade em sua religião, mas eu não", Savant respondeu, "porque há múltiplas autoridades, muitas delas conflitantes, e a maioria é tendenciosa. No meu caso, encontro a origem da autoridade moral nas lições de história — os princípios que surgem do grande volume das boas escolhas, das más escolhas e de tudo o que existe entre uma e outra." A História apresenta uma vantagem sobre a religião, disse, porque não consideramos sua multidão de narradores, também tendenciosos e conflitantes, como autoridades. Podemos escolher. Em essência, a origem da autoridade moral para Marilyn vos Savant é ela própria, e nessa explicação resumida está o dilema da filosofia moral em um mundo progressivamente pós-moderno.

Pelo menos a pessoa mais inteligente do mundo ainda está à procura da origem da autoridade moral. Algo novo está fermentando na consciência moderna, apresentando um desafio muito mais diferente para a fé do que aquele imposto pela dor e o sofrimento: a rejeição às fontes morais como um todo. Pessoas e sociedades têm sido imorais em vários níveis, às vezes com extremas consequências, como crimes de guerra e campos de concentração. As pessoas (não uma sociedade inteira) de vez em quando dizem ser amorais, professando um agnosticismo radical acerca de assuntos éticos. Apenas recentemente, contudo, pensadores sérios levaram em consideração a noção de falta de moralidade: que não existe moralidade. Uma tendência prevista por Nietzsche, profetizada por Dostoievski e analisada com presciência por C. S. Lewis em *A abolição do homem*[1] está agora produzindo frutos. O conceito de moralidade está passando por uma mudança profunda, em parte pela vanguarda de uma nova ciência chamada psicologia evolucionária.

Detectei um efeito existencial desagradável dessa tendência em duas conversas. Na primeira, um rapaz chamado Sam contou-me que descobrira as vantagens estratégicas da verdade. Para comprovar, decidiu parar de mentir. "Isso ajuda as pessoas a se relacionarem conosco de modo mais confiável", disse ele. "A verdade pode ser positivamente benéfica de várias maneiras." Perguntei o que aconteceria se ele se visse em uma situação na qual lhe fosse *mais* vantajoso mentir. Ele respondeu que teria de julgar o contexto, mas estava tentando optar por não mentir. Para ele, a decisão de mentir ou dizer a verdade não envolvia moralidade, mas um conceito social, para ser adotado ou rejeitado de acordo com a conveniência.

Em outra conversa, Susan, uma cristã fervorosa, contou-me que o marido não atendia a suas expectativas e ela estava procurando outro homem que suprisse suas necessidades sexuais. Quando Susan mencionou que se levantava cedo todos os dias para "passar uma hora com o Pai", perguntei: "Em seus encontros com o Pai, surge alguma questão moral que possa influenciar essa decisão iminente de abandonar ou trair seu marido?".

---

[1] **A abolição do homem**. São Paulo: Martins Fontes, 2005.

Susan reagiu com indignação: "Essa parece a reação de um anglo-saxão, branco. O Pai e eu temos um relacionamento que não envolve moralidade. Relacionamento significa apoiar-me e permanecer do meu lado, não emitir julgamento". Eu lhe disse carinhosamente que todos nós fazemos julgamentos em nossos relacionamentos. Perguntei: "Você não me julgou ao dizer que sou incompreensivo e que seu marido é incapaz de atender às suas necessidades?". Susan descartou meus argumentos, e passamos a discutir assuntos mais amenos.

Sam e Susan têm um ponto em comum com Marilyn vos Savant: cada um movimentava o foco da moralidade de uma perspectiva externa para uma interna, uma mudança que, em parte, remonta ao romantismo e sua nova aprovação do indivíduo. Em seu ensaio "Autoconfiança", Ralph Waldo Emerson declarou que todos deveriam "confiar em si mesmos", porque a divindade reside em cada pessoa. E se suas intuições forem voltadas para o mal? Emerson não recuou: "Elas não me parecem voltadas para o mal, mas, se eu for o filho do Maligno, viverei de acordo com o Maligno. Nenhuma lei é sagrada para mim, a não ser a lei de minha natureza".

Walt Whitman, amigo de Emerson, pôs essa filosofia à prova. Quando Emerson o declarou, em uma carta pessoal, o maior poeta dos Estados Unidos, Whitman usou descaradamente a citação como endosso enfático a seu próximo livro. Tudo correu bem até que Whitman, confiando em si mesmo, compôs uma série de poemas homoeróticos. Durante uma longa conversa no parque central de Boston, Emerson, um homem de sexualidade convencional, implorou ao amigo que não publicasse os poemas. Mas ele não tinha base lógica para comprovar seu argumento: Whitman estava simplesmente seguindo o próprio conselho de autoconfiança de Emerson.

Rousseau, um avô do romantismo, seguiu os ditames do coração ao abandonar cinco crianças pequenas fruto de seu relacionamento com uma amante e serva analfabeta. Evidentemente que muitos incidentes escandalosos como esse vieram à tona com a eclosão do romantismo.

A mudança verdadeira foi mais sutil e oculta. De Aristóteles em diante, o Ocidente sempre havia entendido o "bem" como um código externo, nem meu nem seu. Embora fosse possível optar por quebrar o código, continuava a existir um código externo acima e além do alcance de cada pessoa. Com o romantismo, o código internalizou-se, como se tivesse passado a ser radicalmente subjetivo. O "eu" de cada um começou a escrever o próprio roteiro moral.

Os gregos e os romanos possuíam um código de virtude definido com muita clareza, que aceitava as virtudes de firmeza, temperança, prudência e justiça, transmitidas pelos professores de uma geração a outra. Confúcio e as sociedades budistas aperfeiçoaram os próprios princípios morais. Hindus, muçulmanos, judeus e cristãos confiavam na revelação para guiá-los na maneira pela qual os seres humanos deveriam viver. Somente em tempos recentes, e só no Ocidente moderno, sociedades inteiras abandonaram o objetivo de localizar as origens morais fora do indivíduo.

Charles Taylor e Alasdair MacIntyre argumentam com convicção que a própria noção de um "eu" individual e moral é uma inovação recente. Os antigos imaginavam o "eu" como uma unidade integrada à família, à comunidade e à sociedade, e as pessoas tomavam decisões morais com base nessa teia de conexões. As sociedades asiáticas e africanas ainda confiam cegamente na comunidade para compreender a moralidade. O conceito do "eu" individual emergiu aos poucos no Ocidente e tem conseguido mais e mais aceitação.

Em nossos dias, o "eu" autônomo reina de maneira suprema. Quando seis filósofos da moral de fama reconhecida submeteram uma petição de amigo da corte perante a Suprema Corte dos Estados Unidos defendendo o "direito de morrer", eles começaram com as seguintes palavras:

> Estes casos não convidam a Corte — nem exigem dela — a fazer julgamentos morais, éticos ou religiosos sobre como as pessoas devem lidar com sua morte ou confrontá-la quando se torna eticamente

apropriado apressar a própria morte ou pedir a outros que as ajudem a fazer isso. Ao contrário, eles pedem à Corte que reconheça que os indivíduos têm um interesse constitucionalmente protegido em fazer quaisquer julgamentos de gravidade em relação a eles próprios, livres da imposição de qualquer ortodoxia religiosa ou filosófica pela corte ou pela legislatura.

No corpo da petição, os filósofos argumentam que existe apenas um padrão de julgamento aceitável para tomar decisões em assuntos como fé religiosa, lealdade política e moral, casamento, procriação e morte: "as pessoas precisam ter permissão para tomar essas decisões sozinhas, de acordo com sua fé, consciência e convicções".

Embora, nesse caso, a Suprema Corte não tenha endossado o direito constitucional de morrer, em ocasião anterior a Corte havia decidido que nem mesmo o casamento pode interferir nos direitos individuais. O marido não tem voz legal se sua mulher desejar fazer um aborto, uma vez que "o aborto é um direito puramente pessoal da mulher, e o casamento não pode impor nenhuma restrição aos direitos pessoais". O individual triunfou.

■ ■ ■ ■ ■

> O pecado tem muitas formas, mas a função de todas é a mesma: a preferência por uma experiência imediatamente satisfatória de coisas que, segundo se acreditava, faziam parte de um ciclo recorrente do Universo. [...] Ele tem, tanto nos profetas como em toda parte, duas modalidades principais de existência: impiedade contra o homem e impiedade contra Deus — a recusa de outros e a insistência no "eu".
>
> CHARLES WILLIAMS

Os pregadores e jornalistas tendem a concentrar-se nos incidentes ultrajantes de imoralidade pessoal; talvez devêssemos prestar mais atenção às forças sísmicas que ecoam sob a superfície. Atualmente, a paisagem moral não repousa em granito sólido, mas em um fluxo volátil de magma.

Não preciso mencionar os perigos do relativismo moral, um tema favorito das publicações religiosas. Christina Hoff Sommers conta a história de uma professora de Massachusetts tentando aplicar os princípios do esclarecimento de valores à sua classe de alunos da sexta série. Um dia, seus alunos astutos disseram que eram a favor da "cola" e queriam ter liberdade para fazer isso na classe. O tiro saiu pela culatra, e a professora só conseguiu dizer que, por ser *responsável* por aquela classe, ela insistia na honestidade; eles poderiam exercitar a desonestidade em outros lugares. Diante dessa visão sobre a moralidade, é surpreendente saber que, de acordo com as pesquisas, metade de todos os alunos "colam". O que impede a outra metade de "colar"?

O relativismo moral, que envolve definições alternativas de certo e errado, abre as portas que isentam completamente as categorias do bem e do mal. O presidente Václav Havel, da Checoslováquia, advertiu seus compatriotas quando foi empossado pela primeira vez: "Os conceitos de amor, amizade, misericórdia, humildade e perdão perderam sua profundidade e dimensão, e para muitos de nós representam apenas um tipo de curiosidade psicológica, ou aparentam ser andarilhos perdidos há muito tempo no passado, algo ridículo na era dos computadores e espaçonaves".

A psicologia evolucionista leva o relativismo um pouco mais adiante ao dar um novo enfoque à bondade: nem uma forma eterna nem um ideal aceitável pelos quais lutamos; trata-se mais de uma função pragmática do "gene egoísta". Em uma tendência estranha, enquanto Agostinho considerava o mal uma perversão do bem, os éticos modernos consideram a bondade a manifestação do egoísmo. Tudo o que fazemos, incluindo cada ato de nobreza ou altruísmo, tem o propósito oculto de autoaperfeiçoamento ou perpetuação do material genético. Desafiado a explicar o comportamento de Madre Teresa, Edward O. Wilson afirmou que ela estava protegida pelo serviço de Cristo e por sua crença na imortalidade; em outras palavras, ao crer que receberia sua recompensa, ela agia com base no "egoísmo".

Robertson McQuilkin, um reitor de faculdade que pediu demissão do cargo para cuidar de sua mulher acometida do mal de Alzheimer, assistiu a um seminário no qual uma pesquisadora informou que, em seu estudo de 47 casais enfrentando doenças terminais, ela havia previsto com 100% de certeza quem morreria mais rápido, simplesmente por ter observado o relacionamento entre marido e mulher. "O amor ajuda a sobreviver", concluiu. Depois, McQuilkin assistiu à outra palestra na qual um especialista apresentava os motivos pelos quais as famílias preferem manter um parente enfermo em casa a enviá-lo a uma casa de repouso. Notando que todos os motivos se resumiam na necessidade econômica ou em sentimentos de culpa, McQuilkin perguntou: "E quanto ao amor?". "Ah", o especialista respondeu, "eu o enquadro na categoria da culpa".

Ao redefinir a bondade, a sociedade moderna descartou simultaneamente a noção de pecado. No filme *Estranhos na mesma cidade*, Helen, uma alcoólatra, fala com Deus em um altar iluminado por velas: "O senhor pode chamá-los de pecados; eu os chamo de decisões". Cada vez mais, as más ações são vistas não como pecados nem como decisões, mas como resultado de ciclos recorrentes de comportamento, arraigados em nosso cérebro. Um assassino é libertado com o pretexto de que o bolinho recheado que ele comeu contribuiu para sua instabilidade mental; uma autoridade do governo desculpa o adultério do candidato a presidente do país como reação normal do DNA a um ambiente de poder e *status*; o prefeito de Washington, D.C., diz que consome cocaína em razão de conspirações racistas. Uma das personagens de um dos contos de John Clever diz: "[...] a incapacidade de minha consciência de suportar a vergonha que se acumulava nela [...] obrigou-me a procurar desesperadamente alguém em quem eu pudesse jogar a culpa". Tornamo-nos tão habilidosos em atribuir a culpa a causas químicas e genéticas que o conceito de errado, e de maldade, está perdendo todo o significado.

Esse tipo de confusão moral produz comportamento esquizofrênico. Precisamos nos apegar a alguma forma de moralidade ou, então, tanto a pessoa como a sociedade se separarão. Apesar disso, as pessoas se acham incapazes de articular um código de moralidade, muito menos de preservar qualquer código. Quando estava concorrendo ao cargo de presidente do país, perseguido por boatos a respeito de Donna Rice, Gary Hart declarou solenemente que seu livro favorito era *The Purity of the Heart Is to Will One Thing* [A pureza de coração é querer uma coisa], de Søren Kierkegaard. (Hart tinha uma inclinação para a ironia: morava em uma rua chamada Garganta da Perturbação e saracoteava com Donna em um barco chamado *Ofício de Macaco*.) Abbie Hoffman, líder radical da década de 1960, reclamava: "Jamais gostei de sentimentos prolongados de culpa. Sempre deixei o conceito do pecado a cargo da Igreja católica. Quando eu tinha 4 anos, minha mãe dizia: 'Há milhões de pessoas morrendo de fome na China. Coma sua comida'. Repliquei: 'Diga o nome de uma, mamãe' ". No entanto, esse homem que se rebelava contra sentimentos prolongados de culpa dirigiu uma campanha moral contra uma sociedade repressiva e uma guerra injusta.

Depois de entrevistar americanos comuns para saber o motivo do comportamento deles, Robert Bellah e seus companheiros propuseram uma ética primária da realização pelo esforço pessoal. Jerry Reinsdorf, dono do Chicago Bulls, resumiu convincentemente a realização pelo esforço pessoal por ocasião da (primeira) aposentadoria de Michael Jordan do basquete: "Ele está vivendo o sonho americano. O sonho americano é chegar a um ponto na vida no qual você não tem de fazer nada que não queira fazer e pode fazer tudo o que quiser". Basta comparar essa filosofia às virtudes gregas clássicas ou ao ensino de Jesus "Negue-se a si mesmo e tome a sua cruz", ou à promessa dos signatários da Declaração de Independência "nossa vida, nossa fortuna, nossa honra sagrada", ou mesmo à citação de John Kennedy "Não pergunte o que o seu país pode fazer por você..." para entender a confusão moral moderna dos Estados Unidos.

Como sociedade, não precisamos mais nos apegar a uma fonte transcendente de autoridade moral ou a uma estrutura de virtude com a qual todos concordam. Perdemos o fundamento moral em qualquer coisa que vá além do "eu". Claro que nem todos agem de maneira narcisista. Na função de pais, cônjuges e cidadãos, as pessoas comuns demonstram qualidades admiráveis de sacrifício, fidelidade e altruísmo. Ainda assim, poucos participantes da pesquisa de Bellah foram capazes de mencionar um motivo para seu comportamento "virtuoso". Eles agem, na opinião de Bellah, com base nos "hábitos do coração" enraizados principalmente na herança cristã dos Estados Unidos. Se retirarmos esses hábitos do coração, a verdadeira patologia dos tempos modernos virá à tona.

Robert Coles, professor e psiquiatra de Harvard, define caráter como "a maneira com que nos comportamos quando ninguém está olhando". Coles prossegue dizendo que, para os escrupulosos, aqueles com senso de moral extremamente desenvolvido, "alguém está sempre 'olhando', mesmo que fôssemos tão solitários quanto Thoureau em Walden". Mas para o psicopata ou sociopata — a pessoa sem moral — nunca há uma pessoa olhando. A pessoa sem moral não acredita em nenhuma fonte externa de autoridade moral, e em seu interior ela ouve apenas "silêncios terríveis de uma vida emocionalmente abandonada no primor da idade ou vozes demoníacas de uma infância atormentada". Entrevistas feitas na prisão com dois criminosos condenados por assassinatos em massa, Jeffrey Dhamer e Ted Bundy, confirmam a observação de Coles. Ambos foram perguntados por que fizeram coisas horríveis. Ambos responderam que, na ocasião, eles não acreditavam em Deus e não tinham que prestar contas a ninguém. Começaram com crueldades menores, depois passaram para a tortura e, por último, assassinato. Nenhum elemento interno ou externo os impediu de descer até o ponto da falta de moralidade; não sentiam nenhuma pontada de culpa. Em essência, os dois assassinos seguiram a conclusão lógica de um princípio estabelecido por Charles Darwin cento e cinquenta anos antes:

"A regra de vida de um homem que não possui uma crença firme e presente na existência de um Deus pessoal ou de uma existência futura com retribuição ou recompensa é, até onde consigo ver, apenas seguir os impulsos e instintos que são mais fortes e que lhe parecem os melhores".

Ouvimos narrativas periódicas do que acontece com algumas pessoas que seguem seus impulsos mais fortes. Não apenas para os psicopatas, mas para os pecadores normais, a prática de procurar orientação moral dentro deles é muito perigosa. Tiger Woods, o atleta mais bem pago do mundo, perdeu seu casamento de conto de fadas por causa de infidelidades sexuais. Woody Allen, cineasta requintado e brilhante, concedeu uma entrevista ao *Time* para contra-atacar as acusações de sua ex-mulher de abuso sexual aos filhos dela e para explicar seu romance com a própria filha adotiva coreana de 21 anos de idade. "O coração tem os próprios desejos", disse Allen. "Não há lógica nenhuma para essas coisas. A gente encontra alguém e se apaixona. Ponto final."

O Ocidente moderno, uma cultura que protege ferozmente as liberdades e os direitos pessoais, está flertando com um determinismo novo e estranho, o determinismo do indivíduo. Nesse processo, estamos aprendendo que o individualismo radical constrói um alicerce frágil, e até insustentável, da moralidade.

■ ■ ■ ■ ■

> É fácil ver que o senso de moral foi eliminado de determinados setores da população, da mesma forma que as asas de certas galinhas foram eliminadas, para que produzam mais carne branca. Esta é uma geração de galinhas sem asas [...].
>
> Flannery O'Connor

O que acontece quando uma sociedade inteira passa a ser habitada por galinhas sem asas? Eu não preciso me deter por muito tempo nos sintomas contemporâneos da enfermidade moral nos Estados Unidos. Nossa taxa de crimes violentos quintuplicou no decorrer da minha vida;

40% de todos os bebês nascem hoje fora do casamento; metade de todos os casamentos termina em divórcio; a nação mais rica do mundo tem uma população de desabrigados maior que a população inteira de alguns países. Estudos conduzidos pelo Centro Jimmy Carter, em Atlanta, mostraram que ²/₃ das mortes prematuras (antes dos 65 anos de idade) têm origem nas escolhas de comportamento, como fumo, excesso de bebida, dietas e exercícios errados, violência ou práticas sexuais perigosas.

Esses sintomas muito conhecidos são apenas isto: sintomas. Um diagnóstico mais profundo revelaria nossa perda de senso teleológico. Estamos vendo o que acontece quando uma pessoa não sabe mais que tipo de pessoa deve ser, ou até mesmo se existe tal coisa. "Alguém pode ser santo se Deus não existir? Esse é o único problema concreto que conheço hoje", escreveu Albert Camus em *A queda*.

A historiadora Barbara Tuchman, que ganhou dois prêmios Pulitzer por seus livros que certamente não refletem o alarmismo dos conservadores religiosos, contou a Bill Moyers a respeito de sua preocupação com "a perda do senso de moralidade, de não saber a diferença entre o certo e o errado e de ser governado por isso. Vemos esse fato o tempo todo. Abrimos um jornal qualquer de manhã e lemos que alguns membros do governo foram indiciados por fraude ou corrupção. O povo anda por aí atirando em seus colegas ou matando pessoas. Eu me pergunto: será que as nações enfraqueceram em razão da perda do senso moral, não por causa de motivos físicos ou da pressão dos bárbaros? Acho que sim".

A civilização mantém-se unida quando uma sociedade aprende a pôr os valores morais acima dos apetites humanos por poder, riqueza, violência e prazer. Historicamente, ela sempre confiou na religião para proporcionar-lhe uma fonte para a autoridade moral. Na verdade, de acordo com Will e Ariel Durant, "não existe nenhum exemplo significativo na História, antes de nosso tempo, de uma sociedade que tenha conseguido manter a vida moral sem a ajuda da religião". E eles acrescentam esta observação sinistra: "A questão mais importante de nossa época não é comunismo *versus* individualismo, não é Europa *versus*

América, nem Oriente *versus* Ocidente; é se os homens são capazes de viver sem Deus".

Václav Havel, sobrevivente de uma civilização que tentou viver sem Deus, vê o problema de maneira clara:

> Creio que, com a perda de Deus, o homem perdeu um tipo de sistema de coordenadas absoluto e universal, ao qual sempre podia relacionar tudo, principalmente ele próprio. Aos poucos, seu mundo e sua personalidade começaram a romper-se em fragmentos separados e incoerentes que correspondem a coordenadas diferentes, relativas [...].

A respeito de questões morais — justiça social, sexualidade, casamento e família, definições de vida e morte —, a sociedade necessita muito de uma corrente moral. Caso contrário, nossas leis e políticas começarão a refletir o mesmo tipo de esquizofrenia moral já vista nas pessoas. A mídia está tratando as pesquisas Gallup como principal árbitro do certo e do errado em certas questões como homossexualidade, sexo antes do casamento e suicídio assistido. Nas palavras de Richard Neuhaus, "o que se requer é lei combinada com o sentimento moral enraizado em uma tradição da fé". Os patriarcas dos Estados Unidos reconheceram essa tradição da fé, embora de maneira imperfeita; muitas pessoas da era moderna não a reconhecem.

Além de uma corrente moral para a transcendência, julgamentos sobre certo e errado assumem inevitavelmente um caráter inconstante. Por exemplo, se os humanos não foram feitos à imagem de Deus, diferentes de algum modo dos animais, o que nos permite ter mais direitos que as outras espécies? Alguns ativistas dos direitos dos animais fazem seriamente essa pergunta, e um articulista da revista *Wild Earth* chegou a considerar a extinção humana voluntária. "Se você não tivesse pensado muito na extinção humana voluntária, a ideia de um mundo sem pessoas poderia parecer estranha. Mas, se achar essa ideia viável, penso que concordará em que a extinção do *Homo sapiens* significaria a sobrevivência de milhões, talvez bilhões, de outras espécies que habitariam a Terra. [...] A extinção gradual da raça humana resolveria todos os problemas da Terra, sociais e ambientais."

Com base em que moral os seguidores da doutrina de Darwin, comprometidos com a sobrevivência dos que mais se adaptam ao meio ambiente, pedem-nos para proteger as espécies em perigo de extinção? Com base em que moral os defensores do aborto denunciam o aborto de acordo com o sexo do feto, praticado na Índia ou na China, onde, em algumas regiões, 90% dos abortos envolvem um feto do sexo feminino? Cada vez mais, a esquizofrenia da moralidade pessoal está sendo projetada em grande escala nas sociedades.

James Davison Hunter relata ter visto um trecho do programa de Phil Donahue na televisão mostrando homens que haviam deixado a esposa para ter um caso amoroso com a sogra. Alguns casos amorosos com a sogra se tornaram abusivos, mas outros deram certo, informaram eles. Um psicólogo participante do grupo concluiu: "O importante é lembrar que não existe certo nem errado. Não ouvi nenhum erro cometido. Enquanto prestava atenção a essas histórias, ouvi sofrimento".

Hunter conjectura aonde uma sociedade pode chegar se perder todo o consenso de moral. "Pessoalmente, eu aceito o ritual do sacrifício animal", diz um cidadão. "Ah, claro", diz outro. "Passei, sem querer, a ter relacionamentos com rapazes." "Isso é ótimo", diz um terceiro, "mas minha preferência é..." e assim por diante. A conclusão lógica desse pensamento, Hunter sugere, pode ser encontrada no romance de Marquês de Sade, *Jullliette*, que declara: "Nada é proibido por natureza". No romance, um homem cruel acusado de estupro, sodomia e assassinato de mais de duas dezenas de rapazes, moças, homens e mulheres, defende-se dizendo que todos os conceitos de virtude e imoralidade são arbitrários: "Não há nenhum Deus neste mundo, nem há virtude, nem há justiça; não há nada bom, útil ou necessário, a não ser nossas paixões".

Hoje, os tribunais dos Estados Unidos têm grande dificuldade de decidir os méritos de um caso sem levar em conta a religião ou a lei natural.

O estado de Nova York aprovou uma lei proibindo o uso de crianças em filmes pornográficos e, a fim de protegê-las dos defensores da doutrina do livre-arbítrio, especificou que a lei não se baseia em razões morais ou religiosas, mas nos fundamentos da saúde mental. Em tempos anteriores, a Suprema Corte apelou para o acordo geral dos valores morais da sociedade em decidir questões como poligamia. Eu me pergunto em que bases a Corte poderia legislar hoje contra a poligamia (praticada em 84% de todas as culturas registradas) — ou o incesto ou a pederastia, no que diz respeito ao tema. Todos esses tabus morais têm origem em uma base religiosa; se esse alicerce é tirado, por que as práticas devem ser proibidas?

Vamos fazer uma pergunta básica: Que sentido o casamento assume em uma sociedade moralmente neutra? Um amigo meu, apesar de ser *gay*, tem dificuldade para julgar casamentos *gays*. "Por que impedir que dois irmãos se casem se ambos declararem comprometimento um com o outro?", pergunta ele. "Eles poderiam aproveitar as isenções de impostos, as vantagens da herança e os planos de saúde. Parece-me que algo mais deve estar em jogo em uma instituição como o casamento". Sim, mas o que está em jogo no casamento? Os autores de *Habits of the Heart* [Hábitos do coração] descobriram que poucas pessoas em sua pesquisa, exceto os cristãos comprometidos, poderiam explicar por que permanecem casados com o cônjuge. O casamento como conceito social é arbitrário, flexível e aberto à redefinição. O casamento como sacramento estabelecido por Deus é outra coisa completamente diferente.

Os adeptos da corrente feminista abriram caminho ao questionar a base tradicional da ética sexual. Em *The Erotic Silence of the American Wife* [O silêncio erótico da esposa americana], Dalma Heyn argumenta que as mulheres se prendem de maneira forçada no altar do casamento, abandonando suas verdadeiras necessidades e desejos. "A Esposa Perfeita", escreve Heyn sarcasticamente, "é, claro, Donna Reed [da televisão]. Sua virtude existe na proporção direta de quanto sua personalidade é diminuída". Heyn recomenta casos extraconjugais para a cura da síndrome de Donna Reed.

Em um ensaio na *Time*, Barbara Ehrenreich comemorou o fato de que, "finalmente, o sexo pôde, depois de todos esses séculos, ser separado de todas as questões sérias demais sobre reprodução. A única ética capaz de funcionar neste mundo superpopuloso é aquela que insiste em que [...] o sexo — de preferência entre adultos carinhosos e liberais — pertence diretamente à esfera do jogo".

Ehrenreich e Heyn estão desvinculando o sexo de qualquer significado teleológico investido nele pela religião, ou de qualquer moralidade além da que obtemos de nossos instintos e intuições. Mas por que limitar a experiência aos adultos carinhosos e liberais? Se o sexo é uma questão de jogo, por que não sancionar a pederastia, como faziam os gregos e romanos? Por que o alvoroço secular por causa dos padres que abusam de crianças? Por que escolher a idade de 18 anos como fator arbitrário para distinguir entre abuso infantil e ação deliberada? Ou, se o sexo for um simples jogo, por que processamos as pessoas por incesto? (Na verdade, o Conselho de Educação e Informação Sexual dos Estados Unidos circulou um documento expressando ceticismo a respeito dos "pronunciamentos morais e religiosos com respeito ao incesto", lamentando que o tabu tem evitado a investigação científica do incesto e pedindo nova pesquisa científica.)

O mundo de Alice no País das Maravilhas de uma ética não acorrentada tem pouco espaço para a moralidade tradicional. Quando a Califórnia adotou um programa de educação sexual, a American Civil Liberties Union enviou este memorando oficial: "A ACLU lamenta informar nossa oposição ao SB[2] 2394 referente à educação sexual nas escolas públicas. Nossa posição é que ensinar que a relação sexual monogâmica e heterossexual dentro do casamento é um valor americano tradicional é um estabelecimento inconstitucional da doutrina religiosa nas escolas públicas. [...] Acreditamos que o SB 2394 viola a Primeira Emenda [da Constituição]".

---

[2] Projeto de lei do Senado. [N. do T.]

A menos que eu pareça um moralista ranzinza de meia-idade, devo esclarecer que, para mim, a questão verdadeira não é por que os partidários modernos do secularismo se opõem à moralidade tradicional; é em que eles se baseiam para defender *qualquer* moralidade. Nosso sistema legal defende veementemente o direito da mulher de optar pelo aborto — mas por que para aí? Historicamente, o abandono tem sido o meio mais comum de se livrar de uma criança indesejada. Os romanos faziam isso, os gregos também, e durante a existência de Rousseau $1/3$ dos bebês em Paris eram simplesmente abandonados. No entanto, hoje nos Estados Unidos, se uma mãe deixar seu bebê em um beco de Chicago, ou dois adolescentes jogarem o filho recém-nascido em uma lixeira, eles estarão sujeitos a ser processados.

Sentimos uma raiva desmesurada quando ouvimos falar de um casal de classe média que abandonou pai ou mãe com o mal de Alzheimer porque não queriam mais cuidar deles, ou quando garotos empurram uma criança de 5 anos pela janela de um alto edifício, ou quando uma criança de 10 anos é estuprada no corredor, ou quando uma mãe afoga seus dois filhos porque eles interferem em seu estilo de vida. Por quê? Que base temos para sentir tanta raiva se acreditamos verdadeiramente que cada um determina a própria moralidade? Evidentemente, as pessoas que cometeram os crimes não sentem nenhum remorso, da mesma forma que as tropas SS de Hitler não sentiram nenhuma culpa por ter exterminado os judeus. E se, no final das contas, a moralidade não é autodeterminada, quem a determina? Que base usamos para tomar uma decisão?

A administração Clinton, que não foi grande amiga dos cristãos conservadores, afrouxou suas críticas sobre as agências religiosas de serviço social, uma política levada adiante por George W. Bush e Barack Obama. O governo reconheceu a eficácia de grupos como Prison Fellowship, Exército de Salvação e Teen Challenge no combate a problemas de crime, vício e pobreza — apesar de, ou talvez por causa de, seu comprometimento com a moralidade tradicional.

Políticos, educadores e até jornalistas estão começando a reconhecer que uma nação composta de cidadãos virtuosos funciona melhor. Manter famílias intactas, resistir à atração de vícios, trabalhar como voluntário em causas nobres, lutar pela justiça — todos esses ingredientes são importantes para uma sociedade sadia, e a religião proporciona o nutriente necessário.

Eugene Rivers, de Boston, diz o seguinte a respeito da violência nos bairros pobres das cidades: "Ou é arame farpado e mais superpredadores jovens e negros, ou sociedade civil e igrejas mais fortes frequentadas por negros. Simples assim". Ou como o professor de medicina judeu David C. Stolinski explicou: "O motivo pelo qual tememos sair no escuro não é porque vamos ser cercados por um grupo de evangélicos e forçados a ler o Novo Testamento, mas porque podemos ser cercados por bandos de jovens selvagens que aprenderam que nada supera suas necessidades ou sentimentos".

"Se os alicerces forem destruídos, o que os justos poderão fazer?", clama o salmista. Em meio a uma sociedade moralmente esquizofrênica, os cristãos precisam fazer mais que "ser bons". Precisamos apresentar um motivo para ser bom, apontar na direção da transcendência, restaurar o senso de criaturas a serviço de um Deus que é Senhor da História e das nações, bem como das pessoas.

■ ■ ■ ■ ■

> Aparentemente a sociedade moderna carece de um princípio que faça distinção entre autoridade e tirania e entre liberdade e licenciosidade. E sem esse princípio parece que não é possível oscilar entre os dois extremos anormais.
>
> SIMONE WEIL

No passado, a lei era vista como a serva dos valores morais já inculcados pela família, igreja e escola; hoje as pessoas veem o governo como o agente principal encarregado de decidir e legislar sobre esses valores.

Os críticos do cristianismo declaram corretamente que a Igreja tem provado ser um agente duvidoso dos valores morais. A Igreja católica cometeu erros, claro, quando lançou as Cruzadas, censurou os cientistas, queimou feiticeiras, traficou escravos, apoiou regimes tirânicos. No entanto, a Igreja também possui um potencial intrínseco para a autocorreção porque repousa em uma plataforma de autoridade moral transcendente. Quando os seres humanos assumem sobre si a tarefa luciferiana de redefinir moralidade, desatrelada de qualquer fonte transcendente, o inferno todo tem liberdade para agir.

Em uma carta ao *The New York Times* no início da controvérsia do aborto, o romancista Walker Percy escreveu que talvez o livro mais influente publicado na Alemanha no primeiro trimestre deste século foi *The Justification of the Destruction of Life Devoid of Value* [A justificação da destruição da vida destituída de valor]. Seus autores não eram nazistas — Hitler mal aparecera em cena —, mas um jurista ilustre e um psiquiatra famoso. As melhores mentes da Alemanha pré-nazista assumiram para si o objetivo de melhorar a matéria-prima do povo alemão, tanto em termos sociais quanto genéticos, descartando os desqualificados e os indesejados. "Praticamente não precisamos mencionar com que finalidade os nazistas desenvolveram essas ideias", Percy escreveu. E ele prossegue dando a entender que "tão logo a linha é cruzada, tão logo o princípio ganhe aceitação — no campo jurídico, médico, social —, a vida humana inocente pode ser destruída por qualquer motivo, pelos motivos socioeconômicos médicos ou sociais mais admiráveis. E não há necessidade de um profeta para prever o que acontecerá em seguida ou, se não for em seguida, mais cedo ou mais tarde".

Isto aconteceu na Alemanha e também na Rússia, China e Camboja: o governo redefiniu a moralidade com um só golpe. Hitler ordenou que os alemães obedecessem à mais alta lei do Partido em vez de obedecer ao que haviam aprendido na igreja e na família. Os propagadores nazistas descartaram a revelação bíblica como se fosse uma "fraude judaica" e ressaltaram a revelação geral que observaram na ordem natural da criação. Lênin ordenou que os russos adotassem a Consciência Revolucionária em oposição à consciência natural do povo. Lênin também previu a ascensão do Novo Homem Socialista que introduziria um novo reino de moralidade e justiça; mas, ao contrário, uma versão demoníaca do Velho Homem emergiu.

A humanidade moderna, disse Camus, tem se rebelado por tentar substituir o reino da graça pelo reino da justiça. Estes são os resultados: mais de cem milhões de mortes sob o regime de Hitler, Stalin, Mao e Pol Pot são atribuídos a esse grande e novo reino da justiça. Acima de qualquer outra nação, a União Soviética empenhou-se para viver sem Deus. Em seu discurso ao receber o Prêmio Templeton, em 1983, Alexander Soljenitsyn disse:

> Mais de meio século atrás, quando eu ainda era criança, lembro-me de ter ouvido um número de pessoas mais velhas oferecerem a seguinte explicação para os grandes desastres que se abateram sobre a Rússia: "Os homens se esqueceram de Deus; é por isso que tudo isso aconteceu". Desde então, tenho passado quase cinquenta anos estudando a história de nossa revolução. Durante esse processo, li centenas de livros, colecionei centenas de testemunhos pessoais e contribuí com oito volumes de minha autoria no esforço de transpor o entulho deixado por aquele levante. No entanto, se hoje me pedissem para formular da maneira mais concisa possível a causa principal da nociva revolução que deu cabo de mais de 60 milhões de compatriotas, não poderia fazê-lo de modo mais contundente do que repetir: "Os homens se esqueceram de Deus; é por isso que aconteceram todas essas coisas".

Soljenitsyn prossegue dizendo: "Eu mesmo considero hoje o cristianismo como a única força viva espiritual capaz de promover a cura espiritual da Rússia". Quando ele fez essas observações, a URSS ainda era superpoderosa, e Soljenitsyn estava sendo atacado de todos os lados por suas visões antiquadas. Atualmente, várias décadas depois, ouvimos declaração semelhante de alguns líderes dessa nação.

Hoje, com exceção da China, claro, a ameaça proclamada pelo comunismo desapareceu. Nós, no Ocidente, sentimo-nos em segurança, triunfantes até, voltando a atenção aos novos inimigos do terrorismo e à incerteza da economia. Mas os morcegos estão fora da gaiola. As fontes espirituais que alimentaram o nazismo e o comunismo continuam conosco. Se Deus não existe e se a morte é o fim, conforme previu Dostoievski, então "tudo é permitido".

Lembramo-nos com horror da campanha nazista para exterminar pessoas com problemas mentais. Mas, pouco tempo atrás, um boletim de Mensa, a organização para pessoas com QI alto, publicou um artigo propondo a eliminação dos cidadãos indesejáveis, inclusive retardados e sem-teto. A China moderna exige o aborto de fetos defeituosos, inclusive os que são diagnosticados com deficiência mental, e mata os bebês "não autorizados" das famílias que já possuem um filho. E em alguns estados dos Estados Unidos, em grande parte por causa das pressões das empresas de seguro, a incidência das crianças com síndrome de Down caiu 60%. O restante é abortado antes de nascer.

Peter Singer, professor de bioética em Princeton a quem a *Time* intitulou como uma das cem pessoas mais influentes do mundo, vai mais longe, afirmando que os recém-nascidos com deficiência física e alguns adultos poderiam ser submetidos à eutanásia. A ética utilitarista de Singer tem sido criticada como a abertura de uma porta para o tipo de eugenia praticado pelos nazistas, uma correlação surpreendente, tendo em vista o fato de que três de seus avós judeus morreram nos guetos e campos de concentração da Alemanha, e seus pais sobreviveram por ter fugido de Viena para a Austrália. Ele admitiu certa vez que, se a decisão lhe coubesse, sua mãe acometida do mal de Alzheimer não continuaria a viver.

A carta de Walker Percy ao *The New York Times* termina assim:

> Dependendo da disposição da maioria das pessoas e das pesquisas de opinião — agora em favor de permitir que as mulheres se livrem de bebês em gestação e indesejados —, não é difícil imaginar um eleitorado ou uma corte daqui a dez anos, cinquenta anos, que concorde em se livrar de idosos inúteis, crianças portadoras de deficiência mental, negros antissociais, hispânicos, ciganos e judeus ilegais. [...] Por que não? — se esse for o desejo da maioria, da opinião pública, da política de uma época.

A partir do século XVIII, os filósofos laicos começaram a desejar que a razão, não a religião, fosse a base da moralidade. Ninguém foi capaz de encontrar uma forma de estabelecer um valor *absoluto* para cada pessoa humana. Os filósofos laicos podem estabelecer um valor relativo para as pessoas, comparando-as, digamos, com animais ou umas com as outras, mas a ideia de que cada pessoa tem um valor absoluto e eterno tem origem no cristianismo e antes no judaísmo, e não existe em nenhuma das demais filosofias ou religiões antigas.

Platão, por exemplo, valorizava a pessoa de acordo com o comportamento. O criminoso não tinha base nenhuma para reclamar de estar sendo torturado, porque perdera o direito de receber tratamento humano. No entanto, de acordo com o cristianismo, nosso valor absoluto vem de Deus, que por si só tem valor intrínseco. Deus criou-nos como seres eternos, feitos à sua imagem, e isso se aplica ao inteligente e ao portador de deficiência mental, ao escravo e ao livre, ao cidadão virtuoso e ao cidadão criminoso. A dignidade e o valor humanos procedem de Deus.

Os patriarcas dos Estados Unidos fizeram uma tentativa corajosa de vincular os direitos civis a uma fonte transcendente, incluindo as palavras "inalienável" e "dotados pelo seu Criador" no documento de organização do país e reconhecendo sua dependência do "Supremo Juiz do mundo" e da "divina Providência". Assim agiram a fim de assegurar esses direitos em um Poder Superior transcendente, para que nenhum poder humano fosse capaz de arrebatá-los.

No entanto, se não existe nenhum Criador para dotar esses direitos, em que base eles podem ser considerados inalienáveis? É exatamente essa pergunta que se faz hoje abertamente. Este capítulo começou com uma citação de Marilyn vos Savant, considerada a mulher mais inteligente do mundo. Ela é casada com o dr. Robert Jarvik, um cientista e inventor do coração humano artificial, que expressa uma visão mais moderna:

> Na realidade, não existem direitos humanos básicos. A humanidade criou-os. São convenções que concordamos em tolerar para nossa proteção mútua com o amparo da lei. Existem direitos animais básicos? Direitos vegetais básicos? Direitos básicos de qualquer tipo para proteger as coisas de nosso planeta quando o Sol as queima ou quando o bloqueamos com nuvens radioativas? Um dia, os humanos perceberão que somos parte da natureza, não separados dela. Não temos nenhum direito básico, a não ser os vírus, a não ser aqueles que criamos para nós por meio de nosso intelecto e compaixão.

Quando os representantes dos Estados Unidos se reúnem com seus colegas da China e Cingapura para insistir em um acordo sobre os direitos humanos, não somente não possuem nenhuma base em comum, como tampouco possuem alguma base autocoerente na qual possam se firmar. Nossos patriarcas transformaram a dignidade humana em um valor irredutível arraigado na criação, uma dignidade que existe antes de qualquer *status* "público" de cidadão. Se eliminarmos o Criador, tudo irá para a mesa de negociações. Se destruirmos o elo entre as ordens social e cósmica, destruiremos com sucesso a validade da ordem social.

Uma das ironias dos tempos modernos é que o movimento do "politicamente correto" que defende os direitos das mulheres, as minorias e o meio ambiente quase sempre se posiciona como inimigo da Igreja cristã, quando, historicamente falando, a Igreja contribuiu com os próprios sustentáculos que possibilitaram esse movimento. Foi o cristianismo, e somente o cristianismo, que pôs fim à escravidão. A mesma energia acionou o movimento inicial da mão de obra, do voto feminino, das campanhas pelos direitos humanos e direitos civis. De acordo com Robert Bellah, "não houve nenhuma questão importante na história dos Estados Unidos sobre a qual as comunidades religiosas não se tenham manifestado, em público e em alta voz".

A engrenagem do comprometimento teológico movimentou a maioria dessas campanhas. Por exemplo, os cristãos lideraram obstinadamente o movimento antiescravagista porque suas doutrinas tinham um impulso religioso. Tanto a escravidão como a opressão sobre as mulheres baseavam-se, anacronicamente, em uma forma embrionária de darwinismo. Como bem observou Aristóteles:

> Os animais domesticados são naturalmente melhores que os animais selvagens, até porque todos os animais domesticados têm a vantagem de estar sob o controle humano, e isso lhes assegura sobrevivência. [...] É claro que há determinadas pessoas que são livres e outras que são escravas por natureza, e é vantajoso, e justo, que elas sejam escravas. [...] Desde a hora do nascimento, alguns homens são marcados para ser dominados e outros para dominar.

A história da cruzada de William Wilberforce para abolir a escravidão é corretamente comemorada pelos cristãos. Ele combateu filósofos como David Hume, que considerava os negros uma categoria inferior, homens de negócios que os consideravam mão de obra barata, e políticos que os consideravam úteis para a economia. Os cristãos aliados a Wilberforce não se importavam com a utilidade dos escravos, mas com seu valor como seres humanos criados por Deus.

É importante notar que os contestadores modernos não abandonaram o argumento moral, embora tenham abandonado as plataformas coerentes das quais poderiam extrair um argumento moral. Eles continuam a usar a terminologia moral — é *errado* ter escravos, estuprar mulheres, abusar de crianças, destruir o meio ambiente, discriminar homossexuais —, mas não possuem nenhuma autoridade mais alta à qual apelar para produzir seus julgamentos morais.

As questões principais dos Estados Unidos estão, em geral, apoiadas em bases utilitaristas e pragmáticas. Mas Aristóteles e David Hume defenderam veementemente a escravidão nessas mesmas bases. Hitler insistiu em suas políticas genocidas contra judeus e pessoas "defeituosas" com base no utilitarismo. A menos que os pensadores modernos consigam localizar uma fonte de autoridade moral em outro lugar que não nos sentimentos coletivos dos seres humanos, estaremos sempre vulneráveis a oscilações perigosas de consenso moral.

Citando um exemplo mais contemporâneo, o meio ambiente apresenta cada vez mais uma questão moral. A tecnologia deu-nos a capacidade de reformular o Planeta, explorar seus recursos e, portanto, aumentar ou diminuir a qualidade de vida para nós e nossos descendentes. No início, os líderes do movimento em prol do meio ambiente pintaram os cristãos como os vilões que seguiam zelosamente o mandamento de Deus de dominar e povoar a Terra. Recentemente, contudo, os ambientalistas começaram a reconhecer a necessidade de atrair os cristãos a um consenso.

Nossa teleologia como criaturas responsáveis perante um Criador, que receberam a ordem de dominar a terra de Deus, permite uma plataforma moral coerente à qual apelar. Em contrapartida, o naturalismo filosófico não tem nenhuma plataforma — na verdade, a adesão estrita à seleção natural pode encorajar ainda mais a dominação e a exploração. Citamos novamente Václav Havel, ex-presidente da República Checoslováquia:

> Venho de um país onde as florestas estão morrendo, onde os rios parecem esgotos e onde em alguns lugares os cidadãos recebem, às vezes, a recomendação de não abrir as janelas. [...] Venho de um país que, por longo tempo, tem suprido a Europa inteira com um produto muito estranho de exportação — dióxido sulfúrico. Quando penso no que essas condições assustadoras têm causado

e quando, a cada dia, deparo com barreiras que tornam impossível qualquer melhoria rápida, concluo mais e mais que a raiz dessas condições não é técnica nem econômica, mas filosófica por natureza. Em minha opinião, a ideologia marxista e o estilo comunista de legislar refletem um clímax extremo e ameaçador de arrogância dos seres humanos da nova era, que se entronizaram como senhores de toda a natureza e do mundo inteiro [...]. [Essas pessoas] carecem do que chamo de âncora metafísica, isto é, um respeito humilde pelo todo da criação e um conhecimento de nossas obrigações para com ela. Para concluir, se fosse para definir essa reflexão em uma frase muito simples, seria mais ou menos assim: se os pais acreditassem em Deus, seus filhos não teriam de usar máscaras de gás a caminho da escola, e seus olhos não ficariam cegos de pus.

# Capítulo 5
# A mais nova moralidade

Correspondente: "O que o senhor pensa da civilização oriental?"
Mahatma Gandhi: "Penso que seria uma excelente ideia".

Os Estados Unidos e a Europa estão no meio de uma crise de identidade de proporções históricas. Todos os agentes da moralidade pessoal, dos costumes sociais, da política e da lei apontam para uma confusão básica da autoridade moral. Em tempos recentes, presenciamos a morte de dois deuses: o marxismo e o modernismo (fé iluminista na razão, na ciência e no progresso). Embora estejamos prosperando em termos materiais, vivemos à deriva em termos espirituais.

Como se tivesse uma resposta a essa crise de significados e valores, a nova ciência da psicologia evolucionista ganhou influência, afirmando corajosamente que devemos olhar para baixo, não para cima: para a natureza, não para seu Criador. Em razão da evolução cega, enganamos a nós mesmos procurando uma teleologia diferente da que foi originariamente gravada em nosso DNA. Uma vez que todo comportamento é controlado por nossos genes, os produtos da seleção natural, estudamos outras espécies para aprender como somos, procurando indícios que expliquem por que a seleção natural prefere alguns tipos de comportamento e despreza outros. A arrogância dessa nova ciência é surpreendente. Robert Trivers, de Harvard, prevê: "Mais cedo ou mais tarde, a ciência política, a lei, a economia, a psicologia, a psiquiatria e a antropologia serão ramificações da sociobiologia". Ele poderia ter incluído a ética à lista.

Os autores sobre psicologia evolucionista — Robert Wright, Edward O. Wilson, Frans de Waal, Richard Dawkins, Daniel Dennet, John Maynard Smith, Matt Ridley, Lyall Watson — são talentosos e divertidos e enchem suas obras com descrições vívidas de pássaros, abelhas e chimpanzés. Explicam manifestações de galanteio, infidelidade, instintos maternais, mexerico e organização social de maneira impressionante. Revistas noticiosas, como a *Time*, contratam esses escritores para entender o comportamento das gangues nas periferias ou das imprudências sexuais na sede do governo, e os resultados são tão cativantes que os psicólogos evolucionistas transformaram-se em novos cosmólogos. Eles nos ajudam a entender quem somos e nosso papel no Universo.

No entanto, uma ciência mais abrangente da psicologia evolucionista sustenta-se no mais frágil dos alicerces. Conforme C. S. Lewis afirmou certa vez, se você começar com a soma errada, construir em cima dela simplesmente tornará as coisas piores.

Em primeiro lugar, há a questão confusa da Verdade. Os psicólogos evolucionistas, assim como todos os escritores, querem que nós, os leitores, avaliemos suas afirmações com o uso de nossas faculdades de raciocínio. Mas, se a noção de Verdade em si é um produto da seleção natural, em que base podemos fazer tais julgamentos?

Conforme Michael Polanyi e outros têm demonstrado, a ciência depende de certas ideias preconcebidas que não podem ser provadas. Eu confio em que o Universo funciona em ordem e com segurança e que suas leis naturais são repetitivas. Se admitirmos uma repetição aleatória e constante em todos os níveis, não poderia haver ciência. E mais, a boa ciência opera em uma base moral de honestidade rigorosa, mesmo que alguém tente refutar suas hipóteses por meio de experimentos.

O naturalismo filosófico, contudo, inclui um ponto de interrogação sobre a faculdade humana mais essencial: o cérebro pensante. Se os poderes do raciocínio cognitivo desenvolvido são uma expressão do gene egoísta — uma forma que nossa espécie encontrou para provar que é mais adaptável que as outras —, por que confiar na razão? Sem uma noção abrangente da Verdade objetiva, por que devemos confiar na psicologia evolucionista, ou na ciência em si nesse caso?

Em uma das histórias irônicas de Miguel de Unamuno, uma personagem confronta o autor com este fato surpreendente: ela, uma criação do pensamento e do gênio humanos, demonstra ser mais real que o autor, um produto da animalidade cega. Unamuno diagnostica, então, um erro fatal na concepção do "eu" na humanidade moderna.

O filósofo Richard Rorty admite:

> A ideia de que uma espécie de organismo possa ser, diferentemente de todas as outras, orientada não apenas para sua prosperidade aumentada, mas para a Verdade, é tão antidarwiniana quanto a ideia de que todo ser humano possui uma bússola moral embutida uma consciência que oscila livre da história social e da sorte individual.

Não foi por acidente, como muitos têm notado, que a ciência moderna se desenvolveu em um ambiente de teísmo cristão com sua insistência na realidade da Verdade objetiva.

Filósofos como Alvin Plantinga estão começando a investigar os fundamentos da psicologia evolucionista, e desconfio que terão grande sucesso com sua epistemologia. Estou mais preocupado com suas implicações, às quais dou o nome de crise da falta de moralidade. Como se estivessem cumprindo diretamente as predições do apóstolo Paulo em Romanos 1, os cientistas transferiram nossa fonte primária de moralidade e propósito para o reino animal. Marilyn vos Savant, a mulher mais inteligente do mundo, recorre à História para encontrar sua fonte subjetiva de autoridade moral; mais e mais, os cientistas estão recorrendo aos animais.

A nova ciência da psicologia evolucionista, um aperfeiçoamento da sociobiologia, apresenta uma ameaça direta à nossa compreensão fundamental de moralidade em, no mínimo, quatro aspectos principais:

1) *A moralidade é explicada pela tautologia, um princípio abrangente impossível de ser provado ou refutado.*
A psicologia evolucionista baseia-se em um princípio, o do gene egoísta, para decifrar o comportamento. Eu faço o que faço, *sempre*, para favorecer a possibilidade de que meu material genético se perpetue. Mesmo que um ato individual não me beneficie pessoalmente, ele beneficia o conjunto de genes para o qual estou contribuindo. Os teóricos evolucionistas não recuam diante dessa afirmação radical; na verdade, eles proclamam que ela é o único avanço mais importante em sua teoria desde Darwin.

"Sempre, sem exceção", afirma Matt Ridley, "as coisas da vida são projetadas para fazer sobreviver e reproduzir coisas que aperfeiçoem as chances de seus genes, ou cópias de seus genes". Com o aval deles próprios, os novos cientistas propõem um entendimento totalmente determinista da espécie humana. Além de sermos apenas outro animal, somos, nas palavras de Ridley, um "brinquedo e ferramenta de um grupo de genes egoístas". Ou, conforme Richard Dawkins explica: "Somos máquinas de sobrevivência — veículos robotizados, cegamente programados para preservar moléculas egoístas conhecidas como genes. Essa é uma verdade que ainda me enche de assombro. Embora eu soubesse disso durante anos, aparentemente nunca me acostumei totalmente a ela".

Randolph Nesse, outro expositor da teoria, expressa mais inquietação que assombro:

> A descoberta de que as tendências ao altruísmo são moldadas pelos benefícios proporcionados aos genes é uma das mais perturbadoras da história da ciência. Assim que entendi seu significado, dormi mal durante muitas noites, tentando encontrar uma alternativa que

não desafiasse de modo tão grosseiro meu senso de bom e de mau. O entendimento dessa descoberta pode destruir aos poucos o comprometimento com a moralidade — parece tolice conter-se se o comportamento moral não passa de mais uma estratégia para promover o interesse dos genes dessa pessoa. Alguns alunos, sinto vergonha em dizer, saíram de minhas aulas com a noção ingênua da teoria do gene egoísta que lhes pareceu justificar o comportamento egoísta, apesar de meus melhores esforços para explicar a falácia naturalista.

Os críticos propõem muitas exceções empíricas à teoria do gene egoísta. E quanto aos *gays*, ou casais sem filhos, que não planejam perpetuar seus genes — como explicar o comportamento deles? Ou pense em Robertson McQuilkin e Madre Teresa, que já mencionei. Os filhos de McQuilkin cresceram e estão perpetuando seus genes; Madre Teresa fez voto de castidade. Em que base podemos explicar o comportamento dos dois? Como se estivesse explicando álgebra a uma criança, os psicólogos evolucionistas pegam esses problemas espinhosos um a um e os explicam em termos do gene egoísta. A energia deles não tem limites, e sua ingenuidade é extraordinária.

Da mesma forma que todas as explicações monísticas do comportamento humano, a psicologia evolucionista tem a virtude e o defeito da simplicidade. Se Robertson McQuilkin afirma, sim, que ele permanece ao lado da esposa por amor a ela e por causa de seu compromisso com os padrões bíblicos de fidelidade —, ora, não há motivo para duvidar disso. Ele ganha a vida como escritor e palestrante cristão, certo? E está procurando um meio de passar adiante as ideias que lhe têm sido tão úteis.

O mesmo princípio aplica-se a mim: não tenho dúvida de que estou escrevendo este capítulo em resposta a meu gene egoísta a fim de passar adiante minha visão cristã do mundo. Se você não concordar comigo, precisa responder a um gene egoísta que o faz reagir contra a ortodoxia cristã. Nós dois estamos sendo conduzidos pelos impulsos deterministas que talvez não sejam tão evidentes para nós ou para outra pessoa — exceto, quem sabe, para os psicólogos evolucionistas.

Robert Wright define a tautologia com clareza: "Acreditamos nas coisas — sobre moralidade, valor pessoal, até mesmo verdade objetiva — que produzem comportamentos que penetram nos genes da geração seguinte. [...] Aquilo que é vantajoso para nossos genes é o que parece 'certo' — moralmente certo, seja qual for o 'certo' que esteja em jogo".

A lógica foi levada longe demais, e isso explica por que o professor Randolph Nesse não dormia bem. Toda noção do bem e do mal desaparece. Em essência, os psicólogos evolucionistas inventaram uma teoria unificada da depravação humana que faria John Calvino corar de vergonha. Amarrados firmemente ao egoísmo, não temos capacidade para mais nada.

■ ■ ■ ■ ■

2) *A moralidade brota inteiramente da mais interna das fontes: nossos genes.*

John Maynard Smith, em sua crítica literária ao livro de Daniel Dennet, *Darwin's Dangerous Idea* [A ideia perigosa de Darwin], perguntou:

> Existe alguma forma de decidir, com certeza, quais ações são corretas? A opinião de Dennett, com a qual concordo, é que não existe, a menos que sustentemos que um livro — a Bíblia, por exemplo — é a Palavra de Deus e que os seres humanos estão aqui para cumprir as ordens de Deus. Se uma pessoa for simplesmente produto de sua composição genética e do meio ambiente, inclusive de todas as ideias que ela assimilou, não existe nenhuma fonte da qual a moralidade absoluta possa emergir. Evidentemente, isso não nos isenta de fazer julgamentos morais: significa apenas que não podemos garantir que estamos certos.[1]

A maioria dos psicólogos evolucionistas tem uma explicação própria para a origem da moralidade. Em *On Human Nature* [Sobre a natureza

---

[1] **Darwin's Dangerous Idea** [tradução livre].

humana], por exemplo, o sociobiólogo Edward O. Wilson sugeriu que, em milhares de gerações, a seleção natural se atrelou a certas tendências para reagir, tendências essas que são "grandemente inconscientes e irracionais" em termos de "reação instintiva". A moralidade precisa, claro, servir ao princípio do gene egoísta monístico: O comportamento humano — da mesma forma que as capacidades mais profundas de reação emocional que o movimentam e o guiam — é a técnica indireta pela qual o material genético humano tem sido e será mantido intacto. A moralidade não tem outra função final demonstrável.

Toda essa conversa sobre a formação da genética e predisposições firmemente enraizadas levanta questões importantes sobre a liberdade e a responsabilidade moral humanas. Os tribunais apropriam-se do direito de julgar uma pessoa culpada por um ato criminoso se ela: 1) sabe qual é a diferença entre o bem e o mal e 2) tinha competência mental para tomar uma decisão livremente quando cometeu o crime. O assassino de Robert Kennedy, Sirhan Shirhan, foi enviado à prisão, ao passo que John Hinckley, o homem que tentou assassinar Ronald Reagan, foi enviado a uma instituição para doentes mentais, apenas por causa dessa distinção legal. A psicologia evolucionista parece duvidar desses dois princípios, ao afirmar que nenhuma de nossas ações é livre e que a diferença entre o bem e o mal é um conceito social.

Em um caso de ampla divulgação um ano antes do famoso Scopes Monkey Trial,[2] o advogado Clarence Darrow apegou-se exatamente a esse ponto para defender Nathan Leopold e Richard Loeb, dois universitários que assassinaram um garoto para fazer uma experiência intelectual. Darrow argumentou: "Existe alguma culpa no fato de alguém levar a sério a filosofia de Nietzsche e moldar sua vida nela? [...]

---

[2] Famoso processo legal em 1925 no qual um professor de ensino médio, John Scopes, foi acusado de ter violado o Butler Act do estado do Tennessee, que considerava ilegal ensinar a evolução humana em todas as escolas públicas. Disponível em: <pt.wikipedia.org/wiki/Clarence_Darrow>. Acesso em: 28/9/13. [N. do T.]

Meritíssimo, é muito injusto enforcar um rapaz de 19 anos por causa da filosofia que lhe ensinaram na faculdade". A partir da época de Darrow, os cientistas fizeram grandes avanços para desenterrar as origens biológicas de nossas noções de moralidade. Não é mais necessário estudar Nietzsche; a própria natureza proporciona o livro de estudo.

Robert Wright, um dos melhores expositores da psicologia evolucionista para o público em geral, responsabiliza a luxúria como um exemplo claro do princípio do gene egoísta em ação. A luxúria desenvolveu-se como uma forma de a natureza "levar-nos a agir como se quiséssemos ter muitos descendentes e soubéssemos como conseguir isso, independentemente de nossa vontade". Por ter seguido essa linha de raciocínio, Wright tentou apoiar a poliginia. Afinal, a prática soluciona o desequilíbrio sexual básico entre o que os homens e as mulheres desejam. Se um homem fica cada vez mais desassossegado depois que uma mulher lhe deu alguns filhos, por que ele não pode encontrar outra companheira e iniciar outra descendência sem divorciar-se da primeira?

Outro psicólogo evolucionista, Robin Dunbar, dedicou um livro inteiro à origem do mexerico. Ele argumenta que o mexerico é a versão humana do ato de coçar dos primatas, o equivalente verbal dos macacos e chimpanzés limpando os pelos uns dos outros. Basta apenas comparar essa ideia de luxúria e mexerico ao que o Novo Testamento menciona para ver a mudança radical introduzida pela psicologia evolucionista. O Novo Testamento impõe um código externo de moralidade; a evolução apresenta indicações aflitivas de como esse comportamento de liberdade em relação aos valores poderia ter se desenvolvido.

O exercício investigativo pode ser perigoso quando, conforme fez Clarence Darrow, o teórico aplica os princípios evolucionistas a atos de violência. Os autores de *Demonic Males: Apes and the Origins of Human Violence* [Machos diabólicos: os macacos e as origens da violência humana] aconselham-nos que precisamos aceitar o fato de que os homens "foram moldados de modo temperamental para usar a violência com eficiência, e que, portanto, acham difícil interromper o processo".

Os autores raciocinam que os homens precisam ser violentos congenitamente porque os chimpanzés machos, nossos correspondentes genéticos mais próximos, assassinam e estupram seus companheiros e dominam e espancam seus parceiros sexuais.

Presos a uma explicação monística de comportamento que exclui qualquer categoria do mal, os psicólogos evolucionistas vão muito longe para explicar crimes hediondos. Lyall Watson utiliza o caso de Susan Smith, que colocou os dois filhos bebês, apelidados de Precious e Sugarfoot, em seu carro e empurrou-o para dentro de um lago. O infanticídio não é nenhuma novidade, diz Watson, citando a estatística de que só nos Estados Unidos 1.300 crianças são mortas a cada ano pelos pais ou parentes próximos. Em uma afirmação que poderia representar uma paródia da postura moralmente neutra da psicologia evolucionista, Watson observa:

> Esses exemplos são aqueles que não podem ser descritos como fatores que contribuíram para a estabilidade social e o equilíbrio ecológico, mas não podem, nem devem, ser considerados inexplicáveis, como se fossem explosões de um mal inimaginável. Temos de tomar cuidado para não confundir os interesses dos pais e dos filhos, que, em geral conflitam no que diz respeito à adequação mais favorável. Quase sempre as crianças querem mais do que os pais podem proporcionar, e é necessário um julgamento justo para reconciliar essa disparidade. Em muitas situações, os cálculos inconscientes estão sendo feitos claramente, com todas as evidências de uma perspectiva evolucionista entrando em ação.

Em seu livro *Dark Nature: A Natural History of Evil* [Natureza sombria: a história natural do mal], Watson chega até a tentar encaixar as atrocidades de Ruanda e Auschwitz em uma estrutura de comportamento genético. E, pela lógica, ele precisa fazer isso por entender que todos os comportamentos humanos resultam de predisposições embutidas que nos foram transmitidas pela seleção natural.

Presos à armadilha do naturalismo filosófico, os biólogos evolucionistas não podem aceitar nenhum código externo, como o do Tao descrito por C. S. Lewis em *A abolição do homem*. O Tao representa a verdade objetiva, um princípio básico além do qual não podemos questionar; permite que façamos julgamentos, não podemos julgá-lo. Sem essa referência, a ciência moderna precisa oscilar constantemente na beira da autocontradição. As memórias de Edward O. Wilson, por exemplo, descrevem maravilhosamente um cientista caracterizado por curiosidade, imparcialidade e comprometimento com a verdade. No entanto, se essas mesmas qualidades lhe tivessem advindo geneticamente, se de fato fossem *determinadas* para ele, o que as torna superiores a qualidades como preguiça, desonestidade e superstição contra as quais ele lutou com tanta bravura? Por que escolher um conjunto de valores em detrimento de outro, principalmente quando você não acredita na livre escolha?

Alguns biólogos evolucionistas admitem o problema com entusiasmo. Robert Wright conclui:

> Portanto, a pergunta difícil que questiona se o animal humano pode ser um animal moral — a pergunta que o cinismo moderno tende a saudar com desespero — pode parecer cada vez mais singular. A pergunta pode ser se, depois que o darwinismo criar raízes, a palavra "moral" poderá ser algo mais que uma piada.

■ ■ ■ ■ ■

3) *A natureza apresenta mensagens misturadas sobre a moralidade.*
Nas últimas páginas de seu livro *Good Natured: The Origins of Right and Wrong in Humans and Other Animals* [Boa natureza: as origens do certo e do errado nos humanos e outros animais], Frans de Waal diz: "Parece que estamos chegando a um ponto no qual a ciência pode arrancar a moralidade das mãos dos filósofos". Ele apenas demonstrou que podemos olhar para os primatas para encontrar os primeiros exemplos de

solidariedade, empatia e justiça. Há exemplos em profusão de comportamento "ético" na natureza: baleias e golfinhos arriscam a vida para salvar companheiros feridos, chimpanzés ajudando os feridos, elefantes recusando-se a abandonar membros assassinados de sua espécie.

Sim, mas tudo depende do ponto para o qual você dirige sua atenção. Onde, por exemplo, você aprende a respeito do comportamento correto entre os sexos? Todo outono nas montanhas Rochosas onde moro, um alce emite um som para chamar de 60 a 100 fêmeas, ajunta-as em rebanho e usa sua galhada esplêndida para afugentar todos os machos que se aproximam. Os alces são mais radicais que a maioria das espécies nas quais o macho domina, mas a natureza apresenta poucos exemplos de monogamia e nenhum de igualitarismo. Deveriam nossas fêmeas, como os louva-a-deus, devorar os machos que se acasalam com elas? Deveriam nossos vizinhos resolver suas contendas como fazem os chimpanzés bonobos, iniciando uma rápida orgia na qual todos têm relações sexuais uns com os outros? Deveriam os machos humanos imitar o mecóptero, permanecendo à espreita para pegar à força a fêmea mais próxima?

Ou, então, pense na violência. Os zoólogos chegaram a pensar que o assassinato fosse uma peculiaridade dos humanos, mas mudaram de ideia. Os esquilos terrícolas costumam comer seus filhotinhos; os patos selvagens estupram em bando e afogam outros patos; as larvas das moscas parasitas devoram sua presa paralisada de dentro para fora; uma espécie de peixe ciclídeo africano alimenta-se de outros ciclídeos. As hienas recebem o prêmio de canibalismo sem piedade: depois de uma hora após o nascimento, o mais forte dos gêmeos luta com o outro até a morte. Lyall Watson reconhece ter achado "perturbador" o fato de que os filhotinhos de hiena parecem ter sido programados geneticamente para atacar e matar seus irmãos assim que os veem.

Pesquisadores de animais também reagem com repulsa e terror quando os primatas que eles criaram para amar são assassinados por outros de sua espécie. Com base em quê? Os próprios primatas não demonstram terror; estão se comportando naturalmente em resposta à sua carga genética. O que dá ao evolucionista o direito de dar um passo para fora da natureza, apoiar um conceito moral de não violência e depois aplicá-lo à natureza, da qual todos nós fazemos parte?

A alternativa não é apenas chocante; é também estarrecedora. Alguns psicólogos evolucionistas, querendo mostrar mais coerência, recorrem à natureza para explicar, e até justificar, o comportamento humano mais aterrorizante. Lyall Watson, por exemplo, apesar de sentir-se misteriosamente perturbado pelo fratricídio entre as hienas, admite que não poderia condenar facilmente a decapitação de um inimigo porque essa prática mantém algumas tribos em equilíbrio ecológico. Em um artigo extraordinário no *The New Yorker*, Robert Wright traça um paralelo entre o comportamento das gangues na periferia das cidades com o dos primatas na selva. A violência urbana pode ser uma reação natural a um ambiente social particular, ele argumentou: "... a violência na periferia das cidades não deveria ser rotulada como 'patologia' [...]. A violência é eminentemente funcional — algo que as pessoas foram programadas para fazer".

Em resposta a seus críticos alarmistas, os psicólogos evolucionistas são rápidos para explicar: "Não passe do *é* para o *deve*". Examinamos a natureza para ver o que ocorre com ela, para aprender por que nos comportamos como nos comportamos. Isso não quer dizer necessariamente que *devemos* fazer o que as outras espécies fazem. Muito bem, mas aonde vamos para obter o *deve*? E outra pergunta: afinal, de onde surgiu toda essa noção do *deve*?

■ ■ ■ ■ ■

**4)** *A moralidade com base na natureza é vulnerável a um abuso em grande escala.*

O livro de Stephan Chorover, *From Genesis to Genocide* [Do gênesis ao genocídio], investiga o uso impróprio e assustador da biologia na História recente. Chorover mostra como as explicações biológicas têm sido usadas para justificar a escravidão, o imperialismo, o racismo, o sexismo e o genocídio. Podemos afirmar que o pior crime dos tempos modernos, o genocídio orquestrado por Hitler, foi possível em parte por causa das consequências eugênicas que os intelectuais alemães extraíram da filosofia da "sobrevivência dos mais adaptáveis ao meio ambiente" de Darwin.

Atualmente, a comunidade intelectual do Ocidente considera repulsiva a eugenia e condena veementemente o racismo com base no darwinismo social. No entanto, sua lealdade ao naturalismo filosófico deixa-a vulnerável ao abuso, principalmente agora que os avanços na pesquisa do gene permitem "aperfeiçoamento" genético.

Julian Huxley declarou em 1963:

> A explosão da população força-nos a perguntar [...] para que servem as pessoas? Seja qual for a resposta [...] fica claro que a qualidade geral da população mundial não é muito alta, está começando a deteriorar e deveria e poderia ser melhorada. Está deteriorando em razão dos defeituosos geneticamente dizendo que deveriam continuar vivos em vez de morrer e em razão da safra de novas mutações por causa das partículas radioativas. No homem moderno, a direção da evolução genética começou a mudar seu sinal, de positivo para negativo, de avanço para retrocesso: precisamos tomar providências para fazê-la voltar a seu antigo rumo de aperfeiçoamento positivo.

Quando um pensador de grande destaque usa expressões como "qualidade geral da população mundial" e "defeituosos genéticos", o restante de nós deveria começar a investigar nossos sistemas de segurança. As pessoas que discutem alegremente como programar melhorias na genética humana são as mesmas que projetam nossas prisões, instituições mentais e escolas públicas.

Uma sociedade bem preparada ou uma pessoa bem preparada precisa adaptar-se a alguns critérios de correção ou normalidade, e é aqui que a psicologia evolucionista e a engenharia social sucumbem. Quem decide o critério ou a norma? Julian Huxley ou Martin Heidegger?

Barack Obama ou Mahmoud Ahmadinejad do Irã? Ainda estou tentando me lembrar de uma tentativa em larga escala para aperfeiçoar a sociedade humana que não tenha sido catastrófica.

*Confiem em nós*, dizem os novos behavioristas. *Somos mais bondosos e gentis. Temos em mente seus melhores interesses — os melhores interesses da espécie inteira — no coração.* Ah, sim? E que exemplos históricos vocês podem indicar, nos quais o condicionamento comportamental foi usado para propósitos benevolentes? Precisamos repetir a história? Alguém pode discordar da tática, mas entende os sentimentos dos opositores que arremessaram uma pedra de gelo na cabeça de Edward O. Wilson quando ele recebeu a Medalha Nacional de Ciência das mãos do presidente Carter em 1977. "Wilson, você está encharcado!", gritaram repetidas vezes.

James V. McConnel descreve o objetivo último do behaviorismo: "Creio que chegou o dia em que podemos combinar a privação sensorial com drogas, hipnose e manipulação astuta de recompensar e punir para ter controle absoluto sobre o comportamento de um indivíduo". Esse é exatamente o meu medo.

■ ■ ■ ■ ■

> Gostamos de nos ver como algo mais que animais. Como um *pouco mais* que animais [...]. O problema com essa ideia é que ela vê a vida de cima para baixo. [...] Como naturalista, tenho a tendência de ver as coisas de baixo para cima.
>
> Lyall Watson

A nova ciência da psicologia evolucionista, vista pelo ângulo cristão, começa a falhar em sua antropologia ou em seu entendimento básico da natureza da humanidade. O "macaco de calça", conforme C. S. Lewis nos chamou satiricamente, talvez devesse ser atualizado para "macaco sem calça". Os cientistas estão achando cada vez mais difícil sustentar uma distinção qualquer a respeito do ser humano. Em um de seus livros mais recentes, Stephen Jay Gould critica a ideia que põe a humanidade no topo, como o pináculo do progresso evolucionista. Ao contrário, ele diz, somos "um acidente cósmico que jamais deveria ter se levantado novamente se a árvore da vida pudesse ser replantada".

Em razão do estado de ascendência da psicologia evolucionista, o público em geral será cada vez mais bombardeado com esta mensagem sobre o que significa ser humano: *Você é um acidente cósmico. Você não é nem um pouco diferente dos outros animais. Toda moralidade é arbitrária. Você precisa olhar para baixo, não para cima, a fim de entender você mesmo.*

Os ativistas dos direitos civis apoderam-se do novo paradigma para endossar sua campanha contra o que eles chamam de *"especiesismo"*. "Não existe realmente nenhum motivo racional para afirmar que o ser humano tem direitos especiais", diz Ingrid Newkirk, cofundadora da organização Pessoas Favoráveis ao Tratamento Ético dos Animais. "Um rato é um porco, e um cão é um menino".

Os especialistas da ética que levam seu trabalho a sério argumentam que, em certos casos, os direitos do animal deveriam ter precedência sobre os direitos dos seres humanos. Por exemplo, um crítico literário sugere:

> Compare um chimpanzé normal a uma criança com grave deficiência mental incapaz de tomar conta de si mesma, de falar ou de raciocinar. Uma vez que nenhum dos dois se qualifica como ser moral racional, capaz de fazer valer seus direitos, por que permitimos a vivisseção em chimpanzés, mas não em crianças? Com certeza, se a importância moral se prende somente a pessoas completas, a criança não deveria ter mais proteção que o chimpanzé, ou o porco à espera de ser abatido.

É necessário um cientista realmente sincero para reconhecer que toda discussão acerca de direitos é irrelevante. Os direitos são, por definição, garantidos. O zoólogo Paul Shepard admite: "A palavra 'direitos' implica algum tipo de regra cósmica antes de quaisquer contratos entre os usuários, de legislação para proteção ou decisões para liberar. Refere-se a algo intrínseco ou concedido por Deus ou pela natureza. [...] Os animais selvagens não têm direitos, mas têm uma história natural".

Os livros escritos por psicólogos evolucionistas tendem a conter contradições marcantes. Eles nos pedem que respeitemos os direitos dos animais sem nos dar um fundamento lógico para esses direitos. Informam-nos que não temos de reivindicar nenhum direito de superioridade sobre outras espécies — embora, até onde sei, apenas os humanos leem seus argumentos refinados. Depois de descrever exemplos da natureza de estupros cometidos por gangues, assassinatos e canibalismo, eles insistem em que passemos por cima de nosso código genético. Exortam-nos a ter valores superiores de não violência e respeito mútuo, embora não haja nenhum "superior" ou "inferior" e, aparentemente, não tenhamos liberdade de ação.

Conheci alguns psicólogos evolucionistas, e eles parecem cultos, pessoas bem-educadas, que não batem em crianças, não fornecem informações falsas à Receita Federal nem matam primos indesejáveis. No entanto, a doutrina que proclamam, de rebater as bases transcendentes de moralidade, destrói nossa capacidade de julgar se esse comportamento é errado ou mau. Eu não me preocupo com a moralidade dos evolucionistas individuais, mas preocupo-me com a moralidade daqueles que seguem suas doutrinas para conseguir seus fins aparentemente lógicos.

Nesse meio-tempo, os líderes do movimento estão produzindo livros rapidamente, escrevendo histórias de capa para revistas e sendo festejados nas maiores universidades. Pelo menos por enquanto eles seguram o holofote, e o holofote ilumina um sorriso benigno e inteligente. Finalmente entendemos o comportamento humano. Finalmente entendemos a nós mesmos.

Mais de três séculos atrás, outro cientista, Blaise Pascal, considerou uma versão pré-moderna da perda de fé. Esta foi sua conclusão:

> Ora, o que ganhamos em ouvir dizer que um homem se livrou do jugo, que não acredita que existe um Deus que observa nossas ações, que se considera o único dono de sua conduta e que imagina que só deve prestar contas a si mesmo? Será que pensam que, daqui por diante, nos levaram a ter completa confiança no homem e a recorrer a ele em busca de consolação, conselho e ajuda em cada necessidade da vida? Será que eles confessam que nos deixaram encantados ao nos dizer que dominaram nossa alma para sermos apenas um pequeno vento e fumaça, principalmente ao nos dizer isso em voz arrogante e presunçosa? Não é, ao contrário, uma coisa para dizer com pesar, como a coisa mais triste do mundo?

# PARTE 2
# Respostas cristãs

# Capítulo 6
# O legado de Francis Schaeffer

Francis Schaeffer foi um dos primeiros evangélicos a envolver-se totalmente na cultura geral e a opor-se às tentativas pós-modernas de redefinir a verdade. Na década rudimentar de 1960, ele visitou museus, assistiu a filmes, leu textos escritos por filósofos e conversou a noite inteira com jovens descontentes, que em breve passariam a ser chamados *hippies*, percorrendo a Europa inteira. Mais tarde, envolveu-se na política, talvez sem querer, acendendo a chama que deflagrou o movimento conhecido como Direito Religioso. Seus livros e, acima de tudo, seu ponto de vista abrangente, tiveram um impacto enorme nos evangélicos, que, na época, começavam a circular cautelosamente em torno de assuntos como arte, política e erudição.

Encontrei as palestras originais de Schaeffer na Wheaton College no final da década de 1960 e, depois disso, estive presente em várias conferências dele, inclusive numa série de palestras no imenso auditório McCormick, em Chicago. Em seguida, a serviço da *Christianity Today*, visitei-o em Rochester, Minnesota, durante um de seus tratamentos na Clínica Mayo. Em 1978, na filmagem de *Whatever Happened to the Human Race?* [O que houve com a raça humana?], Schaeffer começou a sentir-se extremamente cansado e a perder peso. Dois dias depois de terminar o projeto, ele fez um *check-up*, que revelou uma forma de câncer linfático em estágio avançado. Nos seis anos seguintes, ele enfrentou uma batalha constante, confiando principalmente na quimioterapia, e conseguiu manter-se produtivo, apesar da saúde debilitada e do tratamento, até poucos meses antes de sua morte em 1984.

Ao contrário de alguns autores cristãos, Schaeffer não foi "descoberto" após sua morte. Sua popularidade aumentou no apogeu da vida e logo o tornou alvo do ataque e da crítica da mídia. Passou a última década de sua vida sob o brilho de um holofote e deixou uma marca que até hoje não se apagou.

Francis Schaeffer assumiu conscientemente o papel de profeta moderno. Tinha cabelos compridos e finos e um cavanhaque branco como a neve, e usava calças alpinas para completar a imagem de um sábio da montanha. Falava com timbre de voz forte, descrevendo impetuosamente as armadilhas da época atual e o declínio da civilização ocidental. Os críticos declararam que, à semelhança de um profeta, ele se levava muito sério. Cercado de uma família protetora e de milhares de admiradores, Schaeffer superestimou o impacto de seus pensamentos. Algumas pessoas que trabalharam com a família Schaeffer deixaram o emprego queixando-se do complexo de messias da família.

Os julgamentos de Schaeffer surgiam com facilidade e rapidez e eram produtos diretos de sua abordagem "antitética". Há dois tipos de pessoas no mundo: aquelas que dividem as coisas em duas categorias e aquelas que não dividem. Francis Schaeffer produziu uma coleção impressionante de livros, discursos, filmes e seguidores ao dividir o mundo ao meio e aplicar rótulos apropriados.

Que tipo de homem ele era quando estava longe dos holofotes? Muitas pessoas que o conheciam apenas por intermédio de seus escritos imaginavam uma personalidade rígida e racionalista. Na verdade, ele era bastante emotivo, às vezes em demasia. Revelações posteriores de Frank, filho de Schaeffer, mostraram uma família cheia de conflitos, depressão e explosões de raiva. No entanto, se você contasse a Francis que um conhecido seu estava sofrendo, ele começava a chorar, ou parava o que estava fazendo para orar em voz alta. Edith, sua mulher, afirma que a fama não prejudicou o interesse sincero de Schaeffer pelas pessoas. "Se estamos hospedados em um grande hotel", disse ela em 1978, "e a caminho de uma reunião com 7 mil pessoas, ele demonstra o mesmo interesse que sempre teve em conversar e orar com a moça que chega para limpar o quarto. Não se trata de encenação. No mesmo dia em que soube que tinha câncer, ele orou com duas enfermeiras que chegaram ao quarto e lhe contaram a história da vida delas. Conheço-o desde que eu tinha 17 anos, há quase cinquenta anos, e posso dizer que ele não mudou. Um dia, quando marcou um encontro comigo, ele se desculpou pelo atraso — havia visto um bêbado na rua e o levara ao Exército de Salvação para que o homem tivesse uma cama para dormir."

Ao contrário de um profeta, Schaeffer viveu entre uma comunidade de intelectuais de grandes ideais, marcada por amor, pelo perdão e pela preocupação com os outros. Interessava-se tanto pela beleza quanto pela ordem. Passava grande parte do tempo conversando sobre a aplicação de sua mensagem, cujo objetivo era mudar vidas, conforme ele definia a mensagem em si.

O modo de agir de Schaeffer originou-se de sua caminhada de fé. Converteu-se ao cristianismo na adolescência; enquanto lia Ovídio, decidiu que leria a Bíblia também. "Vi que havia inumeráveis problemas que ninguém solucionava", contou-me durante uma entrevista. "Mas comecei a encontrar as respostas na Bíblia. Coloquei uma corda na mão que amarrou todos os problemas juntos e forneceu uma resposta sistemática a eles. Em cerca de seis meses, eu estava nivelado." A ordem e a consistência do cristianismo surpreenderam-no como "palavras que vão além da beleza".

Depois de frequentar a Hampden-Sydney College em Virgínia, em 1935 ele matriculou-se no Seminário Teológico de Westminster, que havia sido separado do Seminário Teológico de Princeton sob a liderança de J. Gresham Machen durante o debate modernista-fundamentalista. Um ano depois que Schaeffer entrou no seminário, Machen foi suspenso de sua denominação e fundou a Igreja Presbiteriana Ortodoxa.

Carl McIntire liderou outra divisão da nova denominação, e Francis Schaeffer acompanhou os dissidentes, tornando-se o primeiro aluno a graduar-se no novo seminário de McIntire. É importante ressaltar que o treinamento inicial de Schaeffer foi realizado em meio à controvérsia. Seus conselheiros definiam termos, traçavam linhas de batalha, dividiam fios de cabelo da doutrina.

Schaeffer trabalhou como pastor de igrejas na Pensilvânia e St. Louis durante dez anos. Depois, em 1974, uma viagem de pesquisa a 13 países da Europa mudou sua missão. Ele voltou estimulado pelo ambiente intelectual, mas profundamente preocupado com a saúde espiritual da Europa. Embora alguns países estivessem vivenciando um ressurgimento pós-guerra em questões religiosas, Schaeffer concluiu que as raízes superficiais da mensagem deles prejudicariam o impacto de longo prazo da renovação.

A comunidade de L'Abri ("abrigo" em francês) surgiu do ministério de Schaeffer na cidade suíça de Champery, onde a família passava o verão. Enquanto ele dirigia os cultos em uma capela abandonada da cidade de maioria católica, algumas moças de uma escola de grande influência começaram a frequentar a igreja e depois passaram a frequentar a casa dos Schaeffers. Ele recorda: "Fiquei surpreso ao ver que naquelas discussões eu era capaz de responder às perguntas das moças de tal forma que muitas delas passaram a tornar-se verdadeiramente interessadas".

Em 1955, Schaeffer transformou o L'Abri em uma missão independente. Houve um misto de reações nos Estados Unidos. "Você está dizendo que vai abrir sua instituição para abrigar filhos e filhas abandonados por pais ricos, sem cobrar nada? O que fará o dia inteiro? Qual é exatamente o seu ministério?" O livro *L'Abri*, de Edith, mulher de Francis, narra o tumulto daqueles primeiros anos quando a política de portas abertas dos Schaeffers resultou em presentes de casamento destruídos, tapetes queimados por cigarros acesos, lençóis rasgados e manchas de vômito. Frank, o filho do casal, contraiu poliomielite, uma filha enfrentou febre reumática e a família inteira sofreu uma intoxicação alimentar. Uma avalanche no inverno quase destruiu o vilarejo inteiro.

Um dia, os Schaeffers receberam a ordem de sair da Suíça por "exercer influência religiosa na cidade". No entanto, logo a notícia se espalhou entre os estudantes europeus e visitantes americanos que "há um homem nas montanhas da Suíça que sabe responder às suas perguntas", e o afluxo de pessoas começou. L'Abri tornou-se uma comunidade intelectual dinâmica de pessoas que buscavam respostas, evangélicos, abandonados pela igreja e agnósticos, encaixando-se perfeitamente no ritmo da época, a década turbulenta de 1960. Até os críticos de Schaeffer tiveram de admirar o que se desenvolvia ali. Um deles disse: "Ao ler os livros deles [dos Schaeffers], descobri que a inexatidão dos argumentos era irritante, mas a descrição da vida em L'Abri era estimulante".

Embora L'Abri exercesse influência em apenas algumas pessoas na época, os pensamentos de Francis Schaeffer espalharam-se por meio de livros e filmes, tanto que logo depois ele foi aclamado como um dos palestrantes líderes do evangelicalismo. "Missionário dos intelectuais", dizia a *Time* a respeito dele. A revista *Eternity* concluiu que ele exercia "mais influência na juventude de hoje — desde os renegados pelo mundo até os herdeiros desiludidos do evangelicalismo — que qualquer outro homem". Milhões de exemplares dos 22 livros de Schaeffer foram vendidos e compilados em uma edição de Obras Completas. A InterVarsity Press chegou a publicar um livrete intitulado *Introdução a Francis Schaeffer*, explicando como todos os livros se encaixam.

O primeiro livro surgiu quando Schaeffer fez uma excursão pelas faculdades e universidades dos Estados Unidos, dando uma aula intitulada "Falando do cristianismo histórico no século XX". Ele recebeu uma reação entusiasmada na Wheaton College em 1968, em meio a uma época de agitação estudantil. Os alunos ficaram encantados quando encontraram alguém que acreditava na doutrina ortodoxa e, mesmo assim, tentava interpretar o ambiente "mundano" das ideias e das artes.

Schaeffer concordou em que suas fitas cassete fossem editadas nos primeiros livros.

O livro (e o filme) *How Should We Then Live*[1] nasceram do desafio de um produtor de filmes que havia visto *Civilisation*, de Kenneth Clark, e se convenceu da necessidade de uma resposta cristã, ou de Schaeffer ou do jornalista Malcolm Muggeridge. *Whatever Happened to the Human Race?* [O que houve com a raça humana?] foi ideia original de Frank Schaeffer, antes de completar 30 anos de idade. Ele produziu e dirigiu a série do segundo filme que tratava especificamente de três tópicos: aborto, eutanásia e infanticídio, destacando Schaeffer e o dr. C. Everett Koop (que posteriormente foi nomeado Cirurgião Geral dos Estados Unidos por Ronald Reagan).

■ ■ ■ ■ ■

Quando lhe perguntei sobre suas contribuições à ideia, Schaeffer falou com muito orgulho de duas mensagens. Primeiro, ressaltou o equilíbrio da ortodoxia doutrinária e a necessidade de amor e vida em comunidade. Em segundo lugar, encorajou os cristãos a trabalhar como pessoas íntegras dentro da cultura como um todo, dando-lhes uma estrutura para entender livros, pintura, música e filmes.

O modo de pensar de Schaeffer originou-se de sua noção de antítese: se uma afirmação é verdadeira, o oposto dessa afirmação não pode ser verdadeiro. No diálogo com pessoas que queriam saber sobre assuntos espirituais, Schaeffer tentava "arar" no sentido contrário, até que eles pudessem articular pressuposições subjacentes. A seguir, ele os conduzia carinhosamente pelo caminho da lógica até que vissem contradição em suas conclusões. Para Schaeffer, "não cristão nenhum pode ser coerente com a lógica de suas pressuposições". Schaeffer usava a expressão "pré-evangelismo" para descrever esse processo; ou, mais informalmente, falava de "arrancar o telhado" do modo de pensar de uma pessoa.

---

[1] **Como viveremos**. São Paulo: Cultura Cristã, 2003.

Por exemplo, comece com a pressuposição de que o mundo surgiu por acaso, uma ideia comum entre os modernos. Schaeffer cutucava você intelectualmente rumo à conclusão de que, então, a vida humana não pode ter um significado definitivo e que nenhuma de nossas ações pode fazer diferença duradoura no mundo. E mais, não há nenhuma "força externa" responsável por determinar o certo e o errado e nenhuma base real para isso. Segundo Schaeffer, para ser coerente, o indivíduo que exclui Deus precisa tornar-se "ateu na religião, irracional na filosofia e completamente amoral no sentido mais amplo da palavra". Schaeffer apontou exemplos contemporâneos de pessoas que admitem essas pressuposições, mas deixam de viver em consonância com elas — como Jean-Paul Sartre, que negou qualquer base para julgamentos éticos, mas que quebrou seus princípios ao denunciar o tratamento da França à Argélia em termos morais.

Schaeffer presenciou uma enorme ruptura na história do pensamento aberto na época de Hegel, que rejeitou o modo de pensar da antítese em favor da síntese. O filósofo Søren Kierkegaard aplicou o método sintético de Hegel ao campo da teologia, transformando-se, nas palavras de Schaeffer, no "pai de todo o pensamento existencial moderno, tanto secular quanto teológico". O mundo natural e visível começou a suplantar o mundo invisível. Podemos estudar cientificamente o mundo visível, mas não o mundo invisível, que pode ser apenas conhecido por meio de "saltos de fé" irracionais.

Schaeffer não gostava de saltos de fé, pelo menos na doutrina. Acreditava que a doutrina precisa derivar de um método cuidadosamente ponderado, passo a passo, na revelação verbal que Deus apresenta na Bíblia. Apesar disso, ele era pregador no coração e dedicava tempo equivalente para a aplicação prática de como a Igreja deveria demonstrar o amor de Deus. "Estou farto de apologética empoeirada", disse ele. "Em minha mente, a apologética não é um sistema seguro para se viver dentro dela. A apologética deveria levar as pessoas a Cristo e a uma compreensão maior da soberania de Cristo na vida como um todo".

A principal fraqueza de Schaeffer centralizava-se na posição dupla de evangelista e apologista. Schaeffer acreditava sinceramente na força do que ele apresentava que, para ele, os argumentos forçavam a aceitação. Ele descreveu a resposta cristã como uma "conclusão logicamente necessária" em vez de uma "conclusão verossímil" ou "conclusão plausível". E, ao procurar ilustrações da cultura moderna para demonstrar seus argumentos, desprezou centenas de exemplos contrários. Falava ressaltando as palavras, fazendo afirmações como esta: "Imagine a linha entre a razão e a não razão como uma parede sólida de concreto, com arame farpado no meio eletrificado com dez mil volts. Você começa, então, a entender que não pode haver intercâmbio entre a história inferior com razão, que leva ao desespero, e a história superior da esperança sem razão".

É natural que os filósofos e teólogos cristãos tenham ficado inquietos quando Schaeffer pôs alguns de seus favoritos, como Barth e Kierkegaard, no lado errado do muro de concreto. Como comentou Jack Rogers: "Schaeffer põe Rousseau, Kant, Hegel e Kierkegaard no mesmo saco [...]. Alguém logo fica tentado a defender um filósofo simplesmente por ter sido caricaturado injustamente por Schaeffer, mesmo quando esse alguém é, na realidade, tão crítico dele quanto Schaeffer é — mas por motivos bem diferentes".

As proposições confiantes e panorâmicas de Schaeffer deram-lhe notabilidade e notoriedade. Ele causou forte impacto nos jovens evangélicos brilhantes que necessitavam de lentes para enxergar o confuso mundo moderno. Às vezes, ele se dizia "evangelista antiquado" e tinha-se a impressão nítida de que uma criança que aceitasse Cristo em sua pequena capela na Suíça proporcionava-lhe mais prazer que todos os alunos brilhantes, cujas discussões teóricas o mantinham acordado até tarde da noite.

Por outro lado, para os não cristãos, que não eram existencialistas ateus e que tinham vida gratificante e cheia de esperança, sem se dar conta da linha do desespero, aquele homem estranho com a aura dos Alpes ao redor parecia ser uma relíquia. Continuaram a beneficiar-se dos depósitos da civilização cristã, a ler Tolstoi e a ouvir as missas de Mozart. Foram exatamente essas pessoas que tornaram Francis Schaeffer tão veemente, tão pessimista, tão moderado. Segundo ele, essa gente estava vivendo uma contradição absoluta com as próprias pressuposições, equilibrando-se na beira de escolhas cósmicas, mas recusando-se a encarar a evidência.

Depois de mais de 22 livros apresentando sua filosofia, o que mais Francis Schaeffer teria a dizer? Muito, foi o que descobri quando o entrevistei pouco antes de sua morte. Nossas discussões duraram vários dias por causa de sua condição debilitada. Constatei que ele era extraordinariamente sincero ao avaliar suas contribuições e também ao falar de assuntos quase sempre evitados pela maioria dos líderes evangélicos.

■ ■ ■ ■ ■

*Yancey:* Muitos líderes cristãos têm tentado, sem sucesso, manter o respeito e o entusiasmo dos jovens por um bom tempo. Mas o senhor conseguiu. Por quê?

*Schaeffer:* Acima de tudo, pessoas diferentes têm qualidades e dons diferentes concedidos pelo Senhor. Dito isso, penso que há alguns elementos humanos.

Tenho lidado com as questões da cena contemporânea em desenvolvimento e não fiquei parado no tempo de meus estudos quando era jovem, como algumas pessoas parecem fazer. Um dos motivos para isso é que não fui criado como cristão e atravessei um período em que fui agnóstico. Converti-me ao cristianismo aos 18 anos de idade simplesmente por ter lido minha Bíblia e depois de ter lido muita filosofia. Penso, portanto, que minha conversão foi responsável por eu ter ideias modernas.

Recebi também um ensino constante, não apenas dos livros que li, mas de muitas, muitas pessoas com quem converso. É comum os cristãos não darem ouvidos ao que as outras pessoas dizem; eles se limitam a apresentar o ponto de vista cristão. Tento ouvir as pessoas que chegam de todos os cantos do mundo e todos os tipos de doutrinas. Quando os jovens me procuram, encontram empatia pelo simples motivo de que não rejeito suas perguntas, nem intelectualmente nem de outra maneira; apenas apresento-lhes uma fórmula. Tento, de todas as maneiras, lidar com as perguntas.

*Yancey:* Alguns de seus críticos concordam com o que o senhor diz no contexto do L'Abri. Pessoalmente, o senhor entende as perguntas das pessoas e demonstra certa empatia com elas. Por outro lado, elas dizem que em seus textos — na página fria, o preto no branco, sem nenhuma paixão —, quando o senhor fala de alguém como Karl Barth, não ocorre a mesma disposição em ouvir. Que o senhor tem a tendência de categorizar as pessoas e atribuir sempre o mesmo papel a elas. O senhor concorda?

*Schaeffer:* Não, não concordo. Quando não se está escrevendo 26 livros sobre Karl Barth, é preciso fazer um resumo e, em geral, meus resumos são corretos. Ora, todo mundo comete erros — tenho certeza de que cometi alguns —, mas diria que tenho tentado tratar os outros pensadores com compaixão. Na forma em que escrevo, preciso resumir; não posso lidar com todas as nuanças, por isso tento encontrar os pontos centrais que eles dizem e apresentam. Sempre prendo a respiração, pois sei que determinadas nuanças soariam de modo diferente se eu falasse durante duas horas em vez de escrever uma página.

*Yancey:* Quando *Como viveremos* bateu recorde de vendas, seu editor usou uma página inteira de anúncios do *New York Times*, perguntando: "Por que a mídia secular está fazendo pouco caso deste livro?". O senhor sente-se decepcionado pelo fato de a mídia secular não dar mais destaque às suas ideias?

*Schaeffer:* Sim, porque tento escrever livros para dois tipos de leitores: cristãos e não cristãos. O primeiro editor recusou um livro porque, segundo ele, parecia dirigido aos dois tipos de leitores. Tenho certeza de que os livros podem ser escritos e dirigidos a dois públicos, e isso provou ser verdade. Muitos não cristãos, a quem o cristianismo normalmente não alcança, foram tocados e até transformados.

Estou decepcionado com a mídia porque gostaria de ver um impacto maior para o Senhor nesse ambiente. Para ser aceito na área da mídia secular, quase sempre é preciso enquadrar-se na filosofia deles, e estou fora dela. Mas não conheço ninguém que, depois de assumir uma posição claramente cristã, tenha sido aceito amplamente na área secular.

*Yancey:* No mundo evangélico, pelo menos, o senhor tornou-se uma figura da mídia com muita gente fazendo de tudo para publicar seus livros e com plateias enormes lotando auditórios, ao passo que o senhor estava acostumado a uma sala pequena com 30 pessoas discutindo o assunto. Essa transição foi muito difícil para o senhor?

*Schaeffer:* Na verdade, não, porque creio que isso seja apenas uma extensão de meu trabalho anterior. O Senhor concedeu-nos algo que ninguém tinha certeza de que ocorreria: um ambiente agradável no meio daqueles milhares de pessoas que considerei amigos íntimos quando falava a cem pessoas em nossa capela no L'Abri.

*Yancey:* O senhor acha que mudou substancialmente diante de tudo o que aconteceu?

*Schaeffer:* Tenho pensado nisso e orado nesse sentido. Não vejo mudanças. Muito mais importante que minha opinião é a opinião de meus amigos que são muito sinceros e aparentemente não viram nenhuma mudança em mim. Mas quem sabe? Só vou ter certeza quando conversar com o Senhor no Dia do Juízo.

*Yancey:* Sua mulher descreve brilhantemente sua compaixão pelas pessoas. O senhor preocupa-se com elas e as ouve com atenção. Sempre teve essa virtude?

*Schaeffer:* Para mim, é um dom.

*Yancey:* E esse dom já existia antes de o senhor se converter ao cristianismo? O senhor sentia-se atraído pelas pessoas?

*Schaeffer:* Acho que não. Nem tinha interesse intelectual por elas. Tirava notas péssimas até me tornar cristão, mas depois disso sempre estudei para tentar ser o melhor aluno. Graduei-me *magna cum laude* na Hampden Sydney College, apesar de ter conseguido com muita dificuldade um diploma no ensino médio.

Sei que tenho mente analítica, e uma coisa que aprendi na vida é que não vemos muitas pessoas que tenham mente analítica. É o que eu tinha antes de ser cristão. Na verdade, tornei-me cristão depois de analisar o liberalismo que ouvia pregar de um lado e a filosofia que lia de outro.

Acredito, porém, que minha capacidade de sentar e conversar com uma pessoa ou 7 mil pessoas e responder a perguntas do jeito que respondo a elas, abrangendo o espectro intelectual, é um dom de Deus como qualquer outro, e penso que o Senhor pode tomá-lo de mim. Contanto que esse dom seja útil neste mundo, sou grato por tê-lo recebido.

A partir do momento em que soube que tinha câncer, entendemos mais que nunca como Deus tem usado nosso trabalho. Professores de direito escrevem: "Depois de terminar meus estudos de advocacia, foi a leitura de seus livros que me fez entender a estrutura moderna da lei". Ou pessoas da medicina escrevem: "A discussão da ética médica como um todo tornou-se clara".

*Yancey:* Quem o influenciou e influenciou seus pensamentos?

*Schaeffer:* Praticamente centenas de pessoas influenciaram meus pensamentos. Mas algumas pessoas importantes fizeram diferença verdadeira em meu modo de pensar. Lembro-me da minha época de aluno do ensino fundamental II quando tive uma professora de arte.

Venho de uma família que nunca demonstrou interesse pela arte. Ela abriu a porta para mim.

Depois, tive um professor na faculdade, professor de filosofia, que era brilhante. Eu era seu aluno predileto, penso, provavelmente por ser o único aluno da classe que o entendia e o incentivava. Ele me convidava para sentar-me ao lado dele à noite em volta de um fogão redondo, de ferro fundido, só para conversarmos. Ele se envolveu no pensamento neo-ortodoxo, mas foi muito importante para meu desenvolvimento intelectual.

*Yancey:* Alguns de seus pontos de vista mais importantes sofreram mudanças significativas na última década, isto é, houve realmente inversões abruptas?

*Schaeffer:* Se eu refletisse durante uns dias, poderia pensar em algumas. Não houve mudanças básicas, creio. Fiz mudanças radicais nos detalhes. Mas penso que não nas ideias mais importantes.

*Yancey:* Em que ponto, então, sua estrutura básica se desenvolveu?

*Schaeffer:* Teologicamente, ela se desenvolveu bem antes de eu cursar o seminário. Quando entrei na Hampden-Sydney College, o professor de teologia bíblica, o reitor da faculdade e o capelão eram cristãos consagrados. Mas eu nunca teria tido as ferramentas ou o conteúdo para escrever os livros que escrevi nem lidado com as pessoas como lido em uma área tão vasta se tivesse permanecido nos Estados Unidos. Penso que minha ida à Europa foi providencial; permitiu uma estrutura intelectual mais ampla de pessoas vindas de todas as partes do mundo. Elas costumam perguntar: "Por que você não voltou para ajudar seu país?". Mas Edith e eu fomos mais úteis aos Estados Unidos indo para a Europa.

*Yancey:* À medida que sua função mudou ao longo dos anos, o senhor acha que se sujeitou a tentações novas e específicas?

*Schaeffer:* Sim, o grande perigo do orgulho espiritual cresceu enquanto eu trabalhava com números grandes e com tantas pessoas que liam os livros. Mas contra-ataquei rapidamente dizendo que nunca vi orgulho espiritual maior em minha vida do que quando alguém era eleito professor de uma classe da Escola Bíblica Dominical com três alunos. Orgulho é algo que existe dentro da gente; o tamanho em si não muda o perigo de ser orgulhoso. Creio que Satanás está jogando xadrez comigo e com você, e ele é esperto o suficiente para dispor as peças no tabuleiro existencial no qual estamos vivendo no momento.

*Yancey:* Vamos passar para a política. Seus textos dão a entender que a democracia é o desenvolvimento natural dos princípios cristãos da sociedade. O senhor tem certeza de que a democracia é a forma ideal de governo, ou se sente à vontade em algumas culturas com formas de governo muito diferentes?

*Schaeffer:* Quando você fala de democracia, precisa defini-la. Democracia não significa que você não possa ter um rei. Ela não precisa ser igual à que existe nos Estados Unidos. A Suíça não tem um presidente forte: há um conselho de sete pessoas que se revezam, e a maioria dos suíços não sabe sequer o nome do presidente atual. Portanto, não estou falando de uma forma específica de democracia. Se você quer saber apenas qual é o conceito de democracia — responsabilidade sendo investida no povo, ou freios e contrapesos ou *lex rex* em vez de *rex lex* [a lei é o rei *versus* o rei é a lei] —, então, sim, penso que ela é um desenvolvimento natural do cristianismo.

*Yancey:* Alguns cristãos acreditam que certos modelos de comunismo, não o marxismo clássico, poderiam ser aceitos pelos cristãos. O senhor concorda?

*Schaeffer:* Se ao referir-se ao comunismo você quer dizer um controle maior pelo Estado, então claro que isso seria aceitável em certas circunstâncias. Mas hoje a palavra "comunismo" tem uma definição muito rígida. A filosofia desenvolvida por Marx, Engels e Lênin produz opressões naturalmente, da mesma forma que a Reforma do cristianismo produziu "a lei é o rei". A palavra "comunismo" significa aquela filosofia materialista específica.

Se, por outro lado, você pergunta: "É necessário equiparar a democracia com a exata situação econômica que temos?", respondo absolutamente não. A Suíça é um exemplo perfeito. Quando a Suíça nacionalizou as estradas de rodagem, isso significou que ela se transformou num país não capitalista? Claro que não. Ela é mais capitalista que os Estados Unidos. Quando nacionalizamos o sistema postal nos Estados Unidos, isso significou que abrimos mão do capitalismo ou da democracia? Claro que não.

Neste momento, estamos vivendo um tipo muito diferente da democracia visualizada por Jefferson. Na época, eles visualizavam um grupo elitista, e nosso colégio eleitoral, por exemplo, sofre as consequências daquelas ideias. Mas creio que o cristianismo afasta cada vez mais isso e conduz para o tipo de situação que temos hoje.

*Yancey:* O senhor é pacifista?

*Schaeffer:* Não, absolutamente não. Odeio a guerra de todo o coração. Mas vivo em um mundo pecaminoso e penso que precisamos levar isso em conta. Neste mundo complicado, precisamos entender que não podemos fazer tudo. Mas, por outro lado, acredito, sim, que em certos pontos da História, é uma prova de falta de amor do não cristão deixar de usar o que está à sua disposição para ajudar outras pessoas em lados extremos. A situação monstruosa da Alemanha na Segunda Guerra Mundial é um exemplo da necessidade de uma força externa.

Preciso ressaltar que eu não poderia jamais ser considerado um homem da ala da direita. Odeio a perda de liberdade, venha ela da direita ou da esquerda.

*Yancey:* O senhor já elaborou teorias de como as tendências da civilização traçadas em seus livros e sua visão de profecia podem se unir?

*Schaeffer:* Não. Levo a escatologia muito a sério, claro. Mas a Bíblia adverte-nos de que não podemos ter certeza absoluta de que estamos vivendo em qualquer momento específico daquele programa escatológico, e não há meios de saber isso. Vou explicar com outras palavras. Acredito que devo viver cada dia de minha vida como se Cristo fosse voltar antes de eu morrer. Mas, ao mesmo tempo, não acredito que possa um dia dizer que estou presenciando o cumprimento da situação escatológica. Sou curioso, e fico naturalmente intrigado por ter ideias tão firmes a respeito da escatologia. Mas não permito que isso modifique meus sentimentos práticos e políticos.

*Yancey:* Tenho a impressão de que muitos cristãos votariam no anticristo se soubessem quem ele era, a fim de apressar a volta de Cristo. Mas, na situação atual no Oriente Médio, o fato de que Israel possa ser realmente o povo escolhido de Deus e, um dia, enquadrar-se em algumas teorias da escatologia não teria nenhuma influência na moralidade de nosso tratamento dado aos árabes ou aos palestinos.

*Schaeffer:* Concordo plenamente. Devo confessar que, se eu fosse presidente dos Estados Unidos, não tomaria decisões em determinada situação histórica com base no fato de que a profecia bíblica obrigaria a tomada de certas decisões.

*Yancey:* O senhor escreveu sobre a disparidade da riqueza e a responsabilidade do cristão em uma sociedade abastada. A teoria e a base bíblica são razoavelmente comuns no mundo cristão de hoje. Mas a viabilidade disso — como exerce influência em minha decisão sobre que carro comprar, que casa adquirir, quantas calças ter, fazer ou não fazer investimentos — é muito complexa. O senhor tem algum conselho prático?

*Schaeffer:* Quando eu era pastor no oeste da Pensilvânia, uma das grandes discussões era se a gente podia ser espiritual e ter seguro de vida. Na época, ressaltei que a igreja não pode legislar a pessoa. A Bíblia não faz isso, e, portanto, não podemos ser categóricos. Tudo o que podemos fazer é apresentar princípios, e depois a pessoa precisa pedir a orientação do Espírito Santo sobre como aplicar esses princípios à situação. É compreensível que o Espírito Santo possa orientar uma pessoa a aplicá-los de uma forma, e orientar outra pessoa a aplicá-los de modo ligeiramente diferente, e as duas coisas estejam igualmente certas.

Tenho defendido o uso humanitário de acumular riqueza e recebo tiroteio dos dois lados. As pessoas que querem ter toda a riqueza do mundo e nunca pensam em compaixão não gostam dessa opinião, mas recebo também tiroteio por usar a expressão "acumular riquezas", porque os cristãos radicais seguem a ideia de que qualquer riqueza acumulada é errada. É preciso tomar cuidado. Primeiro, como nós adquirimos a riqueza e, segundo, como a usamos. O Novo Testamento deixa bem claro que os cristãos possuíam propriedades pessoais, ou então não teriam nada a oferecer a Paulo quando este fazia apelos para obter dinheiro.

Tenho ressaltado repetidas vezes que a Igreja deveria ter duas ortodoxias: a ortodoxia da doutrina e a ortodoxia da comunidade. O L'Abri quebrou o gelo entre os evangélicos em muitos sentidos, inclusive em uma ênfase totalmente nova sobre comunidade. Temos insistido em fazer distinção entre *comuna* e *comunidade*. A palavra "comuna" tem mais ou menos o sentido de compartilhar todos os bens. O L'Abri não é uma comuna, mas uma comunidade de famílias que vivem juntas, cada uma em sua casa. Elas têm vida própria e propriedades particulares, e cada uma orienta seus filhos.

*Yancey:* O senhor distribui grande parte de sua renda?

*Schaeffer:* Bom, antes de tudo, entenda que Edith e eu repassamos todo o nosso ganho ao L'Abri. Eles controlam nossos direitos autorais.

*Yancey:* Eles fazem grandes contribuições aos países subdesenvolvidos?

*Schaeffer:* Individualmente, sim. Mas o L'Abri é um programa muito caro porque abrigamos as pessoas e cobramos muito pouco delas.

*Yancey:* Depois de conversar com o senhor, algumas pessoas saem confusas sobre como devem relacionar-se com a arte. O senhor refere-se a uma "linha de desespero", dando a entender que as *formas* usadas pelos artistas, músicos e escritores modernos são um pouco contaminadas ou imorais. As pessoas me dizem que a única maneira de eu atuar como artista é voltar um século atrás e descobrir formas antigas.

*Schaeffer:* Essa não! Talvez eu não me tenha protegido o suficiente. As pessoas que estiveram comigo no L'Abri não pensam assim — mas entendo que as pessoas que acabam de ter contato com meus livros possam pensar dessa maneira.

A técnica é neutra, e não podemos dizer que determinada técnica é de Deus ou não é de Deus. Há, porém, uma forma de espírito do mundo para cada geração, e isso se infiltra em todas as coisas, inclusive no pensamento cristão, a menos que o rejeitemos conscientemente.

Na arte, as técnicas nasceram de pessoas realmente brilhantes naquele campo tentando encontrar um veículo para expressar sua visão de mundo. Não acredito que essas pessoas se sentassem necessariamente no Café Voltaire em Zurique, onde nasceu o dadaísmo, por exemplo, e arquitetassem essas coisas. Eu diria que a cosmovisão de uma pessoa, de modo consciente ou inconsciente, é naturalmente demonstrada com alguma coerência na totalidade da vida. Tome cuidado neste ponto, porque as pessoas continuam a ser feitas à imagem de Deus, quer saibam disso quer não; há, portanto, freios. Mas, no geral, o que tenho dito é verdade.

As formas modernas de arte são muito complicadas para o artista ou escritor cristão jovem porque foram apresentadas para expressar determinada visão de mundo. As técnicas são neutras; não são divinas nem mundanas. No entanto, é mais fácil criar uma visão de mundo por meio do veículo planejado para expressá-la do que apresentar outra visão de mundo. Portanto, não me oponho às formas de arte modernas, mas penso que precisamos ter em mente o motivo pelo qual a forma foi criada.

*Yancey:* O senhor se lembra de alguns exemplos como esse na música?

*Schaeffer:* A música é o tema mais difícil de todos para se discutir e que eu sempre abordo com muita hesitação. Não podemos visualizar nem examinar a música da mesma forma que examinamos um texto escrito ou uma pintura na tela. No entanto, vemos na música as mesmas coisas que são exibidas com mais facilidade na escrita, na poesia ou na pintura.

*Yancey:* Das várias doutrinas, penso que a cultura popular tem sido mais resistente às novas formas de música clássica. Quando a Orquestra Filarmônica de Nova York toca John Cage, a plateia vaia. Não sei se o povo vai superar isso.

*Schaeffer:* Acho que não. Quando a gente ouve John Cage, em contraste com alguém como Stravinski, vê que ele está escrevendo uma declaração filosófica. Uma de minhas rixas com a arte moderna é que ela é muito filosófica. Tenho a mesma rixa com a arte evangélica: não é arte; é um panfleto, propaganda. Pessoas como Marcel du Champs e John Cage não se propõem a fazer obras de arte; eles se propõem a fazer declarações filosóficas.

*Yancey:* O senhor faz interpretações específicas dos artistas. Por exemplo, quando critica o quadro da crucificação de Salvador Dali, dizendo que falta realidade à pintura, o senhor pesquisou isso? Encontrou uma declaração de Salvador Dali de que sua técnica tinha a intenção de provocar perguntas sobre Jesus ou está apenas deduzindo isso?

*Schaeffer:* Curiosamente, em uma entrevista à *Playboy*, Salvador Dali disse que estava lendo os cientistas modernos e começando a entender que a Terra não é feita basicamente de massa, mas de energia. Depois ele tratou do fato de que devemos ter uma representação espiritual na arte. Portanto, a *Playboy*, acima de tudo, foi muito útil a Salvador Dali.

*Yancey:* Isso apresenta um assunto interessante: o movimento filosófico dentro da ciência para considerarmos o núcleo do Universo algo irracional em vez de racional. O senhor não parece sentir-se à vontade com essas novas descobertas, como o Princípio do Indeterminismo de Heisenberg.

*Schaeffer:* Entendo, claro, que os antigos conceitos newtonianos tinham de ser modificados. Mas, mesmo quando estamos lidando com algo muito pequeno, digamos em um cíclotron, continuamos a lidar com isso numa base de causa e efeito na área maior, seja o que for que estiver acontecendo na área menor. Se não lidássemos com a base de causa e efeito, ninguém poderia construir o cíclotron.

Há uma diferença entre não aceitar o conceito cartesiano, que em nossa finitude humana podemos planejar cada gráfico matematicamente, e saltar para a área da irracionalidade. A construção do cíclotron é prova absoluta de que o próprio homem que o está criando está negando a irracionalidade pelas próprias ações.

*Yancey:* O que eles têm a dizer quando o senhor os confronta?

*Schaeffer:* Ninguém nunca me deu uma resposta. Há um súbito silêncio.

*Yancey:* O senhor se sentou frente a frente com alguns físicos e lhes fez essa pergunta?

*Schaeffer:* Sim, claro. Para minha surpresa, um grande número deles nunca pensou nisso, talvez porque as pessoas estejam brincando com muitos, muitos jogos em vez de pensar em assuntos maiores. O jogo deles pode ser o de bater o recorde, descendo a encosta dos Alpes suíços em um décimo de segundo. Pode ser também destacar-se em uma ciência extremamente rigorosa na qual alguém se concentra em uma área muito pequena da realidade e se esquece da grande questão.

*Yancey:* Presumo que o senhor esteja familiarizado com os princípios de H. Richard Niebuhr sobre Cristo e a cultura. Temos possibilidade de resgatar a cultura? Não seria melhor que os cristãos fossem uma minoria, uma contracultura?

*Schaeffer:* Seria ideal se eu conseguisse um consenso cristão, usando uma varinha mágica, para que não fizéssemos confusão entre Igreja e Estado. Creio que esse foi o desejo dos fundadores dos Estados Unidos. Não podemos ter uma Igreja-estado, mas podemos ter um consenso cristão. Desse modo, poderíamos realmente exercer grande influência na cultura.

*Yancey:* Quando isso ocorreu na História?

*Schaeffer:* Nunca. Não existe nenhuma era dourada. Estou cansado de pessoas que tentam me forçar a dizer que a Reforma foi uma era dourada. A Reforma foi tudo, menos uma era dourada. Mas, quando eu era mais jovem, com 30 ou 40 anos de idade, os Estados Unidos demonstraram basicamente um consenso cristão. Esse consenso cristão foi, claro, muito mal aplicado em determinadas áreas, como na questão racial ou no uso humanitário do acúmulo de riquezas.

*Yancey:* O que aconteceu desde aquele tempo? O consenso cristão encolheu em números percentuais? Passou a ser menos sonoro? Ou o senhor diria que outros pontos de vista achataram seu impacto?

*Schaeffer:* Eu diria que todos esses fatores. O humanismo chegou à sua conclusão natural, e vivemos hoje em uma sociedade secularizada. Podemos ensinar o ateísmo em nossas escolas, mas não podemos entoar cânticos de Natal. E agora as pressuposições seculares controlam a lei, a educação, todas essas coisas.

A Igreja seguiu a mesma curva pouco depois. A maioria de nossas grandes denominações permite que a teologia liberal domine os seminários e as burocracias. Elas adotam as mesmas formas de pensamento do mundo secular porque, em meu modo de pensar, a teologia liberal não passa de humanismo na terminologia cristã. Portanto, essas duas tendências se juntaram: o secularismo e uma igreja dominada pela mesma filosofia básica.

*Yancey:* Agora o senhor é apresentado no palco como um grande intelectual, e as pessoas que tomam conhecimento disso estão prontas para atacá-lo. A sobrecapa de seu livro diz que o senhor é "o missionário dos intelectuais" e lhe atribui outros rótulos que provavelmente o deixem constrangido. De que forma essas coisas exercem influência em seu autoconceito? O senhor sente saudades daqueles primeiros dias na Europa trinta anos atrás?

*Schaeffer:* Tudo isso me parece muito irreal, e penso que seja uma proteção que o Senhor me concedeu.

*Yancey:* Tenho ouvido pessoas o criticarem, dizendo que o senhor alimenta a imagem do homem sábio da montanha — por exemplo, por usar calças alpinas que combinam com essa imagem.

*Schaeffer:* Uso calças alpinas apenas porque as considero confortáveis. Antes, eu as usava para escalar montanhas e esquiar por todo o país; portanto, aos poucos, adquiri o hábito de usá-las.

*Yancey:* Mas, quando o senhor comparece a uma reunião de ministros dos Estados Unidos onde todos usam ternos, isso se torna uma referência. Por que o senhor foge da norma?

*Schaeffer:* Suponho que isso me tenha sido útil nas primeiras vezes que vim para cá na década de 1960. Nunca pensei nisso até você me perguntar. Quando ia a um lugar como Wheaton, aquilo me dava uma ligeira vantagem por me destacar do estereótipo. Portanto, de certa forma, eu não era o que eles costumavam ser e, claro, eu também pensava assim.

*Yancey:* Se eu tivesse perguntado quinze anos atrás: "Um dia o senhor vai escrever um livro?", o que teria respondido?

*Schaeffer:* Não. Estou interessado em conversar com pessoas. Mas, depois de uma palestra, por exemplo, em Harvard, de repente, aqueles alunos, quase todos não cristãos, me aplaudiram de pé. A mulher de um professor virou-se para Edith e disse: "Frequento Harvard há mais de trinta anos e nunca presenciei um aplauso de pé". O mesmo ocorreu no MIT e em outros lugares. Mas eu ainda não imaginava ir além da conversa interpessoal, das palestras com troca de ideias. Naquela época, sentia mais vigor, por isso fiquei acordado até 2 ou 3 horas da manhã.

*Yancey:* Um crítico que o observou em Los Angeles disse que talvez a maioria das pessoas na plateia não entenda o que o senhor está dizendo nos filmes ou pessoalmente. A plateia aplaudiu sua aparente *expertise*, mas aquele crítico realmente duvidava que as pessoas saíam de lá com outra percepção das coisas.

*Schaeffer:* Eu diria que ele deveria ler as cartas que têm chegado. Se você pregar um sermão irrepreensível sobre o evangelho, parte das pessoas não vai entender. Um número notável de pessoas entende muito bem, tanto que aquilo mudou a vida delas. Penso que o crítico se enganou.

*Yancey:* Na série de filmes sobre a civilização ocidental, até que ponto o senhor estava tentando fazer uma análise respeitável da História e da cultura, de modo objetivo, e até que ponto se sentiu motivado pela evangelização? Não há uma dicotomia entre as duas motivações?

*Schaeffer:* Para mim, o cristianismo é verdadeiro. E é verdadeiro na totalidade da verdade. Veja bem, ele não nos dá a resposta à física quântica. Mas creio que quanto mais perto chegarmos da verdade, da verdade objetiva, mais o cristianismo será consolidado. Não vejo nenhuma dicotomia.

No começo do livro *Como viveremos*, digo que ele não gira em torno de um estudo completo da história e da cultura ocidental. Ninguém poderia escrever um livro assim. Ele é seletivo, mas todos os livros de História são seletivos. Estou tão convencido da verdade do cristianismo que não vejo nenhuma tensão inerente entre objetividade e aquilo que imagino ser o propósito da apologética — isto é, atrair mais pessoas para que se convertam ao cristianismo e para que os cristãos se tornem mais profundamente contemplados com o conceito da soberania de Cristo em nossa cultura e no espectro total da vida.

*Yancey:* Por que o senhor ameniza muitos dos erros gritantes dos cristãos ao longo da História? O senhor menciona alguns, mas certamente deixa transparecer que a Guerra dos Trinta Anos, as Cruzadas, a Inquisição, o achatamento da ciência e eventos dessa natureza tiveram uma participação comparativamente menor em sua série de filmes do que tiveram realmente na História. O senhor fez isso de propósito?

*Schaeffer:* Sim. Em primeiro lugar, há a limitação de espaço. Segundo, há algumas coisas às quais precisamos dedicar um número enorme de páginas ou quadros de um filme, ou então é melhor não tocar nelas. As Cruzadas são um exemplo perfeito. Penso que foram destrutivas. Não acho que ocuparam lugar em uma estrutura cristã verdadeira. Mas o que fazer com elas em um livro ou filme como esse? Se você me pedisse para discutir o assunto, eu passaria meia hora falando sobre as Cruzadas.

*Yancey:* Sua metodologia, não pessoal, mas na escrita, parece racionalista. E, mesmo assim, seu conceito da queda do homem precisa incluir o fato de que a razão humana também é pecaminosa. Como o senhor pode construir um alicerce sobre uma base tão racionalista?

*Schaeffer:* Estou convencido de que a Bíblia ensina algo entre um teólogo natural como Tomás de Aquino e um materialista que não pode depender da razão humana. Somos pecadores, e não há jeito de começar do finito e passar para o infinito — tiraremos conclusões erradas. Mas a razão humana ainda funciona e, conforme Paulo afirma em Romanos 1, a evidência é adequada, tão adequada que podemos ser chamados de desobedientes se não nos curvarmos a ela.

*Yancey:* Ao fazer uma retrospectiva de todas as coisas que realizou, qual delas agrada mais o senhor?

*Schaeffer:* A primeira seria falar do cristianismo histórico de uma forma que as pessoas contemporâneas possam entender e que prove ser importante para elas, a fim de que muitas se tornem cristãs.

A outra seria a ênfase de que ser cristão não se trata de algo obscuro nos níveis mais altos da espiritualidade, mas que abrange a vida inteira. Os cristãos começaram a entender que o cristianismo significava algo na arte, na cultura e na lei de uma forma que muitos deles nunca haviam pensado.

Eu me posiciono teologicamente na corrente do cristianismo histórico — a igreja primitiva e a Reforma —, portanto o que digo não é nenhuma novidade. Mas acho que, pela graça de Deus, tenho sido capaz de dizer essas coisas às pessoas contemporâneas de uma forma que elas entendam.

# Capítulo 7
# A grande ideia de T. S. Eliot

Embora o poeta T. S. Eliot já tivesse saído de cena quando expressões como psicologia evolucionista, pós-modernismo, desconstrucionismo passaram a fazer parte da moda, ele as prefigurou antes entendendo o tom da modernidade e depois erguendo sinais de advertência contra o que aquilo poderia provocar. O mundo intelectual das décadas de 1920 e 1930 era considerado uma série de deliciosas ironias. Eliot, pioneiro do movimento modernista, voltou o olhar no tempo, declarando-se classicista. O autor de *A terra devastada*, uma obra obscura de negro desespero, começou a aceitar tarefas da Igreja anglicana e tentar escrever poemas de Natal. O poeta que ganharia o Prêmio Nobel de Literatura trocou os poemas pela teoria social. E o americano nato redigiu uma defesa corajosa das classes sociais e afirmou que seria melhor que a maioria do povo permanecesse no vilarejo ou região de nascimento, embora ele mesmo tivesse emigrado dos Estados Unidos para a Grã-Bretanha.

Em resumo, o poeta mais famoso do Planeta decidiu que com o mundo em estado de crise, oscilando entre forças políticas opositoras, ele precisava dedicar-se ao único objetivo de preservar a civilização cristã. Sua boa amiga Virgínia Woolf reclamou que "Eliot parecia estar se transformando em um sacerdote".

Eliot investigou a economia, teve encontros com teólogos cristãos e teóricos sociais, e escreveu três livros para explicar suas opiniões emergentes sobre a crise que a sociedade moderna enfrentava. Admitiu prontamente que estava pisando fora de seu campo de atuação, e acabou perdendo a inspiração para escrever textos criativos. Eliot mudou o foco porque acreditava sinceramente que o mundo estava enfrentando um divisor de águas que ameaçava a própria existência da civilização ocidental. *A terra devastada* descrevia a lacuna de maneira comovente, mas não propunha nenhuma solução. Os eventos mundiais nos anos que se seguiram àquele poema épico só serviram para aumentar a sensação de crise à medida que as ameaças do comunismo se avolumavam de um lado e o fascismo do outro.

Para Eliot, parecia que a revolução industrial criara cidadãos apáticos, um grupo enorme de pessoas que só poderia ser despertado por déspotas como Hitler e Stalin. "Nossa vida nacional inteira parecia fraudulenta", disse com resignação após o pacto de paz assinado entre Hitler e Neville Chamberlaim. A situação geral da política em 1938-1939 provocou nele uma depressão de espírito muito diferente de qualquer outra que tenha experimentado como "uma nova emoção". Ezra Pound, amigo de Eliot, resumiu a condição da sociedade como "uma velha prostituta em decadência, uma civilização remendada", formada por "duas dúzias de estátuas quebradas [...] [e] alguns milhares de livros surrados". Que alternativas o Ocidente enfrentava, a não ser um longo período de decadência ininterrupta ou alguma forma de autoritarismo?

Eliot conhecia somente uma alternativa, uma redescoberta vigorosa do que significa ter uma vida cristã. Ele acreditava que a Grã--Bretanha e os Estados Unidos gravitariam em direção ao tipo de sociedade pagã que existia na Alemanha e na Rússia, a menos que procurassem uma forma mais nobre de sociedade cristã. Uma vez que alguns de seus contemporâneos estavam levando essas noções muito a sério, Eliot afastou-se com certa relutância de seu talento principal, a poesia, para explorar questões globais. Sentiu como se uma força o empurrasse, como se não tivesse escolha.

O ensaio de Eliot em seu jornal literário *Criterion* explicou detalhadamente suas queixas específicas contra a sociedade moderna: a decadência da crença religiosa, uma cultura vulgar, a falência da teologia protestante, o declínio da piedade natural, a crescente imprecisão no uso da linguagem. Alguns leitores acharam seus argumentos convincentes, ao passo que outros os consideraram simplesmente extravagantes. A maioria dos críticos concordou em que Eliot diagnosticou a sociedade moderna com mais força em seus poemas que em prosa.

■ ■ ■ ■ ■

T. S. Eliot acreditava que uma atitude liberal poderia corroer a sociedade, deixando uma sensação de ser contra alguma coisa que a favor de alguma coisa. Essa ênfase negativa desgasta as forças mais positivas da sociedade, principalmente as forças da religião. Uma sociedade negativa não trabalha em direção a um fim, a um destino; simplesmente cria um vácuo. E, ao afastar-se de seus princípios cristãos, o Ocidente rompeu com suas raízes positivas. Eliot aguardava o dia em que "seria bem provável que, se alguém fosse parcimonioso, empreendedor, inteligente, prático e prudente em não violar as convenções sociais, esse alguém deveria ter uma vida feliz e 'bem-sucedida' ".

Eliot dissecou os aspectos negativos da cultura moderna com um bisturi afiado. Antes de tudo, ele duvidou da ênfase moderna sobre a personalidade individual. Sobre a reverência que se prestava ao movimento romântico e sua Luz Interior, ele disse tratar-se de "o guia mais suspeito e enganoso que já se ofereceu para uma humanidade desgarrada". E explicou assim: "Quando a moralidade deixa de ser um assunto de tradição e ortodoxia — isto é, dos hábitos da comunidade, formulada, corrigida e elevada pelo pensamento contínuo e pela direção da Igreja —, e quando cada homem deve elaborar a própria moralidade, a personalidade transforma-se em algo de importância alarmante".

Na juventude de Eliot, pouco antes do início da Primeira Guerra Mundial, um humanismo otimista assumiu o controle. Por ser construído sobre a bondade inerente na personalidade humana, o humanismo oferecia uma opção atraente para as filosofias morais que dependiam da religião. Eliot, convencido da verdade da doutrina do pecado original, demonstrava pouco apreço pela bondade inerente. Acreditava que a humanidade vivia angustiada por um mal verdadeiro, uma condição que não podia ser corrigida, e, para encontrar uma solução, Eliot recorreu aos teólogos que ofereciam uma salvação não por meio de reforma ou educação, mas por meio da graça. Eliot considerava o humanismo um parasita do cristianismo que tomou a ética da religião emprestada sem ter uma doutrina que o sustentasse.

Eliot também duvidava que o humanismo desse certo na sociedade. Sem motivação religiosa, o humanismo não oferecia às pessoas comuns uma razão forte para apegar-se a seus altos padrões. "Os hábitos religiosos raciais continuam muito fortes, em todos os lugares, em todos os tempos e para todos os povos. Não há nenhum hábito humanístico; humanismo é, creio eu, simplesmente o estado mental de umas poucas pessoas, em poucos lugares, em poucas épocas". À pergunta "Podemos ser bons sem Deus?", ele respondia com um "não" decisivo. Talvez alguns intelectuais pudessem organizar a vida pessoal em torno de princípios morais arbitrários, mas a grande massa da sociedade necessitava de algo mais firme.

Ao estabelecer um contraste entre o cristianismo e o comunismo, Eliot afirmou que apenas o cristianismo encontrou um lugar para os valores: "que mantenho, senão perecerei; a crença, por exemplo, na vida santa e na morte santa, na santidade, castidade, humildade e austeridade". Ele levou sua causa ao público britânico em uma série de entrevistas na BBC. O comunismo russo é uma religião, disse ele, e não se pode combater uma religião com outra religião. Eliot considerava o comunismo uma ameaça real porque, como o cristianismo, era organizado em torno de altos princípios morais e incentivava o povo a sacrificar a própria personalidade pelo bem de uma humanidade mais unida. Para Eliot, a Igreja em si poderia do mesmo modo estimular uma reação unida contra o caos da civilização.

Eliot acreditava que as raízes espirituais de uma cultura se entrelaçam em um nível mais profundo que as raízes econômicas e políticas. Em um discurso no rádio dirigido à Alemanha após a Segunda Guerra Mundial, ele apresentou o cristianismo como o fator unificador mais importante na Europa. O cristianismo forma o vínculo verdadeiro entre as nações europeias, e somente contra o pano de fundo da fé cristã é que o pensamento ocidental faz sentido. "Não acredito que a cultura da Europa conseguiria sobreviver após o desaparecimento completo da fé cristã", disse. Hoje, essas declarações radicais soam de modo arcaico. Em termos políticos, o continente é organizado por meio da União Europeia, que excluiu especificamente a menção do nome de Deus e do cristianismo em seus documentos de fundação. Ninguém fala da "unidade espiritual" da Europa. Eliot predisse e previu a tendência de um perigo grave.

O apelo de Eliot ao cristianismo como a "força atômica" que sustenta a união da civilização ocidental deu asas a críticas sobre seus verdadeiros motivos para ser cristão. Estaria ele conclamando uma renovação de fé para que a sociedade desfrutasse seus benefícios? Ou ele acreditava realmente na verdade do cristianismo? Eliot insistiu em tornar-se cristão por acreditar que a fé era verdadeira, não por causa de algum benefício aparente para ele próprio ou para a sociedade como um todo. Para ele, a religião não era "um tipo de tônico social a ser usado em tempos de emergência nacional".

A divisão real, disse Eliot, "está entre os secularistas e os não secularistas, entre aqueles que acreditam apenas em valores praticáveis no tempo e no espaço e aqueles que acreditam também em valores praticáveis apenas fora do tempo. [...] O perigo, para aqueles que partem do extremo temporal, é o utopismo; se for resolvido o problema da distribuição — de trigo, café, aspirina ou aparelhos sem fio —, todos os problemas do mal desaparecerão. O perigo, para aqueles que partem do extremo espiritual, é o indiferentismo; deixe de lado os assuntos do mundo e salve o maior número possível de almas do naufrágio".

■ ■ ■ ■ ■

O diagnóstico de Eliot sobre os males da sociedade aparece em quase todas as suas obras, tanto em poesia quanto em prosa. A solução que ele propôs, uma tarefa muito mais difícil, aparece nos três livros dedicados com esse propósito: *After Strange Gods* [Seguindo deuses estranhos], *The Ideia of a Christian Society* [A ideia de uma sociedade cristã] e *Notas para uma definição de cultura*. Os livros mostram uma progressão emocional da hostilidade à tolerância.

*After Strange Gods* registra uma série de palestras que Eliot fez em Virgínia em 1933, um ano de grande sofrimento pessoal. Foi durante aquela viagem que ele decidiu separar-se definitivamente de sua mulher. Nessas palestras, disse que D. H. Lawrence era um "homem doente", acusou a cultura americana de ser "devorada pelos vermes do liberalismo" e descreveu que algumas partes dos Estados Unidos foram "invadidas por raças estrangeiras". Em comentários dos quais nunca se redimiu, ele afirmou ter preferência por uma população homogênea não "adulterada" por outras raças. Posteriormente, desculpou-se dizendo ser um "homem muito doente" quando fizera as palestras e retratou-se de algumas de suas críticas. Também não permitiu a reimpressão do livro.

*The Idea of a Christian Society* (1939) apresenta sua discussão mais "prática" de uma sociedade cristã. Foi publicado em um tempo crucial, quando a Grã-Bretanha vivia sob a sombra do expansionismo de Hitler. No livro, Eliot rejeita acrescentar substância à política específica de uma ordem cristã. Ao contrário, apresenta algumas sugestões mais amplas e propõe uma nova forma de vida, além de mostrar-se interessado em mudar a orientação e o espírito de toda uma cultura.

*Notas para uma definição de cultura* (1949) nasceu de uma série de artigos e conversas no rádio direcionada à Alemanha após a guerra. Nesse livro, Eliot apresenta as condições essenciais para o crescimento e a sobrevivência de uma nação. O próprio título do livro, "Notas para...", faz alusão a um tom mais brando, o que ajudou a acalmar os temores provocados pelos dois anteriores. Eliot reafirma sua convicção de que nenhuma cultura surge ou se desenvolve fora de uma religião, embora ele próprio se distancie dos governos repressivos e de práticas como a censura. Eliot aplaude a diversidade de pontos de vista como um sinal sadio do desenvolvimento de uma cultura.

Os três livros tendem a evitar sugestões práticas. Eliot deixa bem claro suas preocupações em prosa severa, citando problemas como "a hipertrofia do motivo do lucro em um ideal social, a distinção entre o uso de recursos naturais e sua exploração, o uso da mão de obra e sua exploração, as vantagens do acúmulo injusto de ganho do atravessador em contraste com o produtor, a direção equivocada da máquina financeira, a injustiça da usura e outras características de uma sociedade comercializada que precisa passar pelo crivo dos princípios cristãos". Mas esquiva-se de propor soluções específicas. Isso, disse ele, desviaria a atenção de sua preocupação principal, o ideal subjacente de uma sociedade cristã "na qual o propósito natural do homem — virtude e bem-estar na comunidade — é reconhecido por todos".

Remando contra a tendência das ideias mais recentes e modernas, Eliot passou a confiar na tradição e em instituições como a Igreja. Com seu talento esplêndido para formular frases, G. K. Chesterton definira a tradição como "democracia prolongada ao longo do tempo". Fora da tradição, a democracia poderia degenerar-se com muita facilidade para um tipo de histeria momentânea. Eliot enxergou um perigo específico na industrialização moderna, que cria "pessoas desvinculadas da tradição, alheias à religião e suscetíveis à intimidação das massas: em outras palavras, uma turba. E uma turba não passará de uma turba, mesmo que seja bem alimentada, bem vestida, bem instalada e bem disciplinada".

Eliot acreditava que homens e mulheres comuns necessitam de um padrão recorrente de observâncias religiosas e de um código de comportamento aceitável. Para ele, essa era uma responsabilidade dos líderes da sociedade, um tipo de elite de Minoria Moral, que deve elaborar um código de comportamento para as massas. Duvidando de que as instituições de educação ou política pudesse transmitir a cultura, Eliot voltou-se para a família como o canal principal de transmissão de valores morais.

Alguns críticos acusaram Eliot de tentar aplicar princípios colhidos de sociedades mais agrárias, como a Irlanda e a França, à Grã-Bretanha industrial. Políticos mais realistas desdenharam de como o autor optou por soluções "familiares para tratar de problemas sociais complexos. Como comenta o crítico Harold J. Laski: "No fundo, a sociedade cristã sobre a qual o sr. Eliot escreve com tanta eloquência não é um meio de liberar as massas, mas uma técnica de fuga restrita a algumas poucas almas eleitas que não suportam o espetáculo geral da civilização em decadência. É um mosteiro, um retiro no deserto, que possibilita a seus habitantes dar as costas ao Universo".

Eliot reagiu dizendo que a cultura evidentemente se encontrava em estado de declínio. Admitiu que nenhuma civilização é capaz de preencher todos os ideais e valores de uma sociedade cristã. Mas ele acreditava que suas sugestões, como a descentralização da sociedade em unidades menores e o incentivo à influência de uma Igreja unificada, ajudariam a combater as forças da decadência.

Acima de tudo, Eliot estava interessado em instilar valores morais, a única maneira que ele via para deter a maré negativa. Desejava uma sociedade cristã que "encarnasse" valores cristãos, como virtude, bem-estar, comunidade, responsabilidade. Para resguardar esses valores, ele propôs uma Comunidade de Cristãos que reuniria os intelectuais mais férteis de várias áreas com o propósito categórico de conduzir a moralidade à sociedade como um todo. O próprio Eliot participou de vários grupos que formaram uma espécie de Comunidade de Cristãos e neles conseguiu enxergar as limitações de tal plano. Os grupos de que participou raramente concordavam com programas práticos e chegavam até a discutir se queriam discutir programas práticos.

Além disso, um compromisso cristão em comum não garantiu nenhum tipo de consenso quanto a assuntos éticos. (Para se ter uma ideia dos problemas, imagine uma Comunidade de Cristãos formada pelo papa

Bento XVI, James Dobson, bispo John Shelby Spong e Martin Marty discutindo os direitos dos homossexuais e os programas de aborto.)

Com o passar dos anos, Eliot tornou-se cada vez mais pessimista em relação a seus esquemas para um consenso cristão no Ocidente. O governo trabalhista na Grã-Bretanha e o domínio americano na Europa pós-guerra tornaram mais e mais remotos seus sonhos de uma sociedade ressurgida e unificada. Aos poucos, ele se resignou à ideia de séculos de barbarismo.

■ ■ ■ ■ ■

De várias maneiras, o chamado de Eliot para uma renovação cristã soou como um chamado evangelizador ao arrependimento. Ele escreveu: "A fé a que nos apegamos é aquela na qual a vida de cada homem totalmente consagrado e altruísta deve fazer diferença no futuro [...]. Estou falando de afastar a alma do desejo de bens materiais, de prazeres proporcionados pelas drogas, do desejo de poder ou de felicidade". Em um programa de rádio, Eliot encerrou sua participação com um chamado para um avivamento de âmbito nacional. Muito semelhante aos países totalitários, disse: "nós também vivemos em uma civilização de massas, seguindo muitas ambições erradas, desejos errados e [...], se a sociedade renunciar completamente à sua obediência a Deus, ela não ficará melhor; possivelmente ficará pior que algumas sociedades de outros países que são popularmente absolvidas".

Estranhamente, as reflexões de Eliot sobre a sociedade cristã ideal dão pouca atenção às tentativas do passado de haver uma sociedade como a dos Países Baixos, da Inglaterra de Cromwell, da Genebra de Calvino, dos puritanos da Nova Inglaterra e até mesmo da África do Sul na época de Eliot. Todas essas experiências sociais revelam perigos particulares que Eliot tinha a tendência de desprezar em vista dos perigos mais ameaçadores que despontavam.

A visão altiva de Eliot, assim como muitas outras, fundamentava-se na questão do pluralismo. Certa vez, ele insinuou reservadamente a que ponto sua sociedade uniforme poderia chegar: "O que é ainda mais importante [do que a homogeneidade da cultura] é a unidade da base religiosa; e os motivos de raça e religião combinam para formar um número grande de indesejáveis judeus livres-pensadores". O que aconteceria a esses judeus indesejáveis ou outros livres-pensadores? Censura? Repressão?

De modo semelhante, suas propostas para a educação permitiam um número razoável de professores que professassem outros tipos de fé, até mesmo descrentes, mas todos precisavam estar de acordo com os valores cristãos públicos, provavelmente conforme determinado pela imaginária Comunidade de Cristãos. Os Estados Unidos haviam tido uma experiência desalentadora com o gosto literário de pais cristãos que se diziam guardiões dos livros escolares dos filhos. O próprio Eliot demonstrou tolerância literária, agindo em favor de *Ulysses*, de James Joyce, por exemplo. Mas estariam dispostos todos os membros da elite cristã a demonstrar tolerância como essa ao tomar decisões para uma sociedade pluralista? A História apresenta poucos motivos para otimismo.

A maioria dos críticos das ideias de Eliot não se concentrou muito no diagnóstico dele sobre os males da sociedade, mas na solução proposta. Poucos questionaram os sintomas de doença que ele descreveu com tanta eloquência em seus poemas e mais abstratamente em seus ensaios. No entanto, poderia a Igreja estimular uma sociedade e proporcionar o capital moral para combater esses males? "É mais tarde do que o senhor pensa, sr. Eliot", replicou um crítico.

Um economista que compartilhava o compromisso cristão de Eliot escreveu uma crítica direta, *A ideia de uma sociedade secular*, concluindo que a Europa e os Estados Unidos estavam mais afastados das sociedades cristãs do que Eliot imaginava. O autor queria saber, com todas as letras, se uma sociedade secular poderia realmente proporcionar um solo melhor para o crescimento da vida e dos valores cristãos do que um único "cristão". Talvez o cristianismo funcione melhor, em sua forma mais pura, como religião minoritária.

Outros críticos também duvidaram que a Igreja pudesse mostrar muito potencial como catalisadora de valores morais. A Igreja seria menos crivada de hipocrisia, avareza e embriaguez que a sociedade em geral? Eliot não havia admitido tudo isso em seus poemas como "O hipopótamo" e "O culto matutino de domingo do sr. Eliot"? A Igreja institucional havia mudado? Se a Igreja sofre com a corrupção da mesma forma que a sociedade, como pode servir de nobre catalisador de valores?

Muitas dessas mesmas questões estão sendo discutidas hoje com veemência. Será que a Maioria Moral dos Estados Unidos, agora dispersada, falhou em tentar pôr em prática a Comunidade de Cristãos de Eliot? Os cristãos têm o direito de impor valores de origem cristã a uma sociedade pluralista? Se sim, as sociedades muçulmanas não teriam também o mesmo direito? E de onde países como a China e o Japão extraem seus valores, se não for da religião? Podemos esperar que, um dia, surja um conjunto de valores alternativos fora da religião? Como deveria ser a delicada interação entre Igreja e Estado?

■ ■ ■ ■ ■

Com exceção de suas ideias, a carreira de Eliot oferece um estudo de caso fascinante, principalmente por ele ter investido tanta energia em suas deliberações sobre a sociedade. Os estudiosos de hoje tratam as teorias sociais e políticas de Eliot com a mesma seriedade que tratam as de Tolstoi. Esses textos, quase todos esgotados, acrescentam uma curiosa nota de rodapé à vida do extraordinário poeta.

O que leva um extraordinário poeta no auge da vida mudar para a teoria política, econômica e social? Ele passou da poesia para a profecia por acreditar que o mundo vivia sob a nuvem do juízo final. E sua carreira apresenta uma lição importante para todos nós que somos tentados, por um motivo qualquer, a mudar de um campo de *expertise* para outro. Apresenta também uma parábola do valor permanente da arte.

Visite uma biblioteca pública e peça para ver as edições antigas de algumas revistas muito conhecidas e respeitadas. Faça uma comparação entre o número de artigos de natureza "literária" em comparação com os que tratam de política, celebridades ou assuntos contemporâneos. Depois, dirija-se às estantes que contêm edições atuais das mesmas revistas.

Você descobrirá uma proporção muito menor de artigos literários nas revistas atuais. Em um mundo repleto de crises econômicas e ambientais, quem tem tempo para dedicar-se à poesia e à literatura? A questão é essencialmente a mesma que atormentou T. S. Eliot na década de 1930. As perguntas que Eliot fez a si mesmo são as perguntas que ainda ouço hoje. Existe espaço para a arte em um mundo enlouquecido? Por que o cristão produz obras de ficção ou poesia? Não deveríamos fazer algo mais útil?

A coleção literária de Eliot oferece uma lição duradoura sobre o poder, e as limitações, de várias formas de escrita. Ele começou a ver o mundo à sua volta com um olhar de poeta. Desde o início, Eliot insistiu em que o poeta precisa apresentar o mundo como ele é, não um mundo fantasioso, imaginário. Em suas palavras, "a vantagem essencial de um poeta não é ter um belo mundo com o qual lidar; é ser capaz de enxergar o que existe sob a beleza e sob a feiura; enxergar o aborrecimento, o pavor e a glória". Primeiro em *Preludes*, depois em *A terra devastada*, Eliot mostrou o aborrecimento, o pavor e a glória.

*A terra devastada* surgiu numa época em que o descontentamento político e econômico no mundo provocou um clima de desespero em seu autor. Eliot expressou em palavras aquilo que antes eram meros resmungos de insatisfação. Um crítico disse: "A terra devastada do século XX é, até certo ponto, uma criação de Eliot. Poucos de nós pensaríamos em um beco de ratos se Eliot não nos tivesse ensinado isso, nem todas as pessoas considerariam que este é um tempo de escorar os fragmentos da ruína cultural". Ele mudou para sempre como o mundo moderno se via.

Contudo, quando eclodiu a Segunda Guerra Mundial, o poeta mudou de direção e passou a lidar com assuntos políticos e econômicos. "A poesia não faz nada acontecer", escrevera W. H. Auden. Aparentemente, Eliot perdera a fé no poder da arte contra as forças tenebrosas soltas pelo mundo. "De que adianta", perguntou, "essa experiência com cadências e palavras, esse esforço para encontrar a métrica precisa e a imagem exata para escrever sentimentos que, se fossem comunicáveis, poderiam ser transmitidos a tão poucas pessoas que o resultado pareceria insignificante em comparação com um trabalho tão penoso?" Tais sentimentos têm uma dose de ironia histórica, porque, sem a obra anterior, a reputação de Eliot seria muito diferente hoje. O talento artístico que ele exercitou nos anos de ceticismo criou um público leal que o levou a sério mesmo quando ele debandou para um território novo, desconhecido.

O *Criterion*, periódico literário de Eliot, tornou-se cada vez menos literário, concentrando-se em assuntos como a urbanização, a "americanização" de Oxford, a incompetência da imprensa, a imbecilidade dos estadistas e o perigo gigantesco do comunismo. Seus ensaios tratavam também de assuntos locais, como proteção às aves selvagens, preservação dos espaços públicos de Londres e o destino das igrejas urbanas. (Eliot demonstrou uma preocupação extraordinariamente prematura pelo meio ambiente, principalmente quanto a erosão do solo e exploração de recursos naturais. "Uma grande parte de nosso progresso material", disse ele, "é o progresso pelo qual as gerações futuras terão de pagar caro. [...] Uma atitude errada em relação à natureza implica, em algum lugar, uma atitude errada em relação a Deus, e [...] a consequência é uma destruição inevitável.")

Os livros que prefiguram uma sociedade cristã apresentaram uma nova fase em seu pensamento e escritos. Eliot mudou da política para a religião porque, conforme expressou, "uma filosofia política correta mais e mais implicava uma teologia correta — e a economia correta depende da ética correta". Eliot tornou-se cada vez mais cético em relação a qualquer solução verdadeira para os problemas sociais da política isolada, concluindo que "as reparações políticas são tão úteis quanto um cataplasma para curar o câncer".

Nas décadas de 1930 e 1940, ele reuniu-se com um grupo de intelectuais chamado Grupo Chandos, que apoiava um sistema para os problemas sociais e econômicos, conhecido como Crédito Social.

Pelo fato de reunir especialistas de áreas diferentes, esses grupos realizaram a função que Eliot propusera para a Comunidade de Cristãos. Em outro grupo chamado simplesmente Clube durante a guerra, Eliot interagiu periodicamente com Dorothy Sayers, Alec Vidler, Nevill Coghill, Nicholas Berdyaev, Austin Farrer e Iris Murdoch. Os membros dos grupos discutiam à exaustão se deveriam formar um movimento popular e montar uma plataforma para suas ideias, citando o sucesso de Hitler e de Lênin em mudar a sociedade depois de começar com um punhado de adeptos. No entanto, o próprio Eliot era totalmente cético diante de um programa de âmbito nacional que partia de um grupo tão pequeno e diversificado de intelectuais. Em vez disso, lutava consigo mesmo escrevendo ensaios sobre aquilo que, em seu modo de pensar, eram assuntos sociais importantes da época.

A última fase de sua carreira de escritor chegou depois de um período prolongado sem nenhuma produtividade e estimulado por um pedido que lhe foi feito por escrito sobre um trabalho para a Igreja anglicana. Ele disse: "O convite veio num momento em que eu pareceria ter exaurido meus escassos dons poéticos, e não tinha mais nada a dizer. Ser, naquele momento, comissionado para escrever algo que, bom ou mau, precisaria ser entregue em um prazo determinado, pode ter surtido o mesmo efeito daquela sacudida forte no motor de um carro quando a bateria está fraca". Encorajado com o sucesso popular da obra resultante (*The Rock*), Eliot seguiu em frente para produzir obras tematicamente religiosas, como *Murder in the Cathedral* [Assassinato na catedral] e *Quarta-feira de Cinzas*.

Eliot derivou para a arte dramática porque o diálogo lhe dava uma vazão mais direta para as ideias do que a poesia. Ainda assim, por esse mesmo motivo, a maioria dos críticos julgou seu drama um fracasso. As personagens eram muito estereotipadas, com diálogos muito longos e didáticos. Um crítico favorável comentou que Eliot fracassou por causa de um dos riscos profissionais do artista cristão: sua risada cínica e cruel da estupidez e do orgulho do ser humano abriu caminho para a compaixão. Em consequência disso, suas peças perderam o tom mordaz que se origina do conflito. Eliot amava seus vilões além da conta, e esse sentimento afetou sua imaginação.

Em algum lugar ao longo do caminho, ele recuperou sua voz poética. Em uma série de poemas, *Os quatro quartetos*, escritos no auge da Segunda Guerra Mundial, ele conseguiu misturar a música com a mensagem. Os poemas mostram o olho refinado e investigativo da obra anterior, mas são temperados com ideias da própria peregrinação religiosa de Eliot.

Hoje, duas décadas após sua morte, T. S. Eliot é solidamente reconhecido como um dos principais poetas do século XX. Estudantes do mundo inteiro mergulham em suas obras à procura de alusões, investigando as imagens e os símbolos que ele incluiu em sua poesia. Com exceção dos primeiros poemas, essas imagens quase sempre indicam uma peregrinação da fé. E o poder das imagens não desapareceu com a lembrança da época que as estimulou.

Poucos estudantes, contudo, estão analisando detalhadamente o comentário de Eliot sobre a sociedade. As opiniões políticas e sociais sobre as quais ele tanto labutou parecem, agora, antiquadas e um pouco pretensiosas.

Eliot escreveu estas palavras em um ensaio intitulado "Pensamentos segundo Lambeth": "O mundo está fazendo a experiência de tentar formar uma mentalidade civilizada, que não seja cristã. A experiência fracassará; mas precisamos ser muito pacientes para esperar sua ruína; enquanto isso, redimimos o tempo, para que a fé seja preservada viva no decorrer das eras tenebrosas que estão diante de nós, para renovar e reconstruir a civilização e salvar o mundo do suicídio". Em sua carreira brilhante, Eliot fez sua parte para redimir o tempo e ajudar a preservar a fé. Parece claro, no entanto, que ele alcançou o sucesso principalmente por causa de sua poesia. As tentativas frenéticas de reformular a civilização não deram em nada. As teorias abstratas debatidas incessantemente estão hoje guardadas nas bibliotecas das universidades. O que durou foi sua poesia, tanto o desespero negro de *A terra devastada* quanto os tons brilhantes de *Os quatro quartetos*.

Certa vez, T. S. Eliot definiu a diferença entre escrever prosa e poesia da seguinte maneira: "Nas reflexões em prosa, a pessoa pode estar verdadeiramente ocupada com ideais, ao passo que ao escrever versos ela só pode lidar com a realidade". Um bom sentimento para todos nós lembrarmos nesta era pragmática.

Capítulo

# 8 Os perigos de fazer o bem

Um século atrás, os cristãos se dividiram não apenas nas questões teológicas, mas também em seu entendimento de nossa missão no mundo. As principais denominações ressaltaram necessidades humanas como pobreza, analfabetismo, injustiça e saúde, ao passo que as conservadoras concentraram-se, como um feixe de *laser*, no evangelismo. Haveria necessidade mais urgente que salvar almas do inferno?

Com o tempo, os cristãos conservadores passaram a aceitar que o evangelho de Jesus ordenava que eles cuidassem da pessoa inteira, não apenas da alma. Afinal, o próprio Jesus iniciou seu ministério com uma declaração para pregar as boas-novas aos pobres e libertar os oprimidos, proclamar liberdade aos prisioneiros e recuperar a visão dos cegos. Hoje em dia, organizações com raízes evangélicas, como World Vision e International Justice Mission, caminham lado a lado com a ONU, Cruz Vermelha, Crescente Vermelho, Exército de Salvação e Catholic Relief Services [Organização assistencial católica] nas áreas mais perigosas do mundo.

Talvez os intelectuais que seguem a tradição de T. S. Eliot estejam sentados em seus escritórios, meditando na sociedade cristã ideal, mas, nesse meio-tempo, milhares de cristãos comuns percorrem o mundo à procura de meios para aliviar o sofrimento em sociedades menos que ideais. Quando um terremoto atinge o Haiti ou um *tsunami* ou uma inundação destrói toda a Ásia, as agências cristãs de ajuda humanitária correm para proporcionar alimento, abrigo e suprimentos médicos aos necessitados. Às vezes, em lugares como Paquistão ou Afeganistão, eles precisam concordar em manter silêncio sobre sua fé. Às vezes, conforme aconteceu a dez pessoas da área médica no Afeganistão em 2010, eles morreram como mártires por isso. O pessoal dessas agências está enfrentando novos desafios para os quais não há manuais de instrução, tateando o caminho em um território inexplorado.

Perto do fim do último século, a organização assistencial World Concern convidou-me para conhecer seu trabalho na Somália, que, na época, era descrita como um caso perdido, onde se via o pior sofrimento do mundo. A World Concern está presente na Somália há trinta anos e sempre enfrentou dificuldades. O país sofreu guerra civil, invasões e ondas de revolta islâmica. Piratas atacam seu litoral, sequestrando tanques de petróleo e navios cargueiros para exigir resgate. Em 2010, os extremistas somalis explodiram uma bomba nas proximidades do Quênia, matando 76 civis que assistiam a um jogo de futebol na TV; dois meses depois, outra bomba matou 30 hóspedes de um hotel em Mogadíscio, inclusive seis membros do parlamento.

O exército etíope tentou impor ordem a seu vizinho, desencadeando uma nova onda de violência. A Somália não tem um governo central efetivo, e as agências de ajuda humanitária encontram seu território ora governado por um grupo rival ora por outro. A violência é uma ameaça constante, e a Somália permanece como um dos lugares mais difíceis do mundo para combater a pobreza. Em 2008, por exemplo, 1 milhão de somalis moravam em acampamentos, desalojados de suas casas; 34 colaboradores perderam a vida enquanto tentavam ajudá-los.

Pelo fato de a obra assistencial ser lamentavelmente uma indústria em expansão no mundo, a possibilidade de observar diretamente o que acontece em uma situação de crise atraiu minha curiosidade jornalística. As lembranças de minha visita à Somália permanecem comigo até hoje. Etiópia, Somália, Bangladesh, Guatemala, Sri Lanka, Zimbábue,

Afeganistão, Haiti — os nomes dos lugares mudam à medida que as agências de ajuda humanitária lutam para enfrentar as catástrofes naturais e as provocadas pelo homem. Quando a televisão mostra cidades com habitações de tendas surgindo após uma inundação no Paquistão ou um deslizamento de terra na América Latina, recordo-me de minha visita à Somália, pois isso me dá uma imagem instantânea das dificuldades que os cristãos enfrentam quando tentam prestar ajuda prática dentro de um ambiente hostil.

■ ■ ■ ■ ■

A estrada de Mogadíscio, capital do país, ao campo de refugiados principia como se fosse uma faixa de macadame construída sem nenhum planejamento ao longo do deserto da Somália. A paisagem árida e monótona é interrompida de vez em quando por fileiras de acácias e montes enormes construídos por formigas-lava-pé, que se assemelham a impressionantes castelos de areia. Poucos animais atravessam a estrada. Girafas e elefantes foram exterminados há muito tempo. Hoje, sobraram somente os animais feios e velozes: javalis africanos caricaturescos com seus dentes compridos, salientes e sinistros e um estilo característico de correr com a cauda levantada verticalmente, e os pequeninos antílopes africanos, medindo apenas 35 centímetros de altura.

Ao longo da estrada, dez cegonhas da espécie marabu, de 1,20 a 1,50 metro de altura, exibiam-se de pernas cruzadas, sua posição característica. Ao contrário das aves belas e elegantes das fábulas, o marabu é mais parecido com um abutre desagradavelmente disfarçado de cegonha. Sim, sua plumagem tem uma viçosa tonalidade turquesa, exposta de acordo com a prática estranha das cegonhas de ficar de frente para o Sol com as asas abertas, como se fosse um papa totalmente paramentado abençoando o povo. Mas a cabeça presa ao corpo corcunda coberto de penas é igual à de um abutre: vermelha, enrugada, calva, olhos arregalados e um bico protuberante especial para dilacerar carniça.

Esses marabus estavam agrupados em torno de um lago com mais ou menos 6 metros de diâmetro. Paramos o Land Cruiser e seguimos até a água, onde o odor fétido de morte pairava forte no ar. O lago, que se evapora com o tempo, continha duas espécies de peixes: uma variedade prateada indefinida e bagres de cor preta brilhante — milhares de peixes no total, amontoados de maneira tão densa que a camada superior ficava completamente exposta, fora da água. Outros milhares, mortos e agonizando, lotavam o contorno lamacento do pequeno lago. Enquanto os peixes atolados na lama lutavam desesperadamente para retornar à água, o ruído incessante de milhares de barbatanas oferecia um espetáculo sinistro, como se acompanhasse o odor e a visão da morte. Os marabus permaneciam em silêncio, aguardando. Já haviam comido sua quota e fariam isso por muitos dias até que o lago secasse e não houvesse mais nenhum peixe vivo.

A cavidade com água foi apenas uma pelas quais passamos em uma viagem de oito horas, e pensei nela com frequência enquanto observava o que acontece no país africano da Somália. Um povo antigo e de bela aparência encontra-se quase abandonado em uma terra de recursos transitórios. Há períodos sem chuva na Somália que duram anos, e os lagos, lagoas e até os dois rios importantes secam. A água é apenas um dos recursos que ameaça ser extinto. As árvores também têm desaparecido em ritmo alarmante. As que sobraram estão sendo cortadas para ser usadas como lenha, e poucas estão crescendo. Pararam de se multiplicar depois que os elefantes foram mortos pelos caçadores de marfim. Antes, os elefantes mascavam a vegetação e, depois de digeri-la, depositavam as sementes em moitas úmidas de fertilizantes por toda a Somália. Isso acabou.

A Somália tem pouco a oferecer para alimentar seu povo nos anos mais produtivos. Apenas 15% da terra é cultivável, e ela consiste em uma camada fina de solo arável que precisa ser cuidadosamente lavrada. Mas hoje os flagelos da seca, fome e guerra deixaram o país à beira de uma catástrofe permanente. Qualquer país teria dificuldade de sustentar mais de um 1 milhão de refugiados, mas, para a Somália, isso é impossível. A Somália é o sexto país mais pobre do mundo, com um PIB per capita de US$ 600.

Cinquenta organizações assistenciais, no mínimo, continuam a trabalhar na Somália, apesar do perigo e do caos, entre elas algumas organizações cristãs. A Somália, um país estritamente muçulmano, parece um lugar improvável para se encontrar cristãos em plena atividade, uma vez que não há templos, e os cristãos não contam com proteção legal. O xeique Nur Barud, vice-presidente do conselho do influente grupo islâmico da Somália, chamado Kulanka Culimada, declarou que "todos os cristãos somalis devem ser mortos de acordo com a lei islâmica. O muçulmano não pode jamais tornar-se cristão, mas pode tornar-se apóstata. Essa gente não tem lugar na Somália; nunca reconheceremos sua existência e os exterminaremos". De fato, quase todos os anos há cristãos decapitados por se recusarem a abandonar sua fé.

A presença das organizações cristãs de ajuda humanitária reflete um desenvolvimento notável nos hábitos generosos dos cristãos americanos. Para citar um exemplo, a World Vision viu sua renda anual subir vertiginosamente de US$ 30 milhões em 1975 para mais de US$ 1 bilhão hoje. Neste tempo de expansão econômica, é hora de as organizações sem fins lucrativos cuidarem de países enfermos como a Somália com o mesmo entusiasmo que as multinacionais demonstram em relação aos países mais saudáveis e em desenvolvimento.

A nova onda de organizações cristãs de ajuda humanitária aprendeu uma lição valiosa nos campos de refugiados da Indochina no início da Guerra do Vietnã. Os departamentos de arrecadação de fundos surpreenderam-se ao ver a quantidade de dinheiro que entrou para patrocinar seus esforços quando as fotografias de crianças vietnamitas, cambojanas e laocianas de olhos tristes enchiam as páginas de revistas, jornais e mala direta. O drama das pessoas que fugiam em barcos começou, e rapidamente foram instalados campos de refugiados na Malásia, nas Filipinas, em Cingapura, em Hong Kong e na Tailândia. Lá, as organizações cristãs demonstraram que seu pessoal tinha pelo menos tanta força, motivação e sensibilidade quanto os antigos profissionais da ONU e Cruz Vermelha. Logo depois veio a fome na Etiópia, e a atenção do mundo inteiro foi atraída pelos programas e concertos ao vivo com pedido de ajuda. Quando a Somália escorregou para o caos, a Organização das Nações Unidas concordou em coordenar o trabalho das agências cristãs.

A princípio, a Somália parecia ser uma imagem refletida no espelho conhecido e perturbador do problema da Indochina: centenas de milhares de refugiados famintos, mal nutridos e sem casa para morar, atravessando penosamente um país despreparado para recebê-los. As agências de ajuda humanitária logo descobriram que a Somália, ao contrário da Indochina, carecia de infraestrutura básica para sustentar uma operação tão importante de refugiados. Na Tailândia, se uma organização precisasse de 50 caminhões para transportar alimentos, bastavam alguns telefonemas a Bangcoc para consegui-los. Na Somália, talvez houvesse 50 caminhões no país inteiro, e provavelmente nem uma gota de gasolina para movimentá-los. Não havia plantações de arroz por perto, nem árvores frutíferas, nem estradas com acesso a muitos campos de refugiados. Não havia materiais de construção, nem depósitos lotados de remédios. Tudo tinha de ser comprado fora.

A queda repentina da obra assistencial em países como a Somália alterou a natureza das missões cristãs no exterior. A World Vision, a maior organização assistencial evangélica, tinha a intenção no início de incluir a proclamação da mensagem cristã como uma importante investida em todos os seus programas. No entanto, os eventos políticos recentes forçaram os diretores a corrigir essa política. Hoje, a maioria dos grupos de ajuda aos países necessitados assinou um código de conduta criado pela Federação Internacional da Cruz Vermelha e Sociedades do Vermelho Crescente que proíbe as organizações humanitárias de fazer uso da ajuda "para promover determinado ponto de vista, quer político quer religioso". A Usaid [em inglês: Agência dos Estados Unidos para o Desenvolvimento Internacional] estabelece condições semelhantes para qualquer fundo que ela distribua a grupos que se baseiam em alguma religião. Uma coisa é os cristãos distribuírem alimentos e remédios; outra bem diferente é difundir ideias.

Os líderes das organizações evangélicas de ajuda humanitária que aceitam tais condições justificam-nas de duas maneiras. Alguns falam em surdina sobre uma estratégia espetacular a fim de "abrandar" o mundo muçulmano para a penetração cristã no futuro. "Afinal", comentou o presidente de um grupo, "nada funcionou para essa gente em toda a história das missões. Pelo menos temos permissão para entrar nesses países em que os missionários tradicionais são barrados".

Outros, contudo, não verbalizam nenhum motivo posterior, considerando suas atividades como expressões naturais de compaixão cristã. Um membro da World Concern me disse: "As pessoas passaram a entender que, quando alimentou 5 mil pessoas ou curou leprosos, Jesus não distribuiu questionários antes para saber qual era a religião de seus ouvintes. Na verdade, 75% do ministério de Jesus teve por objetivo atender a necessidades físicas e materiais. A obra assistencial não é questão de ser liberal ou conservador, mas de ser fiel ao exemplo de Cristo". A World Concern, uma organização cristã de ajuda humanitária de médio porte, estava entre as que foram chamadas para cuidar da situação difícil na Somália em 1981. A experiência dela funciona, de várias maneiras, como um microcosmo da obra assistencial na Somália, o tipo de trabalho que dá uma guinada para entrar em ação sempre que uma desgraça importante ocorre.

■ ■ ■ ■ ■

Antes disso, a World Concern quase sucumbiu em razão do caos. Ela havia sido contratada apenas para fornecer ajuda médica, deixando a distribuição de alimentos nas mãos de outra organização. Mas os suprimentos médicos solicitados meses antes ainda não haviam chegado, e fazia cinco dias que o campo destinado a ela não recebia nenhum alimento. Sessenta mil refugiados estavam prontos para rebelar-se. Um homem idoso correu em direção a sete pessoas da organização, agitando uma varinha e gritando: "Não precisamos de uma clínica! Precisamos de alimento. Vocês não veem que nossos bebês estão morrendo de fome?". Como que para dar apoio às palavras do homem, várias somalis exibiram os seios, sem dizer nada, só para mostrar quanto estavam flácidos e sem leite. Outras imploraram aos americanos que levassem seus filhos para outro país onde teriam a chance de sobreviver.

As chuvas, que finalmente interromperam a longa estiagem que precipitara a fome, trouxe com ela uma praga de insetos. As moscas tomavam conta do rosto do filho de cada refugiado, obstruindo as narinas e rastejando pela superfície de olhos que não piscavam. Entorpecidas e letárgicas, as crianças não reagiam. O médico do acampamento, um americano, tinha de tomar cuidado ao suturar os cortes para ter certeza de que não havia nenhuma mosca presa sob as dobras da pele do paciente antes de juntá-las para dar os pontos. Sob a luz do dia, quando as moscas mais atacavam, os colaboradores mal podiam comer sem ter a boca cheia de moscas. O médico segurava um biscoito de manteiga de amendoim com uma das mãos, entre sua camisa e a pele, e depois enfiava a cabeça dentro da camisa para dar uma rápida mordida no biscoito.

As sete primeiras pessoas da World Concern se desesperaram por ter de proporcionar cuidados médicos a 60 mil pessoas, 70% das quais morriam por desnutrição todos os dias no acampamento improvisado. Sem suprimentos, os colaboradores tinham menos esperança para soluções que os próprios refugiados. Em termos médicos, o acampamento era o inferno na Terra. Disenteria, coqueluche, sarampo, difteria e tuberculose irrompiam por toda parte, cujos sintomas se complicavam com a má nutrição. Os suprimentos eram irremediavelmente inadequados.

Apesar das ressalvas desgastantes, os líderes da World Concern aceitaram o pedido do governo da Somália para que eles se responsabilizassem pela distribuição de alimentos além dos cuidados médicos e também supervisionassem um segundo campo de refugiados. O mistério do desaparecimento dos alimentos embarcados foi facilmente resolvido. Naquela época, os distribuidores corruptos chegaram a desviar 60% de todos os alimentos — a maldição das organizações de ajuda humanitária em muitos países carentes. Os caminhões saíam das estradas e vendiam abertamente o alimento destinado aos acampamentos de refugiados. Depois de muitas reclamações, a Comissão das Nações Unidas nomeou uma agência responsável por supervisionar a distribuição e devolver a integridade ao sistema.

Os administradores da World Concern nos Estados Unidos conseguiram reunir rapidamente uma equipe de emergência composta de dez médicos colaboradores, reforçando-a com alguns de uma organização holandesa e recrutando dois enfermeiros americanos. Cada trabalhador que entrava na Somália verificava cerca de 500 quilômetros de suprimentos como excesso de bagagem, a preços exorbitantes, mas com entrega garantida. Dentro de quatro semanas, foi posta em prática uma linha vital de distribuição do Ocidente para os acampamentos de refugiados. A sede da World Concern em Seattle lotou um *trailer* de aço de mais de 7 metros de comprimento com remédios, alimentos, móveis, uma geladeira, um fogão e um automóvel. Dois Land Cruisers foram embarcados no porto livre de Djibouti.

Depois de apenas seis meses de trabalho intenso, houve uma transformação extraordinária nos acampamentos. Quando visitei o acampamento de refugiados, vi uma série de construções em formato de iglu que circundavam o horizonte e se estendiam por quilômetros em todas as direções, como se fossem fileiras acidentais. Na Somália, felizmente, os refugiados construíam as próprias casas. Muitos chegavam com um feixe de galhos de árvore amarrados a um camelo ou jumento. Os refugiados sem animais simplesmente andavam a esmo até encontrar galhos e arbustos suficientes para construir uma casa. Depois de escolher o lugar, os refugiados dobravam os galhos na direção do centro de um círculo e modelavam uma cobertura, trançando outros arbustos com os galhos de apoio. Qualquer cobertura disponível — grama, estopa, plástico ou papel — é entrelaçada nos galhos ou atirada na parte superior externa para proporcionar um pouco de proteção contra as forças da natureza. A certa distância, aquelas cabanas feitas sob medida parecem quase idênticas, como um grupo de escoteiros com abrigos padronizados.

Uma pequena onda de poeira anuncia a presença de um visitante a quilômetros de distância. Assim que um veículo chega, um grande número de crianças com roupas esfarrapadas enche os caminhos de terra que serpenteiam entre as cabanas. Os motoristas dirigem devagar e com muito cuidado através do acampamento, prestando atenção às crianças que surgem inesperadamente diante deles; o atropelamento de uma delas pode causar uma rebelião. As crianças amontoam-se ao redor dos veículos, correndo atrás deles e rindo alto. Isso, diz um colaborador da World Concern, é a mudança mais perceptível — seis meses antes aquelas crianças mal nutridas tinham uma vida apática, quase paralisada. Hoje, os sinais visíveis de má nutrição desapareceram, e as crianças refugiadas são tão ativas e efusivas quanto qualquer outra em um parquinho nos Estados Unidos.

As mulheres refugiadas permanecem perto de suas cabanas para observar a agitação. Elas têm uma beleza surpreendente; quase todos os visitantes da Etiópia e Somália julgam as mulheres como as mais belas do mundo. Elas são altas, muitas com mais 1,80 metro de altura, elegantes e esbeltas. Os anos de equilibrar feixes de lenha e baldes de água sobre a cabeça proporcionam-lhes a postura perfeita. Uma dieta de leite e brotos que, quando mastigados, proporcionam os mesmos benefícios que a escovação e o fio dental para ter dentes perfeitos. Quando as somalis riem, o brilho de seus dentes contrasta com o rosto escuro e as feições delicadas. A maioria das refugiadas tem apenas um "vestido", um pano de cores vivas passado por cima de um ombro e amarrado em volta da cintura. Seis meses antes, elas usavam trapos desbotados; as roupas de cores vivas indicam um próspero mercado negro na comunidade dos refugiados, provavelmente sustentado por alimentos furtados.

Não acontece muita coisa na rotina diária das refugiadas. As tarefas de reunir em volta da fogueira e buscar água consomem quase o dia inteiro. Mas em algumas poucas noites os sons de comemoração ressoam dos acampamentos quando pequenos grupos de somalis percorrem os caminhos em forma de labirinto. As batidas fortes de tambores retumbando formam um ritmo monótono, interrompido por gritos agudos das mulheres, semelhantes a uivos (um som provocado quando a pessoa vibra a língua no céu da boca e segura uma nota altíssima). No acampamento, essas comemorações raramente significam um casamento, porque há poucos homens solteiros. Em geral, esses sons indicam um ritual de circuncisão que será realizado em uma menina de 8 anos. Os médicos e as enfermeiras do acampamento tratam frequentemente dessas meninas marcadas pelo resto da vida por causa dos efeitos de uma faca suja que decepa mais que o clitóris. Para assegurar pureza ao futuro marido, as mulheres também passam pelo processo de infibulação, no qual os lábios vaginais são costurados com um espinho e um fio. Às vezes, o fio é amarrado com tanta força que impede a saída da urina e causa graves consequências de infecção. Os colaboradores assistenciais não chegam sequer a interferir nesses aspectos mais horripilantes da cultura somali, a não ser quando reparam o estrago após o fato.

As mulheres e as crianças compõem 85% da população de refugiados na Somália. A escassez de homens sadios é um lembrete comovente de que a Somália vive em constante estado de guerra. Alguns colaboradores assistenciais desconfiam que uma alta porcentagem de homens vive como nômades nas proximidades, escondendo-se dos rebeldes que aparecem de surpresa e recrutam todos os homens à força. Há outros, porém, que são prova inequívoca de seu envolvimento com a guerra contínua. O comandante do acampamento, um soldado magro de olhos astutos em seus 20 e poucos anos de idade, perdeu dois dedos da mão. Os veteranos costumam reunir-se em sua tenda, enchem sua caneca de metal com chá somali e contam histórias de guerra. Um mostra as cicatrizes onde a metralhadora atingiu sua coxa, braço e lado. Um idoso corcunda usando turbante relata uma atrocidade em seu vilarejo quando ele perdeu os dois filhos, de 15 e 17 anos, e, portanto, sua segurança na velhice. *O que vai acontecer comigo agora*, ele pensa em voz alta, com olhos em lágrimas. Os outros homens sacodem negativamente a cabeça sem dizer nada.

Depois de um tempo, um tipo de normalidade instalou-se no acampamento de refugiados. Não há mais crianças com cabelos alaranjados e barriga inchada; não há mais homens idosos com a pele grudada nos ossos; não há mais mães desesperadas com seios vazios. As mulheres cuidam com carinho dos filhos, que se divertem com jogos e correm uns atrás dos outros pelos caminhos tortuosos. As crianças mais velhas aprendem o *Alcorão* em escolas improvisadas. Um colaborador assistencial confidenciou-me que acredita que uma porcentagem razoável de refugiados não é vítima da guerra da fome, mas dos nômades locais que se infiltram para desfrutar os serviços gratuitos do acampamento. Tempos depois que a emergência acaba, as organizações de ajuda humanitária ainda descrevem lugares iguais à Somália como áreas de calamidades com doenças que dizimam o enorme grupo de refugiados famintos. Essas fotos e imagens são em geral datadas, mantidas em uso por causa da triste verdade segundo a qual a esperança não arrecada dinheiro. O fato de muitas pessoas estarem recebendo alimentos e remédios não é um estímulo suficiente para que um país faça doações; a crise apela para o medo, e a culpa trabalha muito melhor. Assim, as melhorias extraordinárias feitas pelas organizações de ajuda humanitária passam, em geral, despercebidas pelos doadores; o próprio sucesso as mataria.

O acampamento de refugiados na Somália recruta seu pessoal dos Estados Unidos e de países da Europa. Mesmo depois que as condições melhoraram, o acampamento continuou a apresentar obstáculos para a comodidade encontrada na Finlândia, na Holanda e nos Estados Unidos. Primeiro, há o calor. A Somália tem duas estações: a chuvosa e a seca, mais conhecidas, respectivamente, como estação da lama e estação da poeira. Uma vez que a Somália se encontra perto do equador, as duas estações são impiedosamente quentes: uma com calor úmido e a outra com calor abrasador.

A estação chuvosa traz as moscas e os mosquitos. Posteriormente, à medida que as chuvas seguem em direção ao mar, os ventos fortes, remexendo nuvens sufocantes de pó, secam a maioria dos solos produtivos e oferecem uma temporada livre desses insetos. Mas na estação seca os escorpiões saem dos esconderijos, quase sempre em noites sem luar. Às vezes, os colaboradores ouvem à noite um uivo alto e sinistro, como o de um lobo ferido, sendo transportado pelo ar rarefeito do deserto. O som vai ficando cada vez mais alto, e logo todos sabem de onde vem: um nômade, picado por escorpião, aparece no acampamento em busca de um analgésico. Depois que recebeu uma picada de escorpião no braço, uma enfermeira ficou incapacitada para o trabalho durante três dias e precisou tomar uma dose de anestésico local a cada quatro horas. Ela descreveu a dor como "um parto multiplicado por 12".

Em minha visita, um médico do acampamento me contou que havia sido picado no rosto à noite, enquanto dormia. Um filhote de escorpião subiu por um dos lados da tenda e caiu direto no rosto dele. O médico acordou com uma dor lancinante, tateou ao redor para encontrar os sapatos e a lanterna e saiu em busca de uma enfermeira para tomar uma injeção. Assim que saiu da tenda, pisou em uma serpente venenosa de 1,50 metro de comprimento. A caminho da tenda da enfermeira, ele avistou outros quatro escorpiões de brilho fosforescente na escuridão. Sua vingança foi colecionar espécies de escorpiões, conservá-los em formaldeído e vigiá-los. Ele se orgulhava de sua coleção de aranhas camelos: criaturas enormes e peludas, maiores que a mão de um homem, cuja picada é tão dolorida quanto a do escorpião, porém com efeitos colaterais tóxicos.

Os colaboradores da organização precisam também manter distância de perigosos crocodilos que se ocultam nas águas do rio Juba. Os crocodilos africanos chegam a medir mais de 5 metros de comprimento e a pesar até 2 toneladas, mas conseguem movimentar-se com agilidade surpreendente na terra. Uma refugiada grávida morreu enquanto se banhava no Juba. As pessoas ao redor, sem poder fazer nada para ajudar, viram o bote rápido do animal com a boca arreganhada, ouviram um grito de terror e o rasto de bolhas desaparecendo rio abaixo.

Até na longínqua Somália, um acampamento de refugiados depende de energia: querosene para os lampiões, propano para os fogões, diesel para a bomba d'água. Todos os alimentos e medicamentos vêm do Ocidente. Os relacionamentos rotineiros entre nômades e visitantes mudaram completamente. Em condições normais, os nômades teriam vantagem sobre os ocidentais por poderem viver longe da terra. Hoje, a fome, a seca e a superpopulação tornaram os refugiados totalmente dependentes dos colaboradores e da remessa constante de suprimentos, um cordão umbilical os liga aos ocidentais para sustentá-los. "Se a remessa dos suprimentos for interrompida por uma semana ou dez dias", disse o chefe do acampamento somali, "o povo começará a morrer".

A rotina diária dos colaboradores começa cedo, porque as clínicas e os postos de distribuição de alimentos abrem às 7 horas. Do meio-dia até as 16h horas, todos no acampamento, refugiados e colaboradores, permanecem sob a sombra ou no interior das tendas para não se expor ao sol da tarde. Outro turno de trabalho começa às 16 horas e vai até as 19, horário da janta. Há pouco entretenimento para os colaboradores. Quase não há nada a fazer, a não ser ler alguns livros e revistas manuseados por muita gente. À noite, eles se reúnem ao redor de uma fogueira, falam como foi seu dia e se lembram de seus respectivos países. A maioria já trabalhou na Indochina e recorda com saudades daqueles tempos em um local menos primitivo. Depois de seis meses de serviço, ganham férias parcialmente pagas nas ilhas Seychelles ou em Nairóbi.

■ ■ ■ ■ ■

O que leva alguém a trabalhar em turno diário, ganhando um parco salário sob o sol do equador e com poucas comodidades da vida moderna? O dr. John Wilson, pediatra de Black Mountain, Carolina do Norte, de fala mansa e cabelos prateados, mencionou que é o senso de responsabilidade. "Às vezes, eu me sinto aqui como Jonas — vim porque achei que deveria vir, gostando ou não. Meu pai começou a trabalhar como médico missionário na Coreia em 1907, o único médico para atender 5 milhões de pessoas. Trabalhei também na Coreia depois da guerra, no meio de 10 mil pacientes leprosos. Profissionalmente, tentei de tudo um pouco: consultório particular movimentado, lecionar em uma universidade, trabalhar com mineiros de carvão. Com o passar dos anos, passei a acreditar que deveria dar o dízimo não apenas de meu dinheiro, mas também de meu tempo a Deus. A saúde de minha mulher não permite que moremos do outro lado do mar por longos períodos, por isso aceitei missões de curto prazo e passo o resto do ano trabalhando em meu consultório na Carolina do Norte."

Entre outros fatores, o dr. Wilson refere-se à atração do pioneirismo médico. "Depois de ver centenas de crianças o ano inteiro com o nariz escorrendo ou dor de garganta e nada mais, senti o desejo de vir para cá e ajudar um pouco a salvar vidas." O médico que antecedeu o dr. Wilson realizou uma memorável apendicectomia dentro de uma tenda e com a ajuda da luz de uma lanterna durante uma tempestade violenta. Ele usou duas colheres de sopa como retratores e panos de prato como esponjas. Na Somália, os higienistas dentais extraem dentes e realizam cirurgias bucais simples. Não há convênios médicos para pagar, e ninguém processa um profissional da medicina ou odontologia por erro. A maioria dos colaboradores surpreende-se com o fatalismo resignado dos pacientes muçulmanos, que não culpam ninguém nem reclamam quando um tratamento não dá certo. Quando um bebê morre, é porque Alá assim o quis.

A idade do dr. Wilson (ele já se aposentou) era uma exceção no meio dos colaboradores na Somália. A grande maioria tinha 20 e poucos anos — jovens idealistas e com rosto cheio de vida, que poderiam posar para um pôster do Corpo da Paz. Calça *jeans* e camiseta passaram a ser o uniforme nacional do trabalho assistencial além-mar. Lois, uma loira de 21 anos de idade, que usa rabo de cavalo porque os somalis consideram discreto esse penteado, encolhe os ombros diante das dificuldades enfrentadas em um acampamento. "Como alguém pode sentir pena de mim?", ela diz. "Seis meses atrás eu estava fazendo o curso de enfermagem no bairro elegante e arborizado de Oak Park, Illinois. A maioria de meus colegas de classe está se matando de trabalhar, fazendo turnos das 3 às 11 horas em algum hospital.

Estou vivendo a maior aventura de minha vida. Minha perspectiva sobre o mundo jamais será a mesma."

Lois foi criada na Jordânia entre palestinos. "É ótimo trabalhar com os nômades porque eles são muito independentes. Não se deixam levar por uma vida de fartura material. Têm orgulho de conseguir andar durante dois dias sem alimento e sem sentir fome. Na Jordânia, vi a tragédia dessa gente sendo arrancada de sua vida normal e arrastada como gado para os acampamentos. Suas famílias e culturas começaram a desintegrar-se. Naquela época, decidi que queria passar o resto da vida tentando interromper aquele processo de decadência e transformá-lo em uma bela cultura." Desde pouca idade, ela sonhava em trabalhar entre pessoas desalojadas, muçulmanas ou nômades. E encontrou os três tipos na Somália. Lois tem alta estima pelos 200 "auxiliares da saúde" somalis que ela e outros colaboradores supervisionam.

O governo da Somália observou a assistência médica nos acampamentos de refugiados da Tailândia, Bangladesh, Malásia e Filipinas e concluiu que aqueles povos eram muito dependentes do modo de tratamento ocidental. Diante disso, decretou que a maior parte do trabalho relativo à saúde nos acampamentos seria realizada por voluntários somalis treinados para tratar das enfermidades mais comuns. Vinte enfermidades são oficialmente reconhecidas e exibidas em cartazes com letras grandes em todas as clínicas. Há mais uma categoria, a de número 21, classificada como "outra".

As 60 mil pessoas que vivem naqueles alojamentos com condições higiênicas insatisfatórias e solo fértil para moscas e mosquitos da redondeza são uma mistura daquilo que um dos colaboradores do acampamento chama de "uma bomba-relógio de doenças contagiosas". Doenças como sarampo e coqueluche chegam aos montes ao acampamento, ceifando a vida dos mais fracos. Quase todos os refugiados no acampamento têm uma forma latente de malária. Os colaboradores assistenciais expatriados treinam voluntários somalis para que conheçam os sintomas das 20 principais doenças e cuidem delas. Os que trabalham na área da saúde não recebem pagamento nem tratamento especial e eles também precisam andar muito para conseguir água e lenha e cuidar da própria família. No entanto, a maioria leva o treinamento tão a sério que, segundo os cálculos de Lois, 90% do trabalho continuariam se todos os expatriados fossem embora. "Eles são a melhor coisa que temos", diz ela. "Um dia, todos nós iremos embora, mas eles ficarão. Se nosso treinamento for correto, eles poderão mudar a cultura de modo positivo e permanente."

Em apenas seis meses, os colaboradores assistenciais tiraram o acampamento de refugiados da situação de uma potencial catástrofe, transformando-o em uma comunidade organizada com alimentos básicos e suprimentos médicos. Os objetivos de emergência em curto prazo foram atingidos. Há, porém, um problema maior diante deles: lidar com as implicações de longo prazo da crise dos refugiados. Os acampamentos de refugiados indochineses eram postos de controle, onde os refugiados aguardavam até que os países hospedeiros pudessem absorvê-los. Até os "garotos perdidos do Sudão" encontraram abrigo no Ocidente, emigrando dos acampamentos no Quênia para lugares como Nova York e Iowa. Em contraste, ninguém está trabalhando nos bastidores para transferir os refugiados somalis para outros países. Mesmo assim, alguns observadores de lá julgam a nação da Somália capaz de absorvê-los. Enquanto a violência se arrasta, os refugiados não podem retornar para a sua casa.

Embora a Somália tenha estendido a mão a muitas organizações assistenciais, que por sua vez têm avançado a passos gigantescos para estabilizar o problema dos refugiados, toda interferência externa traz consequências de longo prazo. Os campos de refugiados, por exemplo, estragam a capacidade produtiva da terra. Por serem nômades, os somalis nunca permanecem em um lugar por tempo suficiente para causar danos irreversíveis à vegetação. Mas a perfuração de um poço em um acampamento fixo para fornecer água ao pessoal atrai os rebanhos bovino e caprino que pisoteiam o solo até destruir os sistemas de raízes da vegetação, transformando o local em deserto. Uma melhoria aparente — um poço — pode ser destrutiva.

A procura de lenha pelo pessoal da comunidade também desnuda a paisagem. O acampamento que visitei localizava-se, no início, sob a sombra de uma floresta, um luxo jamais visto entre os acampamentos da Somália. A cada mês, contudo, o número de árvores diminuía porque os refugiados desprezavam as regras e derrubavam as árvores restantes. Em pouco, tempo os refugiados tiveram de andar mais de 10 quilômetros para conseguir lenha, depois mais de 15 quilômetros e depois mais de 30 quilômetros. As cabras e os jumentos comerão todos os brotos das árvores, e não demorará para que a floresta desapareça para sempre e o deserto tome conta do lugar.

O diretor do acampamento teve uma ideia: ensinou as crianças a pescar no rio Juba, onde há uma enorme quantidade de uma espécie de peixe que se reproduz rapidamente, chamada tilápia. Os somalis no acampamento nunca haviam comido peixe; centenas de refugiados morriam de fome tendo diante deles um rio abarrotado de peixes. As crianças estão tentando pôr a nova ideia em prática, apesar da zombaria dos pais. A agricultura enfrenta uma resistência maior ainda. Antes de voltar aos Estados Unidos, o dr. Wilson, hortelão amador, fez um desenho rústico de um sistema de irrigação sem custo. Mas não há nenhuma garantia de que os somalis o usarão. Sua aversão à vida agrícola estabelecida é muito grande. Nenhum deles mostrou interesse na horta do acampamento.

"A água é o que temos de melhor neste acampamento", diz o dr. Wilson, "mas é também o maior problema de saúde. É provável que pudéssemos prevenir metade das doenças neste acampamento se conseguíssemos ensinar os refugiados a não beber água do rio. Temos um sistema de filtração de água, construído na Alemanha, que bombeia a água do rio através de três tanques de tratamento. Não é completamente pura, porque se a purificarmos completamente as crianças pequenas se acostumarão com a água destilada e não criarão resistência aos germes que encontrarão na água quando deixarem o acampamento. Mas os refugiados nas extremidades enfrentam uma escolha difícil. Devem seguir nosso conselho e andar 5 ou 6 quilômetros para encontrar água filtrada, carregando um peso enorme de volta para casa? Ou devem fazer como sempre fizeram e bebê-la diretamente no rio a algumas centenas de metros de casa? Até agora, poucos de nossos colaboradores na área da saúde conseguiram evitar que eles bebam a água do rio".

Os colaboradores assistenciais não falam muito sobre outro problema que, para o pessoal de cúpula nos Estados Unidos, agiganta-se como o maior problema de todos a longo prazo. Os volúveis doadores americanos, que comprometem seus salários e suprimentos para consumo próprio, se cansarão da Somália? Em pouco tempo, chegará aos ouvidos dos contribuintes nos Estados Unidos a notícia de que não existe mais crise na Somália, e com certeza as doações desaparecerão. As organizações assistenciais estão à mercê da realidade cruel da arrecadação de fundos. Elas precisam de uma atmosfera de crise para manter o interesse dos doadores.

■ ■ ■ ■ ■

As técnicas de arrecadação de fundos variam de continente para continente. Segundo os especialistas, os doadores da Austrália e da Nova Zelândia são os mais exigentes. Querem fatos consistentes e discriminados sobre projetos específicos de ajuda humanitária. Mas os americanos querem calor emocional: *bwanas* brancos com os olhos cheios de lágrimas segurando bebês agonizantes nos braços e olhando com ar de súplica para a lente da câmera. Os fotógrafos europeus não costumam fazer boa encenação para os arrecadadores de fundos americanos; suas fotos são muito "bonitas" e "paisagísticas", sem muito apelo emocional.

A arrecadação de fundos, como qualquer indústria de 100 bilhões de dólares, trabalha de acordo com princípios medidos cientificamente. Uma casa em Hollywood que exibe pré-estreias de filmes pode julgar o apelo relativo de um método para arrecadar fundos. Lá, 450 pessoas cuidadosamente selecionadas sentam em cadeiras e reagem aos vídeos movimentando um aparelho de resposta que vai de "pouco interesse" a "enorme interesse". Os computadores nas salas adjacentes integram os dados das respostas, combinando-os com as informações demográficas, e projetam exatamente quais chamam a atenção para cada categoria de pessoa. As crianças são as que mais comovem o público, e é por isso que o rosto de muitas aparece nas páginas de *sites* e revistas no apelo por dinheiro. O porta-voz de uma celebridade também ajuda. Os comerciais são medidos naquela sala da mesma forma que os segmentos de novelas e programas de auditório na televisão. E os arrecadadores de fundos americanos continuam confirmando a realidade inegável do sucesso dos apelos emocionais com base em sentimentos de culpa, mas não dos projetos de desenvolvimento com base em esperança e melhor estilo de vida.

O diretor-executivo de uma das principais organizações de ajuda humanitária, que pediu para não ser identificado, expressa seu dilema desta maneira: "Vou contar uma coisa a você. A tentação é muito forte para mim de iniciar um programa 'Adote uma criança', seja necessário ou não. Esses programas de adoção são garantidos pelos arrecadadores de fundos, embora sejam pesadelos burocráticos. Desde que o governo começou a investigá-los minuciosamente alguns anos atrás, algumas organizações agora gastam ¾ do dinheiro arrecadado em despesas gerais, só para não perder as crianças de vista e comunicar os detalhes aos doadores. Não posso justificar isso.

"Fomos convencidos a ajudar um país latino-americano por outra organização assistencial, e sempre nos arrependeremos disso. Lá, foram jogados fora tantos alimentos depois de um terremoto que isso chegou a tirar os empreendedores locais do negócio. Prometi parar com essa história de me sair bem à custa do sofrimento alheio. Não vou entrar em um país que apareça de repente nas manchetes só para lucrar com a arrecadação de dólares que certamente chegará. Mas, para fazer qualquer tipo de desenvolvimento importante, eu preciso mostrar os aspectos da crise de um lugar como a Somália. Tenho de admitir que nosso filme já tem seis meses. Mas as pessoas vão doar dinheiro seguindo aquele apelo emocional. Cerca de metade dos doadores especificarão seus donativos para suprimentos alimentares e medicinais que estejam em estado de emergência. A outra metade vai marcar 'Use de acordo com a necessidade' e esse é todo o dinheiro que temos para trabalhar com atividades verdadeiras de desenvolvimento".

A área dos serviços de saúde apresenta o exemplo mais surpreendente do enigmático trabalho de ajuda humanitária. As pessoas doam remédios e suprimentos médicos para combater explosões de doenças. Os hospitais das missões atraem doadores rapidamente. E, mesmo assim, conforme o profissional de saúde sabe muito bem, essas respostas aos problemas de saúde não tratam das causas subjacentes à doença. Os países civilizados presenciaram grande diminuição nas incidências de bronquite, pneumonia, gripe, tuberculose, coqueluche, sarampo e escarlatina muito *antes* da chegada da imunização ou da terapia. A melhoria na nutrição e no saneamento fez muito mais para acabar com essas doenças que qualquer tratamento inventado pela ciência médica. Os esgotos parisienses foram mais eficientes que uma centena de hospitais. A Organização Mundial de Saúde calcula que 80% de todos os problemas de saúde no Terceiro Mundo estão relacionados ao fornecimento de água contaminada. Mas tente angariar dinheiro para limpar um rio ou instalar um sistema de irrigação sem custo, e você não cobrirá nem o custo da remessa da correspondência.

"Um milhão de pessoas estão mergulhando como lêmingues de um penhasco", disse um colaborador assistencial, pensativo. "Podemos levantar dinheiro com facilidade para cuidar dos sobreviventes e devolver-lhes a saúde. Mas não há nenhum fundo para criar programas de prevenção e aviso no alto do penhasco." Parece que, atualmente, as agências de ajuda humanitária necessitam de condições como as da Somália, do Haiti e do Paquistão tanto quanto esses países em crise necessitam de ajuda assistencial. A experiência nesses lugares engloba tudo, o certo e o errado, na obra assistencial. As organizações assistenciais realizam milagres em curto prazo. Multidões de pessoas são mantidas vivas, alimentadas e curadas em um período de tempo extraordinariamente curto.

Ninguém sabe, contudo, o que pode acontecer daqui a algum tempo quando o foco mudar de obra assistencial para desenvolvimento. O dinheiro em si não é garantia de sucesso no desenvolvimento. Em uma das crises mais graves da África, uma seca devastadora no deserto Sahel matou 100 mil pessoas e 20 milhões de gado. Um consórcio de agências europeias gastou 8 bilhões de dólares para "acabar com a seca no Sahel". Os realistas admitem que houve melhoras no Sahel. A má administração e as complexidades ecológicas prejudicaram as esperanças de uma mudança substancial, e o Sahel continua a invadir a terra fértil. Alguns colaboradores assistenciais preveem que, em uma década ou duas, não haverá mais nenhuma árvore na região inteira. Outros céticos questionam se os bilhões de dólares despejados na obra de desenvolvimento da África foram úteis no longo prazo.

O governo somali, tal como é, parece ter se acomodado ao fato de que os acampamentos de refugiados, as cidades de tendas espalhadas por toda a Somália, poderão transformar-se em alojamentos permanentes de imundície, mais ou menos parecidos com os acampamentos palestinos. (De fato, os céticos acreditam que o governo não está muito ansioso para resolver os problemas dos refugiados porque as organizações assistenciais trazem dinheiro do exterior.) No entanto, a terra simplesmente não aguenta esse tipo de concentração; não haverá água e lenha para todos. Será que os nômades somalis perderão o direito a uma história cultural inteira e aceitarão trocá-la pela agricultura, indústria ou pesca? O Ocidente inteiro continuará a enviar a enorme quantidade de dinheiro e suprimentos necessários para sustentar essa mudança?

Após anos de serviço dedicado, os colaboradores de ajuda humanitária na Somália prosseguem sem esmorecer, deixando essas indagações a cargo dos administradores em seus países de origem. As três décadas de trabalho desse pessoal ilustram com clareza o princípio universal do trabalho assistencial: da mesma forma que na guerra, é muito mais fácil entrar que sair.

Lois, a enfermeira americana, conhece bem os problemas assustadores da obra assistencial. "Penso em meus colegas do curso de enfermagem. Na formatura, comparamos onde e como seria o nosso trabalho: em um novo hospital no Canadá, um cargo na Força Aérea na Grécia, um famoso hospital de treinamento em San Diego, uma escola particular em Minneapolis. Lembro-me das expressões de espanto no rosto de meus amigos e amigas quando eu disse que trabalharia em uma organização de ajuda humanitária como a World Concern na Somália. 'Somália? Onde fica *isso*?', a maioria perguntou. Quando expliquei que se tratava de um país muçulmano no 'chifre' da África, abalado pela guerra, ouvi outra reação: 'Que trabalho mais maluco!', uma moça disse.

"Lembro-me sempre daquele dia de junho enquanto estava sentada em uma cadeira dobrável sob o céu noturno equatorial. O céu sem nenhuma poluição estendia-se acima de mim com a Via Láctea dividindo o firmamento como uma estrada totalmente iluminada. Sentada ali sozinha, ouvi o gorgolejo do rio Juba e pensei em meus amigos e em minhas amigas. Acho que, de alguma forma, o fato de eu ter vindo parar na Somália parece uma loucura. Mas algo estranho aconteceu aqui. Sinceramente, nunca me senti mais satisfeita e realizada na vida. Enquanto medito sob o céu estrelado, sou grata a Deus por ele ter me trazido para cá.

"Nunca havia visto uma demonstração tão visível da esperança — no sorriso das crianças, no orgulho renovado das mães, no rosto descontraído dos colaboradores. A Somália ainda enfrenta problemas monumentais, e tenho certeza de que a maioria dos americanos ficaria chocada ao ver as condições de vida aqui. Mas há uma onda de esperança que contagia cada pessoa neste acampamento por causa dos doadores do Ocidente e dos colaboradores daqui que se sacrificam de forma tão generosa. A esperança é a mensagem da ressurreição, não? Não existe nenhum momento tão devastador quanto a morte da esperança. Não sei verbalizar o motivo de minha esperança na Somália, porque o governo proíbe falar da fé cristã. Mas posso demonstrar, por meio de minha presença e espírito, que existe esperança, um conceito que alguns muçulmanos têm dificuldade de entender porque a religião deles é muito fatalista. Para mim, há um fato que fala muito mais alto: o trabalho sacrificial que as mais de 20 organizações cristãs de ajuda humanitária, como a World Concern, realizam para trazer cura a uma nação muçulmana.

"Talvez um dia eu volte para os Estados Unidos para trabalhar no turno da noite em um hospital de um bairro elegante. Nesse dia, provavelmente terei de enfrentar novos problemas, como, por exemplo, ser altruísta e grata em uma terra de fartura. Mas sei que sempre serei grata porque minha carreira como enfermeira começou aqui, onde minha presença pode fazer diferença de vida ou morte. De fato, chego quase a sentir pena das pessoas que nunca tiveram a oportunidade de servir a Deus em um lugar como este. Creio que estou começando a entender o que Jesus quis dizer quando afirmou: 'Se você perder a vida, a encontrará'."[1]

---

[1] V. Marcos 8.35. [N. do T.]

## Capítulo 9

# Quem são os evangélicos?

Um amigo meu que dirige um abrigo em um bairro pobre para dependentes químicos e sem-teto e que está quebrando a cabeça para pôr um pouco de teologia em evidência, fez esta observação: "Adoro os evangélicos. Eles fazem tudo o que a gente pede. O desafio é o seguinte: primeiro é necessário amaciar as atitudes julgadoras que eles têm, para que trabalhem com eficiência". Por eu ser um jornalista que trabalha basicamente dentro do ambiente evangélico, tenho presenciado que suas observações estão corretas.

De fato, os evangélicos fazem tudo o que se pede, como os colaboradores de ajuda humanitária no acampamento de refugiados na Somália demonstram de modo tão claro. Acabo de examinar minha agenda e, em todos os anos, vi evangélicos em ação em vários continentes. Na África do Sul, passei algum tempo com Ray McCauley, um homem de grande generosidade que, nos tempos da juventude, competiu com Arnold Schwarzenegger no concurso de Mr. Universo. Ray fundou uma igreja em Johannesburgo que se baseava na filosofia carismática da "teologia da prosperidade" e que recentemente se transformou na maior igreja da África do Sul, com 35 mil membros. Quando o governo do *apartheid* começou a desmoronar, as atitudes, a política e a rígida teologia de Ray começaram a amaciar. Os membros da raça branca ficaram cada vez mais desgostosos, e, aos poucos, as características da igreja mudaram de tal forma que passaram a refletir o espectro racial da nação: 70% negros, 10% mulatos, 10% indianos e 10% brancos. Hoje, os vários programas dos Ministérios Rhema incluem ajuda e informação a portadores do vírus HIV, um programa de casas de abrigo e uma fazenda de reabilitação para dependentes químicos.

Do outro lado do país, na Cidade do Cabo, conheci Joanna Flanders-Thomas, uma mulata dinâmica e atraente. Na época de estudante, ela lutou contra o governo do *apartheid*. Depois daquela vitória nacional, voltou a atenção para um problema local, a prisão mais violenta da África do Sul, onde Nelson Mandela passou oito anos confinado. Joanna começou a visitar os prisioneiros diariamente, levando-lhes uma mensagem simples do evangelho, de perdão e reconciliação. Conquistou a confiança dos prisioneiros, conseguiu que falassem sobre os maus-tratos sofridos na infância e apontou-lhes um caminho melhor para resolver conflitos. Um ano antes de Joanna iniciar as visitas, a prisão registrou 279 atos de violência; no ano seguinte, houve apenas dois.

Alguns meses depois, viajei ao Nepal, o único reino hindu do Planeta, um país pobre e imundo onde prevalece o sistema de castas. Lá, conheci pessoas que trabalhavam com leprosos, vindas de 15 países, quase todos da Europa, que serviam sob a supervisão de uma missão evangélica especializada em trabalhar com leprosos. Historicamente, a maioria dos avanços no tratamento da lepra procede dos missionários cristãos — principalmente porque, conforme meu amigo disse, "eles fazem tudo o que a gente pede". Conheci cirurgiões, enfermeiros e fisioterapeutas, todos bem treinados, que dedicam a vida para cuidar das vítimas da lepra que, em grande parte, pertencem à casta dos "intocáveis". Em sua convenção anual, os missionários reuniram uma orquestra improvisada, cantaram hinos, oraram juntos e deram sugestões práticas de como lidar com a presença maoista no Nepal. Nas horas de lazer, alguns missionários escalam as montanhas do Nepal, outros concentram a atenção na vida dos pássaros e pelo menos um médico francês estuda as mariposas do Himalaia. Vários participaram da maratona de Kathmandu, e dois se aventuraram em um *rally* de motocicleta atravessando montanhas e rios até chegar ao vizinho Tibete. Nenhum dos que conheci se enquadrava no estereótipo de "evangélico certinho da ala da direita", embora todos afirmassem ser *evangélicos*. Enfim, estavam no Nepal para proclamar as *boas-novas* implícitas na etimologia do rótulo.

Do Nepal, fui a Pequim, na China, onde compareci a uma igreja de 2 mil membros procedentes de 60 países. Um grupo de dança africana dirigiu a música naquela manhã, e o salão alugado de um hotel tremeu. Conheci diplomatas, executivos, um professor de filosofia de Oxford e grupos de jovens evangélicos que se mudaram para a China a fim de ensinar inglês e, no processo, falar de sua fé aos chineses. As restrições governamentais proibiam os chineses de frequentar a igreja — os passaportes eram verificados na entrada —, porém mais tarde, naquele mesmo dia, conheci representantes da igreja clandestina chinesa. Nos últimos trinta anos, apesar das punições periódicas do governo que seus líderes sofreram com rígidas sentenças de prisão, o movimento das igrejas domésticas germinou transformando-se talvez no maior despertamento cristão da História. Os especialistas calculam que hoje milhões de chineses realizam cultos de adoração em igrejas domésticas espalhadas pela nação oficialmente ateia.

Poucos meses depois, em Wisconsin, compareci a um congresso sobre ministério para prostitutas que atraiu representantes de 30 países diferentes. Várias dezenas de organizações evangélicas trabalham para combater o tráfico ilegal de mulheres e também para libertá-las da prostituição, o que, nas nações pobres, constitui uma forma moderna de escravidão. Os representantes trouxeram algumas "clientes", que contaram histórias terríveis de abuso e, depois, agradeceram aos ministérios que as libertou e ajudou a encontrar novas profissões.

Quando retornei dessas viagens e li reportagens na *Time* e *Newsweek* sobre os evangélicos, fiquei triste. Nos Estados Unidos, tudo se resume em política, e isso em geral significa polarização. Muitos americanos consideram os evangélicos um bloco monolítico de eleitores obcecados com algumas questões morais. Não entendem a vibração e o entusiasmo, a proclamação das boas-novas que a Palavra representa em grande parte do mundo. Os evangélicos na África levam comida para os prisioneiros, cuidam dos órfãos de aidéticos e dirigem escolas missionárias que treinam muitos líderes daquele continente. Lá, assim como na Ásia e América Latina, os evangélicos também administram programas de empréstimo a microempresas que permitem que as famílias comprem uma máquina de costura ou galinhas. Nos últimos cinquenta anos, a porcentagem de missionários americanos patrocinados por organizações evangélicas aumentou de 40% para 90%. Atualmente, cerca de $1/3$ dos 2 bilhões de cristãos do mundo fazem parte de uma categoria à qual a palavra "evangélico" se aplica muito bem, e a grande maioria vive fora da América do Norte e da Europa.

Um americano que visitou uma favela em São Paulo, Brasil, começou a sentir-se apreensivo quando viu os traficantes de droga patrulhando a vizinhança com armas automáticas. As ruas estreitas terminavam em vielas sujas; canos de água de plástico balançavam acima de sua cabeça, e um emaranhado de fios de alta voltagem fornecia eletricidade aos moradores. O odor fétido de esgoto estava por toda parte. Sua apreensão aumentou quando ele notou que as pessoas dentro de barracos de zinco olhavam carrancudas para ele, um gringo suspeito invadindo seu "pedaço". Seria um agente do narcotráfico? Um policial disfarçado? Então, o chefe dos traficantes da vizinhança viu nas costas da camiseta do americano a logomarca de uma igreja pentecostal da localidade. Ele abriu um largo sorriso. "Ah, um evangélico!", gritou, e as carrancas transformaram-se em sorrisos. Ao longo dos anos, essa igreja tem prestado ajuda prática à favela, e hoje os visitantes estrangeiros são recebidos com alegria.

Também nos Estados Unidos os evangélicos estão aumentando em número enquanto as igrejas protestantes tradicionais declinam. Os evangélicos compõem grande parte das 500 organizações cristãs que surgiram desde a Segunda Guerra Mundial para combater problemas sociais. As megaigrejas com base nos modelos da Willow Creek

Community Church, perto de Chicago, e da Saddleback Community Church, no sul da Califórnia, estão se multiplicando nas cidades mais importantes. Uma nova "igreja emergente", difícil de ser classificada, tem se desdobrado para ministrar à geração pós-moderna. De fato, uma pesquisa recente revelou que 93% das 100 principais igrejas que cresceram rapidamente nos Estados Unidos identificam-se como evangélicas.

■ ■ ■ ■ ■

De fato, os evangélicos fazem tudo o que a gente pede. O problema, conforme meu amigo ressaltou, é que "primeiro é necessário amaciar as atitudes julgadoras que eles têm, para que trabalhem com eficiência".

Quando estava escrevendo o livro *Maravilhosa graça*,[1] supervisionei uma pesquisa informal entre os passageiros de avião que viajavam ao meu lado e outras pessoas dispostas a entabular uma conversa. "Quando eu digo a palavra 'evangélico' o que vem à sua mente?", perguntei. Quase todas usaram a palavra "contra": os evangélicos são contra o aborto, contra a pornografia, contra o direito dos homossexuais. Ou, então, ouvi nomes como o de Pat Robertson ou James Dobson, dois representantes políticos de maior visibilidade do evangelicalismo. Na opinião de várias pessoas com quem conversei, os evangélicos eram uma força temerária, um bando de moralistas tentando impor sua vontade dentro de uma sociedade pluralista.

Um jornalista, que trabalhava na mídia de Nova York, contou-me que os editores não tinham nenhum receio de designar um judeu para fazer uma reportagem sobre uma história judaica, um budista para fazer uma reportagem sobre uma história budista ou um católico para fazer uma reportagem sobre uma história católica, mas jamais designariam um evangélico para fazer uma reportagem sobre uma história evangélica. Por que não? "Eles têm segundas intenções." Os evangélicos, segundo o estereótipo de Nova York, fazem propaganda e proselitismo. Não se pode confiar neles. São julgadores. Têm uma agenda a cumprir.

---

[1] **São Paulo: Vida, 1999.**

O pesquisador de opinião pública George Barna descobriu que 22% dos americanos dizem ter uma impressão favorável dos evangélicos. Uma porcentagem ligeiramente maior diz ter uma impressão desfavorável. Grande parte do motivo vem do tempo em que os evangélicos eram considerados uma força política, com base em uma história de períodos de sucessos e fracassos.

Até a década de 1960, os evangélicos eram provavelmente considerados republicanos pelo Partido Democrata. Por exemplo, no início do século XX, o ilustre evangélico William Jennings Bryan, um democrata, concorreu sem sucesso para ocupar o cargo de presidente do país e trabalhou no gabinete de Woodrow Wilson, até ficar alarmado com a notícia de que os Estados Unidos estavam pensando em entrar na Primeira Guerra Mundial. Os evangélicos lideraram a luta pelo voto das mulheres e a abolição da escravatura — e também a oposição a ela. (No século XVIII, o evangelista George Whitefield fez uma campanha ativa pela escravidão, e, posteriormente, a Convenção Batista do Sul exerceu influência pelo direito de os missionários possuírem escravos.) Em algumas ocasiões, os evangélicos se opuseram à imigração, na tentativa de impedir a chegada de um grande número de católicos europeus.

Talvez no ápice do envolvimento dos evangélicos na política, eles lutaram por uma emenda constitucional que decretava a proibição do álcool, uma medida que mais tarde fracassou e hoje é vista com considerável apreensão. Pastores afro-americanos, muitos deles evangélicos, lideraram a cruzada dos direitos civis mesmo quando alguns evangélicos brancos se opunham a ela. Na década de 1980, Jerry Falwell insistiu com os americanos cristãos para que comprassem ouro Krugerrand e promovessem investimento norte-americano na África do Sul, na tentativa de apoiar o regime do homem branco. Atualmente, os evangélicos ocupam uma posição de destaque ao defender a pena de morte, apoiar a legislação em favor da vida e assegurar resoluções tradicionais do casamento. Em resumo, os evangélicos têm assumido posições políticas que às vezes parecem quixotescas: às vezes heroicas, mas quase sempre contraditórias.

Os evangélicos modernos dos Estados Unidos estão cada vez mais unidos aos políticos conservadores. Cerraram fileiras em torno de Ronald Reagan, o primeiro presidente divorciado do país, que raramente frequentava a igreja e que contribuiu muito pouco para a obra assistencial, ao passo que desconfiaram de Jimmy Carter, um presidente religioso e consagrado que lecionava na escola dominical de uma igreja batista enquanto ocupou o cargo de presidente. O tele-evangelista e pregador Pat Robertson concorreu à presidência do país. O mesmo fez Gary Bauer, diretor do Council Family Research, uma organização de base evangélica. Ralph Reed, da Christian Coalition, que foi capa da *Time* em 1995, atuou como presidente do conselho regional da campanha de Bush-Cheney em 2004.

Para complicar as coisas, muitos evangélicos em lugares como o Reino Unido e a Nova Zelândia aliam-se a partidos políticos liberais, acreditando que seu comprometimento cristão recomenda que busquem ajuda governamental para os pobres e contra guerras. Na China, muitas igrejas clandestinas não veem nenhuma contradição em apoiar o maior governo comunista do mundo.

■ ■ ■ ■ ■

De acordo com o autor Randall VanderMey, "os evangélicos têm a tendência de ver a igreja não como um navio gigantesco, mas como uma flotilha de barcos a remo e pranchas, nos quais cada pessoa procura ter uma experiência pessoal autêntica com Deus". Conforme vimos, os políticos pouco fazem para proporcionar um rótulo apropriado aos evangélicos. Mas, então, que expressão deveria ser usada para rotular os *evangélicos*? Adaptando o comentário feito por um membro da Suprema Corte a respeito da pornografia, eu diria: "Não sei defini-la, mas sei reconhecê-la quando a vejo".

A ênfase dos evangélicos mudou no decorrer das décadas. No início do século XX, os evangélicos americanos tinham a tendência de se definir pela doutrina, combatendo os liberais da teologia e ressaltando os fundamentos da fé (daí a palavra "fundamentalismo"). Nos anos seguintes à Segunda Guerra Mundial, os evangélicos entraram em uma fase ativista, fundando faculdades e universidades bíblicas, enviando missionários para o outro lado do oceano e indo ao encontro de uma geração jovem por meio de organizações como Mocidade para Cristo, Young Life e Cruzada Estudantil. Os evangélicos eram mais conhecidos por sua conduta que pela doutrina. "Nós não bebemos, não fumamos, não dançamos, não mascamos chiclete e não saímos com garotas que fazem isso." Mais tarde, no mesmo século, grande parte desse modo diferente de vida deteriorou-se, e a ênfase, pelo menos nos Estados Unidos, mudou para a política.

De vez em quando, a mídia nacional reconhece o fenômeno cultural. A revista *Time* deu ao ano de 1976, quando Jimmy Carter foi eleito, o nome de "ano dos evangélicos". Depois que o escândalo Watergate veio à tona, Charles Colson atraiu muita atenção com sua conversão dramática ao cristianismo. Em 2003, Nicholas Kristof escreveu um artigo independente no *New York Times* reconhecendo que "quase todos nós do ramo da notícia estamos completamente desligados de um grupo que inclui 46% dos americanos", o índice de pessoas que, em uma pesquisa Gallup, descrevem-se como evangélicas ou cristãs.

Os evangélicos nos Estados Unidos tornaram-se uma vasta subcultura que consegue expandir-se dentro de uma cultura cada vez mais pluralista. Em 2003, o livro escrito pelo pastor evangélico Rick Warren, *Uma vida com propósitos*,[2] vendeu mais exemplares em um único ano que qualquer outro de não ficção na História. Os 12 livros da série *Deixados para trás*[3] sobre a segunda vinda de Cristo ultrapassaram 70 milhões de exemplares impressos. *A oração de Jabez*[4] e o mais antigo *A agonia do grande planeta Terra*[5] mostram que os livros evangélicos que são sucessos de vendas não são um feliz acaso. E o filme *A paixão de Cristo*, de Mel Gibson,

---

[2] **São Paulo: Vida, 2003.**
[3] LaHaye, Tim; Jenkins, Jerry B. Campinas: United Press, 1997-2004.
[4] Wilkinson, Bruce. São Paulo: Mundo Cristão, 2001.
[5] Lindsay, Hal; Carlson, Carole C. São Paulo: Mundo Cristão, 1991.

deixou os estúdios de Hollywood boquiabertos com seu sucesso, em grande parte graças ao apoio dos evangélicos.

Em um artigo irônico, "O que Jesus faria", o editor literário Water Kirn, da revista *GQ*, passou uma semana mergulhado na subcultura evangélica. Leu a série *Deixados para trás*, ouviu músicas cristãs em emissoras de rádio cristãs e em seu CD *player*, fez compras em uma livraria evangélica, assistiu a vídeos de homens da Bíblia e tomou conhecimento das notícias em emissoras de TV cristãs e *sites* cristãos na internet. Chegou a usar um *mouse* para computador adquirido em uma loja cristã e desenhado por Thomas Kinkade, o Pintor da Luz. Kirn admitiu ter se sentido um pouco aliviado das investidas da cultura secular, mas, no final, não se impressionou com a subcultura evangélica. "A cultura da arca é uma cópia malfeita do lugar-comum, não uma realização distinta ou separada. Sem a coragem para liderar, ela continua entorpecida, recolhendo os fragmentos da mídia principal e colando-os uns nos outros com uma cruz no topo". No entanto, o fato de ele ter conseguido passar uma semana dentro daquela "cultura da arca" mostra sua influência penetrante.

■ ■ ■ ■ ■

O historiador britânico David Bebbington apresenta o seguinte resumo das características que distinguem os evangélicos:

- Conversionismo: a crença de que a vida precisa ser transformada por meio da experiência de "nascer de novo".
- Ativismo: a expressão do evangelho nos esforços para a reforma missionária e social.
- Biblicismo: um respeito particular pela Bíblia como autoridade suprema.
- Crucicentrismo: ênfase no sacrifício de Jesus Cristo na cruz para tornar possível a redenção da humanidade.

Sob essa descrição abrangente, os católicos romanos, os protestantes tradicionais e os cristãos ortodoxos podem ser evangélicos, embora continuem dentro das estruturas denominacionais que poderiam evitar essa palavra. A Associação Nacional dos Evangélicos exclui os membros do Conselho Nacional de Igrejas, e, mesmo assim, muitas dessas denominações possuem associados que se alegram em dizer que são evangélicos.

No interesse de deixar tudo bem claro, preciso declarar que sou evangélico. Escrevi livros para a mesma editora que publicou *Uma vida com propósitos* (apesar de não sentir inveja do número de exemplares vendidos desse livro) e escrevo artigos para a *Christianity Today*, uma revista evangélica de grande circulação. Tenho passado grande parte de minha carreira dentro da subcultura evangélica, bisbilhotando tudo como jornalista, investigando e às vezes desafiando seus pontos fracos e excentricidades. Por ser alguém que emergiu de um estreito fundamentalismo sulino, cheguei à conclusão de que a subcultura é surpreendentemente ampla e diversificada. Nunca um editor de livros ou revistas tentou censurar minhas palavras.

Fiz o curso de pós-graduação na Wheaton College, um lugar que respeita e recompensa a erudição. Afiei meu tino jornalístico como editor na *Campus Life*, uma revista publicada pela Youth For Christ, e depois fui editor-geral da *Christianity Today*. Todas as três identificam-se fortemente com uma pessoa que melhor exemplifica o estilo evangélico: Billy Graham, que estudou em Wheaton e fundou as duas outras organizações. Todas as três proporcionaram um ambiente saudável no qual fui capaz de desenvolver minha fé, inclusive em tempos de sérias dúvidas e lutas, mesmo quando fui pressionado pelas limitações da subcultura. A influência de Graham tem sido imensa: suas cruzadas enlaçaram as denominações tradicionais, católicas e carismáticas; ele demoliu as barreiras raciais e facilitou a aparição dos evangélicos em público quando abordou assuntos como direitos civis, aborto, pobreza e corrida armamentista nuclear.

Quando enviei o manuscrito de *Maravilhosa graça* ao editor, eu disse à minha mulher: "Este livro poderá me excluir do meio evangélico". Afinal, ele continha um capítulo sobre Bill Clinton, não exatamente um herói aos olhos da maioria dos evangélicos, e um capítulo sobre Mel White, que se revelou ativista dos direitos dos homossexuais, embora ele se aferrasse à maior parte da teologia evangélica. Eu estava enganado. Recebo quase todos os dias uma carta de agradecimento de um leitor evangélico, e o livro já vendeu mais de 1 milhão de exemplares.

Como escritor, descobri que, se me apegar às quatro características distintas dos evangélicos apresentadas por Bebbington, principalmente sua ênfase na Bíblia, tenho ampla liberdade de ação. A Bíblia apresenta-se como uma autocorreção decisiva às excentricidades da teologia e prática evangélicas. Quando os leitores reclamam, respondo que não sou radical; Jesus é radical. Ele buscou prostitutas e pecadores, atraindo, assim, oposição violenta do sistema religioso de sua época. Estabeleceu o padrão para a santidade pessoal em meio a uma sociedade decadente e, ao mesmo tempo, reagiu com amor e graça àqueles que a tornaram decadente. Antes de partir deste mundo, ele orou para que seus seguidores não fossem tirados do mundo, mas encarregou-os de viver no mundo como se fossem sal e luz, representantes de um reino diferente que se baseia na paz, na justiça e no amor.

■ ■ ■ ■ ■

Depois de passar várias décadas trabalhando dentro do evangelicalismo, eu gostaria de resumir seus dogmas em três afirmações:

*Este é o mundo do nosso Pai.* Os evangélicos acreditam que Deus criou o mundo e cuidou dele com muito amor. Todo resíduo de bondade no Planeta reflete a "graça universal" de Deus: o Sol brilha, e a chuva cai sobre os que creem e os que não creem. Todos os prazeres, inclusive beleza, sexualidade, arte e trabalho, são dádivas de Deus para nós, e dependemos da revelação de Deus para saber como apresentar nossos desejos, para que neles encontremos satisfação, não escravidão.

O teólogo Langdon Gilkey disse que, se houver uma heresia no cristianismo evangélico, essa heresia é a omissão de Deus, o Pai, o criador, mantenedor e soberano de toda a história humana e de toda a comunidade humana, em favor de Jesus, o Filho, que se identifica com a alma de cada pessoa e de seu destino. Vejo sua queixa não como uma heresia, mas como um fracasso na ênfase. C. S. Lewis, o santo patrono dos evangélicos sérios, escreveu certa vez: "Quando as primeiras coisas são colocadas em primeiro lugar, as segundas coisas não são esmagadas, mas aumentadas".

*Como expressão de amor pelo mundo, Deus entrou em sua história (a Encarnação) e deu a vida de seu Filho como sacrifício para sua redenção (a Expiação).* Sua ênfase em Jesus e na cruz separa o cristianismo de todas as outras religiões, e os evangélicos mantêm-se fiéis a essa característica distinta. No mistério da Trindade, Deus "em Cristo estava reconciliando consigo o mundo" (palavras do apóstolo Paulo).[6] Os evangélicos reconhecem que o mundo foi invadido pelo mal e acreditam que Cristo iniciou um processo de regeneração, no qual a Igreja exerce um papel de suma importância que culminará com a vitória final.

Em uma das visitas de Karl Barth ao Union Seminary, alguém lhe perguntou o que ele diria se tivesse um encontro com Adolf Hitler. O teólogo alemão respondeu: "Jesus Cristo morreu por nossos pecados". A ênfase dos evangélicos na conversão origina-se de uma crença profunda de que, conforme o apóstolo Paulo disse, "Cristo Jesus veio ao mundo para salvar os pecadores, dos quais eu sou o pior".[7] Quase todas as mensagens do evangelista Billy Graham concentraram-se nesse tema. No entanto, o próprio Billy Graham insistia em que a ênfase em andar corretamente com Deus não implica uma fé "tão preocupada com o céu que não resulte em nada útil para o mundo". É exatamente o contrário. Evangélicos como William Wilberforce, John Newton e Charles Simeon na Inglaterra abriram o caminho para a reforma social, e muitos evangélicos seguem seus passos hoje.

Sociólogos da América Latina documentaram como o ato de conversão pode conduzir a uma mudança social significativa. (Veja, por

---

[6] 2Coríntios 5.19. [N. do T.]
[7] 1Timóteo 1.15. [N. do T.]

exemplo, *Base Christian Communities* [Comunidades com base cristã] e *Social Change in Brazil* [Mudança social no Brasil], de William Hewitt.) Um homem dá um passo à frente para aceitar Cristo em uma reunião evangelística. Ele se liga a uma igreja local, que o aconselha a parar de beber nos fins de semana. Com a ajuda da igreja, ele consegue. Começa a aparecer no trabalho nas segundas-feiras de manhã, e com o tempo é promovido à posição de chefe de departamento. Com uma nova fé e um senso renovado de dignidade, ele para de espancar a mulher e torna-se um pai melhor para os filhos. Sentindo-se valorizada, a mulher consegue um emprego que lhe permite pagar os estudos dos filhos. Multiplique isso por um grande número de cidadãos convertidos e, em pouco tempo, a base econômica do bairro inteiro aumentará.

*Mediante o poder do Espírito, os seguidores de Jesus proclamam o Reino de Deus no mundo.* Karl Barth também disse: "Ajuntar as mãos em oração é o começo de uma insurreição contra a desordem do mundo". Sim, e em anos recentes os evangélicos têm reconhecido cada vez mais a necessidade correspondente de, às vezes, ajuntar as mãos e liderar ativamente a insurreição contra essa desordem.

Organizações evangélicas, como a International Justice Mission, lutam para libertar as vítimas de escravidão sexual mesmo quando outras missões ministram a suas vítimas. A Prison Fellowship International visita prisioneiros e capacita-os a viver como cidadãos livres. A Mercy Ships recruta médicos para realizar cirurgias gratuitas em países carentes. A Habitat for Humanity tem o objetivo nobre de proporcionar casas adequadas para quem precisar. Organizações como a World Vision, World Relief, Opportunity International, Samaritan's Purse, Food for the Hungry e World Concern contra-atacam as pragas e a fome e, ao mesmo tempo, financiam projetos de desenvolvimento para prevenir que outras tragédias ocorram. Repetindo o "movimento de colonização" um século atrás, os evangélicos estão se mudando para as grandes e mais importantes cidades a fim de organizar programas com base na comunidade. Com muito atraso, algumas organizações evangélicas assumiram a causa do meio ambiente. Os evangélicos organizam abrigos para os sem-teto, programas para os dependentes químicos e centros alternativos de gravidez porque acreditam que essas atividades ajudam a promover o Reino de Deus no mundo, um jeito prático de responder à oração de Jesus para que "seja feita a tua vontade, assim na terra como no céu".[8]

Tenho o privilégio de conhecer evangélicos de vários países. Cristãos coreanos, filipinos, colombianos, brasileiros e chineses — todos trazem uma nuança diferente à subcultura. Conheço pessoas piedosas e excêntricas. Observo dissensões e discórdia, bem como momentos que nos causam orgulho. A história do evangelicalismo é uma história de humanidade, com todos os vaivéns que lhe são peculiares. Por ser uma pessoa que tem sido nutrida pelo evangelicalismo, gosto do espírito de um movimento que tem provado ser ágil, disposto a se autocorrigir e, acima de tudo, comprometido em seguir Jesus, "que, sendo rico, se fez pobre por amor de vocês, para que por meio de sua pobreza vocês se tornassem ricos"[9] e que nos deixou um exemplo para que seguíssemos seus passos. Esse último é um objetivo ao qual todos os evangélicos aspiram, contudo não têm tido sucesso em alcançá-lo. Sem dúvida, Jesus é radical.

---

[8] Mateus 6.10. [N. do T.]
[9] 2Coríntios 8.9. [N. do T.]

## PARTE 3

## Os sons da

## FÉ

# Capítulo 10
## Um aguilhão, um prego e rabiscos na areia

Por ser um escritor que trata em especial de assuntos sobre a fé, tenho a Bíblia como meu guia. Ela contém um pouco de tudo — poesia, história, lamentos, sermões, orações, arte dramática, filosofia simples — e não encobre as falhas de seus heróis nem sua mensagem. No entanto, eu preciso encontrar uma sequência, estudar o caráter de suas personagens ou o anseio humano — coisas que não estão prefiguradas em suas páginas.

Durante minha aproximação com o existencialismo na juventude, passei a amar o livro misterioso de Eclesiastes com suas ambiguidades e lógica refinada dos ritmos da vida. A partir daí, ultrapassei os limites da desesperança existencial, mas voltei muitas vezes a Eclesiastes e murmurei uma oração de agradecimento pelo fato de Deus ter achado conveniente incluir um realismo tão evidente em nossos textos sagrados. Por ocasião da festa judaica conhecida como festa das cabanas, as famílias liam o livro inteiro em voz alta, uma prática que recomendo a certos cristãos despreocupados de hoje.

Eclesiastes tornou-se uma espécie de pedra de toque para mim e, com o passar do tempo, notei que o último capítulo do livro contém palavras dirigidas aos meus colegas de profissão. Sentei-me e comecei a tomar nota. "[O mestre] escutou, examinou e colecionou muitos provérbios. Procurou também encontrar as palavras certas [...]" (12.9,10). Evidentemente, o mestre de tanto tempo atrás conhecia o extenuante processo pelo qual passo quando me aproximo do computador para compor ou reorganizar palavras.

Em seguida, em uma frase repleta de uma mistura de metáforas, o mestre conclui: "As palavras dos sábios são como aguilhões, a coleção dos seus ditos como pregos bem fixados, provenientes do único Pastor" (v. 11). E, como se fosse um contraponto, ele acrescenta este cutucão: "Cuidado, meu filho; nada acrescente a eles. Não há limite para a produção de livros, e estudar demais deixa exausto o corpo" (v. 12).

O mestre fala a verdade. Aprendi que, para os escritores e pessoas envolvidas na arte criativa, há tempo de ser aguilhão e tempo de ser um prego muito bem fixado.

O aguilhão, da forma que os fazendeiros usam nos bois, e os jóqueis nos cavalos, estimula a ação. Os aguilhões causam desconforto suficiente para forçar os animais — ou as pessoas — a fazer algo que não fariam sem ser cutucadas. No decorrer dos séculos a história humana tem presenciado muitos exemplos de artes criativas usadas como aguilhões, e esses "incentivos" quase sempre desconcertam os poderosos. De acordo com o já falecido dissidente russo Andrei Sinyavski, "Todo escritor que se orgulha de ser importante é um sabotador e, enquanto perscruta o horizonte pensando no que vai escrever, é quase certo que escolherá um tópico proibido".

Depois que o general Pinochet assumiu o controle no Chile, seus agentes quebraram os ossos das mãos de Victor Jara, porque as músicas que cantava ao som de guitarra reacenderam as esperanças dos pobres. Esse aguilhão o líder autoritário não foi capaz de suportar; no entanto, Victor Jara acabou sendo metralhado. De modo semelhante, pinturas como *Guernica*, de Picasso, irritaram os regimes ditatoriais. ("Foi você que fez isto?", um soldado fascista perguntou a Picasso em tom de censura, apontando para o quadro. "Não, foram vocês", Picasso respondeu.)

Os profetas da Bíblia atuaram como aguilhões. Resumindo, a magnífica poesia deles concentra-se em uma mensagem de uma linha: Arrependam-se, mudem seu modo de vida, senão o julgamento cairá sobre vocês.

Harriet Beecher Stowe, uma cristã radical, procurou transmitir a mensagem abolicionista a muitas pessoas que haviam tapado os ouvidos aos sermões e lamentos. Ela escreveu *A cabana do pai Tomás*, que vendeu mais de 200 mil exemplares no primeiro ano e, da mesma forma que qualquer outra força, impeliu a nação a passar por uma mudança. Quando Stowe se encontrou com o presidente Abraham Lincoln em 1862, dizem que ele exclamou: "Então a senhora é a pequena mulher que escreveu o livro que deu início a esta grande guerra!".

Pouco tempo atrás, presenciamos uma mudança que talvez tenha sido a mais importante da história moderna. No período de um ano, 600 milhões de pessoas ganharam a liberdade, sem que praticamente nenhum tiro houvesse sido disparado. Como isso aconteceu? Os historiadores levarão anos para montar o quebra-cabeça de todos os motivos que levaram à queda do comunismo. Por ter vivido na década de 1960 — uma década em que barricadas foram erguidas nas ruas de Paris; quando os esquerdistas, não os direitistas, estavam bombardeando edifícios públicos nos Estados Unidos; e quando os intelectuais das universidades estavam engolindo o marxismo inteiro —, eu atribuo essa mudança a um único russo e sua coragem dura como aço no Gulag, que ousou proclamar: "É uma mentira". A volumosa documentação ajuntada por Soljenitsyn comprova uma verdade diferente, e, um a um, os intelectuais da Europa abandonaram a ilusão da utopia marxista.

Hoje, muitos cristãos dedicados à arte criativa estão lutando para ser aguilhões nos flancos da sociedade. Eu os aplaudo e por vezes me associo a eles. Há tempo de ser aguilhão, e, conforme os exemplos mencionados indicam, não devemos subestimar o efeito da arte em promover mudança.

Ao mesmo tempo, tenho visto cada vez mais as limitações da arte que se propõe a ser aguilhão. Os profetas ocupam muitas páginas do Antigo Testamento porque, com poucas exceções, eles eram totalmente ineficientes. Houve Natã, claro, que com o simples poder de uma história, atingiu o coração do rei Davi em cheio. E houve Jonas, um aguilhão relutante que, para a própria consternação, fez o povo de Nínive ajoelhar-se. Mas poucos profetas causaram tanto impacto. Em Jeremias 36, temos o registro de uma reação muito típica: o rei, sentindo-se ofendido, rasgou e queimou o rolo de Jeremias.

Alexander Soljenitsyn sempre prestou homenagem a seus colegas que morreram no anonimato no Gulag, cujas obras memorizadas foram levadas ao túmulo com eles ou rabiscadas furtivamente, e que agora estão perdidas, enterradas em tundras que jamais serão descobertas. Seiscentos milhões de pessoas foram, até certo ponto, libertadas em 1989, mas 1 bilhão de chineses foram severamente castigados naquele mesmo ano após os protestos na Praça da Paz Celestial. Às vezes, os aguilhões têm pouco efeito.

Nos Estados Unidos de hoje, eu me pergunto até que ponto os cristãos estão fazendo diferença por intermédio da arte. Todas as palavras despejadas em abundância em nossas revistas e livros, por exemplo, será que estão tendo um efeito perceptível na cultura geral? Será que não vamos acabar dando aguilhoadas uns nos outros?

Creio que fazemos tão pouca diferença por um motivo: a igreja, à semelhança do governo, prefere propaganda a aguilhões. A mesma igreja que incumbiu Michelangelo de pintar a Capela Sistina contratou posteriormente um *braghettone*[1] para cobrir a nudez das imagens. Nos tempos modernos, impomos limites a nossos artistas e, ao fazer isso, construímos paredes em torno de uma subcultura, a nossa. Os soldados cristãos chamados politicamente corretos marcham avante: artigos sobre o aborto, publicados na *Christianity Today* trinta anos atrás, não mais podem ser publicados hoje; um escritor que mergulha na literatura da fantasia recebe o estigma de Nova Era; a Sociedade Médica e Dental Cristã nos Estados Unidos não se atreve a publicar as obras de algumas organizações britânicas semelhantes; líderes cristãos prejudicam sua carreira pelo fato de elogiar Barack Obama; Tony Compolo perde

---

[1] Significa literalmente "põe bragas", ou seja, aquele que pinta drapeados de coberturas chamadas bragas. [N. do T.]

oportunidades de fazer palestras por causa das opiniões favoráveis de sua mulher à homossexualidade.

Lembro-me de uma cena vívida das memórias de Soljenitsyn, *The Oak and the Calf* [O carvalho e o novilho]. Por um breve período, até o governo comunista da União Soviética reconheceu a genialidade da obra de Soljenitsyn e pensou que ele poderia ser um aguilhão que eles poderiam controlar, o que inevitavelmente aconteceu. Escreva literatura moral e estimulante, aconselharam-no; não se esqueça de excluir todo e qualquer "pessimismo, difamação ou críticas furtivas". Ri alto quando li aquela cena pela primeira vez. O conselho que Soljenitsyn recebeu dos comunistas assemelha-se de maneira surpreendente ao que às vezes ouço dos editores evangélicos, que parecem não entender que o aguilhão só funciona se for pontiagudo e afiado.

Não podemos esperar que arte sempre eduque e incentive. Nas palavras de Alan Paton, a literatura "ilumina a estrada, mas não indica o caminho com uma lanterna". A literatura expõe a fenda, mas não proporciona a ponte. Lanceta o furúnculo, mas não purifica o sangue. Não se pode esperar que ela faça mais que isso; se exigirmos mais, será exagero.

John Keats disse que, às vezes, a literatura exige de nós Capacidade Negativa: a capacidade de aceitar a multiplicidade, o mistério e a dúvida sem buscar os confortos ilusórios da certeza e dos fatos. A fé também exige um tipo de Capacidade Negativa e nem sempre se dá bem com as pessoas que distribuem "arte cristã" ou que a consomem. Por esse motivo, entre outros, alguns aguilhões necessários nunca atingem o alvo. Da mesma forma que as palavras dos companheiros anônimos de Soljenitsyn, permanecem enterrados na tundra.

■ ■ ■ ■ ■

Há tempo de ser aguilhão e tempo de ser um prego bem fixado. O aguilhão cutuca para uma ação imediata, mas um prego bem fixado se aprofunda, como uma marca indelével daquilo que T. S. Elliot chamou de "coisas permanentes".

Perto do fim da vida, Paul Gauguin pintou um tríptico que reuniu todos os estilos de arte. Em um extraordinário movimento nada discreto, ele rabiscou na pintura: "Quem somos? Por que estamos aqui? Para onde vamos?". Aquele tríptico, hoje pendurado no Museu de Arte de Boston, apresenta um resumo grandioso da obra de Gauguin e um resumo grandioso das perguntas para as quais a modernidade não tem resposta. Logo depois de terminar a obra, Gauguin tentou o suicídio.

Loren Eiseley, um homem que demonstrou habilidades na ciência e na arte, resume as respostas a Gauguin da forma com que são vistas pela ciência.

> Em um Universo cujas dimensões ultrapassam a imaginação humana, onde nosso mundo flutua como uma partícula de poeira no vazio da noite, é inconcebível que os homens cresçam sozinhos. Podemos esquadrinhar a escala do tempo e os mecanismos da vida em si à procura de prodígios e sinais do invisível. Como os únicos mamíferos racionais no Planeta — talvez os únicos animais racionais no Universo sideral inteiro —, o peso da consciência pesa sobre nós. Contemplamos as estrelas, mas os sinais são incertos. [...]
>
> As luzes vêm e vão no céu noturno. Os homens, perturbados finalmente com as coisas que constroem, talvez tenham sono agitado e sonhos maus, ou permanecem acordados enquanto os meteoros sussurram bisonhamente acima deles. Mas em nenhum lugar em todo o espaço ou em mil mundos haverá homens para compartilhar nossa solidão. Pode haver sabedoria; pode haver poder; instrumentos grandiosos em algum lugar do espaço, manuseados por órgãos estranhos e manipuladores, podem olhar inutilmente para os destroços de nossa nuvem flutuante, e seus donos têm os mesmos anseios que nós. Contudo, na natureza da vida e nos princípios da evolução temos recebido nossa resposta. Entre todos os homens de qualquer lugar, e mais além, não haverá nenhum que dure para sempre.

Somos semelhantes a rãs coaxando no brejo: "Estamos aqui, estamos aqui, estamos aqui!". Eiseley prossegue dizendo. Não sabemos por que coaxamos nem se há alguém ouvindo; como rãs, coaxamos por instinto tolo.

Um dia, a civilização viu a arte como meio de transmitir sabedoria de uma geração a outra. Afinal, a escrita foi inventada para comunicar o sagrado: as coisas permanentes precisam ser transmitidas de maneira permanente, como os hieróglifos nas tumbas do Egito. Mas uma civilização que deixou de acreditar em coisas permanentes, que não preserva nenhuma verdade objetiva, recorre à desconstrução, não à construção.

David Remnik, editor do *New Yorker*, estabelece um contraste entre os autores modernos da Rússia e a tradição dos grandes autores russos, figuras como Tolstoi, Gogol e até Soljenitsyn, que retrataram sagacidade e idealismo. Hoje em dia, os autores liberais, livres para fazer parte do coro decadente da modernidade, estão demolindo a tradição, tijolo por tijolo. Ele cita uma história recente que começa com uma cena mítica conhecida de todos os russos: um velho descrevendo a um menino o cerco nazista de Leningrado. Mas a história termina com o velho estuprando o menino. Nenhuma convenção social, nenhuma lembrança está livre de ataques.

Da mesma forma que vozes como as de T. S. Eliot, Walker Percy e Flannery O'Connor nos tem lembrado, o mundo moderno precisa voltar os olhos para os cristãos, que estão praticamente sozinhos na missão de ver a necessidade de pregos bem fixados (ou até de acreditar nela). No cenário da civilização ocidental em decadência, os cristãos ainda se apegam a uma perspectiva que atribui significado e valor a cada ser humano. O romancista Reynolds Price disse certa vez que há uma frase acima de todas as outras que as pessoas adoram ler nas histórias: *O Criador de todas as coisas me ama e me quer*. Os cristãos continuam a acreditar nessa história.

"O autor católico", disse Flannery O'Connor, "desde que tenha a mente da Igreja, entende a vida do ponto de vista do mistério cristão central: que ela, apesar de todos os seus horrores, foi criada por Deus para que valesse a pena morrer por ela". A humanidade moderna não entende que o mundo merece que Deus morra por ele. Nós, os cristãos, precisamos demonstrar isso.

Talvez a própria existência da arte — sua inerência, valor duradouro, bem como sua repercussão da Criação original — possa apontar para um magnífico Artista, um rumor da transcendência. Quinhentos anos atrás, o estudioso renascentista Pico della Mirandola proferiu seu famoso "Discurso sobre a dignidade do homem", que define a função da humanidade na Criação. Depois que Deus criou os animais, todas as funções essenciais foram cumpridas, mas o "Divino Artífice ainda sonhava com uma criatura capaz de compreender o significado dessa façanha tão imensa, uma criatura que fosse movida por amor diante de tal beleza e se encantasse com sua grandiosidade". Para contemplar e apreciar todo o resto, refletir sobre o significado, compartilhar o poder e a exuberância da criatividade, reverenciar e consagrar — todas essas funções foram reservadas às espécies feitas à imagem de Deus.

Meu palpite é que, à medida que a História analisar o século XX, o século mais caótico de todos, os artistas cristãos resistirão por ter martelado alguns pregos bem fixados. Este mundo ostenta o selo do gênio, a mancha da ruína e a promessa da restauração — aquela intuição trina da fé cristã proporciona um modelo de definição que, pelo menos, tenta responder às perguntas de Gauguin. Quem mais chega a oferecer um modelo de definição?

Frei Luis Ponce de León, um dos mestres da literatura na era dourada da Espanha, quase não sobreviveu à Inquisição. Por ter ofendido as autoridades ao traduzir Cântico dos Cânticos para o espanhol e criticado o texto da *Vulgata*, frei Luis foi arrastado à força da sala de aula em meio a uma palestra na universidade em Salamanca. Quatro anos de prisão e tortura se seguiram. Depois disso, a histeria diminuiu, e o professor submetido a humilhações, quase alquebrado, recebeu permissão para voltar à sala de aula. Depois de vasculhar suas anotações, ele iniciou a palestra com uma frase que se tornou famosa na Espanha: "Como decíamos ayer". "Como estávamos dizendo ontem...", e continuou a palestra no ponto em que havia sido rudemente interrompido.

Essas palavras são ouvidas na Rússia hoje. Um regime que tentou, mais que qualquer outro, aniquilar Deus acabou cometendo suicídio. Creio que, no futuro, à medida que a civilização continuar a implodir como uma estrela agonizante, em um vácuo intelectual e moral, outras vozes ecoarão o refrão de frei Luis. *Como decíamos ayer*. "Como estávamos dizendo ontem."

Que autores de nosso século resistirão? Certamente os poetas T. S. Eliot e W. H. Auden farão parte da lista, porque ambos foram influenciados pela sensibilidade cristã. Soljenitsyn sem dúvida fará parte da lista, mais pela dureza de suas palavras que por sua destreza. Talvez J. R. R. Tolkien também seja lido daqui a um século, pois sua invenção de um mundo diferente do nosso continuará a iluminar este. (Os leitores britânicos e os clientes da Amazon.com classificaram a obra *O senhor dos anéis*, de Tolkien, como o melhor livro do milênio.)

Conforme mencionei, um desses artistas, T. S. Eliot, faz um estudo interessante. Em razão da crise política do comunismo e nazismo, ele escreveu poucas poesias durante vinte anos, preocupando-se com assuntos mais "urgentes" como política, economia e esquemas pragmáticos em benefício da sociedade. Ele afastou-se da missão de martelar pregos bem fixados e derivou para os aguilhões. Mas quem lê essas obras hoje? A poesia de Eliot durou mais que suas ideias bem-intencionadas. Podemos aprender uma lição com Eliot? Talvez a melhor maneira de alcançar os valores que aprovamos não seja a de falar deles o tempo todo nem de tentar legislá-los, mas criar literatura e arte nas quais esses valores sejam como pregos bem fixados.

■ ■ ■ ■ ■

Há tempo de ser aguilhão e tempo de ser prego. No entanto, para que o escritor não se orgulhe tanto de sua importância, o mestre de Eclesiastes acrescenta com um suspiro: "Não há limite para a produção de livros, e estudar demais deixa exausto o corpo".

Na análise final, os aguilhões mais afiados e os pregos fixados com mais firmeza simplesmente aumentam o incômodo acúmulo de criação artística. Tenho essa sensação todas as vezes que entro em uma livraria e vejo as dezenas de títulos novos que surgiram na semana anterior. A seção de "autoajuda" me promete novas formas de salvar meu casamento, endurecer os glúteos, ter sucesso nos negócios. Se tudo isso funciona, por que há tantos divórcios, tanta gordura sobrando e tantos negócios fracassados?

Não há limite para a produção de livros. Por ser uma pessoa que ganha a vida escrevendo, confesso que preciso lutar periodicamente — a cada cinco minutos mais ou menos — contra o orgulho artístico. Toda arte é um ato de arrogância. Enquanto escrevo esta frase, tenho o atrevimento de acreditar que ele merecerá que você dedique um tempo para lê-lo. Você provavelmente não me conhece, mas mesmo assim estou pedindo que preste atenção neste livro. E veja bem: sei que você não terá nenhuma chance de reciprocidade. Será uma submissão às minhas palavras e aos meus pensamentos.

Assim que me assento no trono da autoridade e acredito no que os editores escreveram na contracapa a meu respeito, o Mestre faz-me voltar a pôr os pés no chão. Sou um falastrão que simplesmente produz mais um livro para lotar as prateleiras das bibliotecas e livrarias.

Seamus Heaney, poeta irlandês e ganhador do Prêmio Nobel, apresenta a terceira metáfora da arte em uma observação surpreendente acerca de João 8, a única cena descrita nos Evangelhos que mostra Jesus escrevendo. Jesus deixou-nos relativamente poucas palavras — qualquer um poderia memorizar todas — e falou com tanta parcimônia e precisão que cada uma pode ser vista como um aguilhão e um prego. Ao que tudo indica, no entanto, Jesus escreveu apenas uma vez. E escreveu em um momento tenso quando os fariseus levaram até ele uma mulher surpreendida em adultério, exigindo que Jesus pronunciasse a pena de morte. Jesus curvou-se e desenhou figuras na areia.

Esta é a interpretação da cena feita por Heaney, na qual ele encontra uma alegoria para poesia:

> O desenho daquelas personagens [na areia] assemelha-se à poesia, um rompimento com a vida normal, mas não uma fuga. A poesia, tal qual a escrita, é arbitrária e marca o tempo em todos os sentidos possíveis daquela frase. Ela não diz à multidão acusadora

nem à acusada indefesa: "Agora haverá uma solução", não propõe ser instrumental ou eficaz. Ao contrário, no intervalo entre o que vai acontecer e o que gostaríamos que acontecesse, a poesia prende a atenção para um espaço, não funciona como distração, mas como pura concentração, um foco no qual nosso poder de concentração volta a concentrar-se em nós.

Tanto para a poesia quanto para a prosa, há tempo de partir para a ação e tempo de instruir com sabedoria — e também tempo de simplesmente preencher os espaços da atenção.

Jesus, que participou da criação de todos os animais exóticos que vivem no Serengeti, sem mencionar meio milhão de diferentes espécies de besouros, enquanto esteve aqui na terra, não deixou nenhuma obra de arte para ser admirada por nós. Não deixou nenhuma placa de ouro nem rolos de papiro como meios de comunicação, que poderiam ter sido preservados pela Igreja e reverenciados como ícones, mas preferiu deixar uma palheta de areia da Palestina. A primeira tempestade que caiu sobre o local apagou os traços das únicas palavras escritas por Jesus.

Jesus veio, acima de tudo, para mudar vidas, escrever suas palavras no coração de seus seguidores. Seguindo os passos de Jesus, o apóstolo Paulo diria mais tarde aos coríntios: "Vocês mesmos são a nossa carta, escrita em nosso coração, conhecida e lida por todos".[2] Jesus e Paulo sabiam que apenas uma coisa deste Planeta sobreviveria por toda a eternidade: a alma de cada ser humano. Enganamo-nos com a conversa ilusória sobre a "permanência da arte": das sete maravilhas do mundo antigo, seis não sobreviveram à Idade Média.

O romancista checo Milan Kundera diz que nunca concordou com o clichê "A vida é semelhante a uma obra de arte", porque a arte é exatamente o oposto da vida, impondo uma ordem que a vida não possui. Contudo, ele fez uma exceção com referência ao dramaturgo dissidente Václav Havel, que se tornou presidente da República Checa.

---

[2] 2Coríntios 3.2. [N. do T.]

A vida de Havel, disse Kundera, foi ordenada e estruturada, exatamente como a arte. De fato, o comentário de Kundera sobre Havel deveria ser aplicado a todos os cristãos.

Enquanto permaneço sentado aqui em casa, lutando com adjetivos e advérbios, minha mulher está trabalhando como capelã no turno da noite em uma clínica para doentes terminais. Provavelmente esta noite ela presenciará a morte de alguém. Dará a notícia à família, ouvirá choro, oferecerá palavras de consolação e tocará a alma dos enlutados. E eu confesso humildemente e com vergonha que, diante desses atos, minha profissão se recolhe quanto à sua insignificância. Estou, conforme Seamus comentou, rabiscando na areia — preenchendo espaços, marcando tempo.

A arte alimenta a alma de muitas maneiras maravilhosas e pode ser parte essencial de nossa condição humana. Mesmo assim, representa uma oferta entre muitas, talvez as formas mais sublimes de prestação de serviço. Na sociedade moderna, elevamos a arte porque destronamos muitas outras coisas.

Em um momento de desespero, um dos poetas mais refinados do século XX escreveu esta declaração sombria sobre sua arte: "A história social e política não seria diferente se Dante, Michelangelo, Byron nunca tivessem existido. Nada do que escrevi contra Hitler evitou que os judeus fossem assassinados. No final, a arte é uma pequena cerveja". Auden exagerou, penso eu, mas aceito seu antídoto para a costumeira arrogância da arte. Há tempo de aguilhões e tempo de pregos; também há tempo de reconhecer que os artistas estão rabiscando na areia, preenchendo as frestas da vida, sabendo que sua criação será pisada por alguém e levada embora pelos pingos de chuva.

No entanto, consciente de sua função limitada, estou convencido de que precisamos da arte mais que nunca — o tipo de arte que preenche humildemente os espaços em nossa vida. Os filmes, a televisão e os *video games* estão, atualmente, exibindo imagens piores e mais terríveis que o mundo no qual vivemos. Se compararmos nosso tempo com qualquer outro da História, veremos que gritamos e berramos uns com os outros. Ouça a música tocada em qualquer emissora popular. Visite um museu de arte contemporânea. O mundo de hoje não contém sutileza, silêncio nem espaço. No ano em que morei na Bolívia, Henri Nouwen viu o filme *O substituto* pouco antes do Advento e ficou arrasado. "O filme estava tão cheio de imagens de ganância e sensualidade, manipulação e exploração, sensações de medo e dor, que preencheu todos os espaços vazios que poderiam ter sido abençoados pelo espírito do Advento", ele disse.

Para aqueles como eu que labutam na arte e acreditam na transcendência, este é o lugar para começar. Alguns são chamados para ser aguilhões proféticos, já outros gigantes podem estar martelando pregos bem fixados. Mas o restante pode ter o sonho, sem nenhuma vergonha, de rabiscar na areia. Os espaços precisam ser preenchidos.

O pai do violoncelista Yo-Yo Ma passou a Segunda Guerra Mundial em Paris, onde viveu sozinho em um sótão durante toda a ocupação alemã. Para restaurar a sanidade a seu mundo, ele memorizava peças de violino de Bach durante o dia, e à noite, durante o *blackout*, ele as tocava sozinho no escuro. Os sons produzidos pelo tanger das cordas mantinham a promessa de ordem, esperança e beleza. Posteriormente seu filho, Yo-Yo, aceitou o conselho do pai para tocar uma suíte de Bach, de memória, todas as noites antes de dormir. Yo-Yo Ma diz: "Não é um hábito, é uma contemplação. Você fica sozinho com sua alma".

■ ■ ■ ■ ■

Nunca me esquecerei de um encontro casual com o poder maravilhoso da arte. Estava visitando Roma e queria preencher cada dia com os tesouros apresentados pelas igrejas e museus dessa magnífica cidade. No primeiro dia, acordei bem antes do amanhecer e peguei um ônibus para o rio Tibre, nos arredores da cidade do Vaticano. Parei na ponte apoiada em colunas com os anjos de Bernini e vi o sol nascer, lançando raios alaranjados na superfície tranquila da água. Aos poucos, em silêncio, caminhei alguns quarteirões até a Basílica de São Pedro. Percorri seus espaços imensos muito antes da chegada da maioria dos turistas, em uma hora tão silenciosa que cada passo meu ecoava em suas belas paredes. Com exceção de algumas freiras fiéis, ajoelhadas em oração, eu estava sozinho.

Em seguida, subi a escada de acesso ao telhado, onde pude examinar as estátuas e contemplar a praça. Avistei uma fila comprida serpenteando fora da praça e, imaginando que fossem turistas, fiquei feliz comigo mesmo por ter chegado antes da multidão caótica. No entanto, não eram turistas, mas um coral de 200 pessoas vindas de ônibus da Alemanha. Enquanto eles lotavam a Basílica de São Pedro, entrei novamente e permaneci na galeria da cúpula desenhada por Michelangelo. Abaixo de mim, o coral formou um círculo enorme sob a cúpula e começou a cantar *a cappella*. Algumas palavras eram em latim, outras em alemão, mas isso não fazia diferença. Dentro daquela cúpula magnífica com sua acústica perfeita, fui praticamente alçado pela música. Tive a sensação de que, se levantasse os braços, a própria música me sustentaria.

Michelangelo, sem dúvida o maior artista até hoje, confessou posteriormente que sua obra expressou toda a fé que tinha. Quando sua vida estava chegando ao fim, ele escreveu estas linhas:

> E agora, desta louca paixão,
> que me fez aceitar a arte como um ídolo e um rei,
> conheci o peso do erro que ela carrega [...].
> As frivolidades do mundo roubaram-me o tempo
> que me foi dado para pensar em Deus.

Talvez. Mas Michelangelo e outros como ele nos ajudaram, por meio de seu trabalho às vezes como aguilhões, às vezes como pregos, às vezes como rabiscadores na areia, a que abandonemos as frivolidades do mundo e nos deram tempo para uma reflexão como aquela. Minhas outras lembranças da Itália incluem poluição, longas filas, trânsito congestionado e ronco de motocicletas. Mas por aquele momento único dentro da Basílica de São Pedro eu habitei um espaço glorioso na terra, um momento do tempo fora do tempo. A arte cumpriu sua missão.

# Capítulo 11
## Arte e propaganda

Se eu tivesse de citar o desafio mais importante para os autores cristãos, principalmente aqueles relativos à cultura mais ampla, diria que é o equilíbrio correto entre a arte e a propaganda. O autor de não ficção precisa expressar a mensagem cristã em uma estrutura e estilo que satisfaçam as exigências da integridade artística. O autor de ficção esforça-se para incluir uma mensagem não forçada e autocoerente dentro de uma narrativa verossímil.

A arte cristã ganhou a fama de errar pelo lado da propaganda. Em consequência disso, os romances, principalmente os filmes, com tema cristão explícito provocam certo ar de superioridade ou até de zombaria em alguns círculos. Grande parte dessa resistência secular é hipócrita, porque os cristãos não são os únicos propagandistas em ação. Eu poderia relacionar muitas obras completamente propagandísticas da área da ciência e da política. Michael Moore produz documentários descarados com uma mensagem direcionada, e o filme de maior sucesso de todos os tempos, *Avatar*, não é nem um pouco sutil. Evidentemente, alguns tipos de propaganda encontram maior aceitação que outros.

A Igreja, outrora uma força dominante para incentivar a expressão artística, hoje ficou muito para trás — em grande parte, creio eu, por causa do desequilíbrio entre a arte e a propaganda.

> Se alguém me dissesse que tenho capacidade para escrever um romance explicando cada questão social de um ponto de vista que considero ser o correto, eu não gastaria duas horas trabalhando nele. Mas, se me dissessem que o que estou escrevendo será lido daqui a vinte anos pelas crianças de hoje, e que essas crianças vão rir, chorar e aprender a amar a vida ao ler estas palavras, eu dedicaria minha vida inteira e energia nesse projeto.

O homem que escreveu essas palavras, Leon Tolstoi, vacilou entre a arte e a propaganda. Vinte anos, até cem anos depois de sua morte as pessoas ainda estão rindo, chorando e aprendendo a amar a vida ao ler seus livros, enquanto outras também estão meditando nesse ponto de vista particular sobre as questões sociais, morais e religiosas, questionando-as e reagindo a elas. Embora essa citação de Tolstoi penda com firmeza para o lado da arte, as veias da propaganda correm por seus romances, inspirando alguns leitores e enfurecendo outros. Em obras de não ficção como *O que é arte?*, o excelente romancista tende sem dúvida para a propaganda.

Como um ímã bipolar, o autor cristão sente o puxão das forças opositoras: o desejo de comunicar o que dá significado à vida contra-atacado por uma inclinação artística para a autoexpressão, forma e estrutura que nenhuma "mensagem" é capaz de interromper. Resultado: um puxão constante e dicotômico para o lado da propaganda e da arte. A palavra "propaganda" transmite o odor de manipulação injusta ou distorção dos meios para alcançar determinado fim, mas eu uso o sentido original da palavra conforme foi criado por um papa que organizou a Faculdade de Propaganda no século XVII a fim de divulgar a fé cristã. Como autor cristão, admito que luto pela propaganda nesse sentido. Quando escrevo, quero que os leitores considerem verdadeiro o ponto de vista que sustento.

No entanto, tenho observado que alguns cristãos se submetem com muita facilidade à atração da propaganda e se afastam da arte.

Reagiriam com descrença às palavras de Tolstoi: escolhendo um romance que os distraia e alimente um amor pela vida em vez de dar preferência a uma obra de estudo que resolva cada problema social (melhor ainda, religioso) da humanidade! Como alguém é capaz de perder tempo com uma simples obra artística — música bonita, arte agradável aos olhos, literatura intensa — quando a injustiça domina as nações e o mundo decadente caminha a passos largos para a destruição? Não é o mesmo que ficar parado vendo o circo pegar fogo? Os romances escritos por evangélicos, principalmente, inclinam-se para a propaganda (histórias bíblicas transformadas em ficção e enredo fantástico sobre a Segunda Vinda) e afastam-se da arte.

O escritor, o cineasta, o pintor ou o músico cristãos precisam entrar em ação em algum ponto desse campo magnético entre a arte e a propaganda. Há uma força que nos tenta a dar menos valor à arte e pregar uma mensagem singela; outra tenta-nos a moderar ou alterar a mensagem para favorecer as sensibilidades artísticas. Por ter vivido no meio dessa tensão durante várias décadas, reconheço agora que ela é saudável. O sucesso quase sempre se encontra nos extremos: por exemplo, um autor pode ter sucesso na subcultura cristã e falhar na propaganda. Mas, aos poucos, a fenda entre o mundo cristão e o mundo secular se alargará, e chegaremos ao ponto de escrever e vender livros somente para nós mesmos. Por outro lado, o artista cristão não pode simplesmente absorver os padrões do mundo mais amplo, que tolera muito pouco a manifestação da fé.

C. S. Lewis examinou a polaridade no discurso "Aprendendo em tempos de guerra" aos alunos de Oxford que tentavam concentrar-se em assuntos acadêmicos, enquanto seus amigos lutavam nas trincheiras da Europa e fugiam dos ataques aéreos da Alemanha sobre Londres. Como, Lewis perguntou, essas criaturas que estão caminhando rumo ao céu ou ao inferno podem gastar tempo em trivialidades comparativas, como literatura, arte, matemática ou biologia (sem falar da área da literatura medieval de Lewis)?

A resposta mais óbvia é que o próprio Deus investiu muita energia no mundo natural. No Antigo Testamento, Deus criou uma cultura distinta e incentivou os seguidores, "o povo do Livro", a empregar várias formas que tivessem longa duração, como as obras-primas literárias. Quanto à biologia e à física, tudo o que sabemos sobre elas é que se originam do trabalho árduo de procurar indícios no ato de Deus ao criar o mundo.

Embora afirme a necessidade de boa arte e boa ciência, Lewis também admite que o cristianismo derruba a cultura de seu pedestal. A salvação de uma única alma, diz ele, vale mais que toda poesia, arte dramática e tragédia que já foram escritas. Como cristão, preciso reconhecer esse valor intrínseco e, no entanto, por que reajo de maneira tão intensa a essas tragédias culturais como o incêndio na biblioteca de Alexandria, a destruição do Parthenon durante as Cruzadas e o bombardeio das catedrais na Segunda Guerra Mundial e dou pouca atenção aos milhares de civis anônimos enterrados nos escombros daquelas construções?

Vivemos em um mundo divinamente criado, mas caído. A beleza está por toda parte, e estamos certos em buscá-la e reproduzi-la. Embora também sobejem tragédias e desespero, devemos descrever com veracidade a condição humana e tratá-la na mesma linha. É por isso que admito tanto a arte como a propaganda, resistindo à pressão de me conformar com uma ou com outra.

Por ter vivido no meio da tensão entre a arte e a propaganda ao longo dos anos, aprendi algumas orientações que permitem uma síntese das duas. Sempre que não sigo uma dessas orientações, tenho a sensação de que pendi demais ou para o lado da arte ou para o lado da propaganda. Em ambos os casos, minhas mensagens se perdem, seja por causa de uma comunicação afetada, seja por causa de uma verbosidade vazia. Em minha mente, os autores cristãos contemporâneos pecam pelo lado da propaganda, não da arte, por isso minhas orientações são dirigidas principalmente a esse erro.

1. *O propagandista habilidoso leva em consideração a capacidade de percepção do público.*

Para o autor (ou palestrante) cristão que deseja comunicar-se com um público secular, eu não posso ressaltar esse cuidado de maneira muito forte. Na verdade, é preciso considerar dois grupos diferentes de vocabulário. As palavras que significam alguma coisa para você, como cristão, podem ter um significado completamente diferente, às vezes até antiético, para um leitor ou ouvinte secular. Pense nestes exemplos. A palavra "pena" pode significar *piedade*: ao cuidar dos pobres e necessitados, a pessoa quer agir de modo semelhante a Deus, portanto, é piedosa ou sente pena dos desfavorecidos. Da mesma maneira, conforme sabem os leitores da *Versão King James*[1], "caridade" é um exemplo da graça de Deus, um sinônimo de amor, como lemos na famosa passagem de 1Coríntios 13, lida frequentemente nos casamentos. Ao longo dos séculos, o significado das duas palavras foi modificado, e toda a teologia subjacente desapareceu. "Não quero que sintam pena de mim!" ou "Não quero caridade!", protestam os necessitados hoje.

Semelhantemente, muitas palavras que usamos agora para expressar fé pessoal podem ser mal interpretadas. A palavra "Deus" ou a expressão "Pai nosso" podem conter toda espécie de imagens inapropriadas, a menos que o cristão explique o que ele quer dizer. "Amor", uma palavra teológica muito importante, perdeu grande parte de seu significado — para entender o que a palavra quer dizer atualmente, ligue o rádio e sintonize uma emissora de música popular. Continuo usando a palavra "evangélico", embora muitos amigos meus a tenham abandonado, porque o público secular a entende como sinônimo de *conservador* ou *fundamentalista*.

À medida que o significado das palavras muda, os comunicadores cristãos precisam adaptar-se a elas, escolhendo palavras e metáforas que se adaptem à cultura. Um conceito só fará sentido se o público tiver a

---

[1] Ou da *Versão Almeida Revista e Corrigida*. [N. do T.]

capacidade de assimilá-lo. Se eu vir uma garotinha de 3 anos pondo a vida em risco, preciso adverti-la com palavras que ela entenda. Se ela decidir enfiar o dedo na boca e depois em uma tomada elétrica, não vou sair à procura de um manual de primeiros socorros e iniciar um monólogo sobre ampères, volts e corrente elétrica. Ao contrário, é mais provável que eu segure a mão dela e diga algo mais ou menos assim: "Há fogo aí dentro! Vai queimar você!". Mesmo sabendo que não há fogo dentro da tomada, vou preferir usar uma expressão que possa ser entendida por uma criança de 3 anos.

Andrew Young conta que aprendeu uma lição importante de sobrevivência durante a luta pelos direitos civis. "Não julgue o adversário com base no que você pensa dele", diz Young. "Aprenda a pensar como o adversário." Ele mencionou essa lição na época em que os iranianos fizeram alguns reféns, quando os noticiários estavam usando adjetivos como "selvagens, loucos, demoníacos" para descrever os líderes do Irã. Esses rótulos, disse Young, não facilitam nem um pouco a comunicação. Para entender o Irã, precisamos, antes de tudo, entender o ponto de vista deles. Para os militantes que depuseram o xá do Irã, ele era tão desumano e violento quanto Adolf Hitler; portanto, indignaram-se com os Estados Unidos, que ofereceram refúgio ao xá, da mesma forma que nos indignaríamos com um país que desse abrigo a Hitler.

De forma paralela, quando os cristãos tentam comunicar-se com os não cristãos, precisamos, antes de tudo, analisar seus princípios com muito cuidado e imaginar como receberão a mensagem que estamos transmitindo. Esse processo exerce influência nas palavras que escolhemos, na forma e, mais importante ainda, no conteúdo que queremos comunicar. Se pecarmos por exagerar no conteúdo, conforme os cristãos costumam fazer, o resultado final será o mesmo que não ter oferecido nenhum conteúdo.

Alexander Soljenitsyn aprendeu esse princípio depois de ser libertado dos campos de concentração, quando seus escritos começaram finalmente a ser aceitos pela imprensa literária soviética. Em *The Oak and the Calf*, ele relembra: "Mais tarde, quando saí da clandestinidade e comecei a esclarecer as obras que eu havia escrito para o mundo lá fora, esclarecer todas de um modo que meus compatriotas pudessem aceitá-las, ainda que com muita dificuldade, descobri, para minha surpresa, que uma obra só tinha valor, que seu efeito ganhava maior destaque, quando os tons mais ásperos eram abrandados".

Soljenitsyn andou constantemente na corda bamba entre a arte e a propaganda. Muito esclarecimento e muito abrandamento podem diluir a mensagem. "Não há nenhuma necessidade de escrever a palavra "Deus" com letra maiúscula — isso é arcaico", os censores soviéticos tentaram persuadi-lo. "Se você quiser que publiquemos seu belo romance sobre Ivan Denisovich, basta eliminar essa linha problemática". Soljenitsyn resistiu a esse pedido; escreveu a palavra "Deus" com letra maiúscula e deixou esta passagem controvertida: "Eu me eliminei e disse a Deus: 'Tu estás nos céus, ó Criador. Tua paciência é grande, mas teus golpes são pesados'." Se aceitasse tal pressão, a mensagem do autor seria totalmente anulada.

Quando se dirige a um público secular, o cristão precisa manter o equilíbrio entre deixar a mensagem intacta e adaptá-la ao público. As pessoas de fé encontram Deus em toda parte. Programamos os eventos diários para que sejam atividades para Deus. Vemos a mão de Deus na natureza e na Bíblia. Deus parece totalmente claro para nós. Mas a mente secular pergunta como alguém pode encontrar Deus no labirinto de cultos, religiões e charlatões, todos clamando por atenção contra o pano de fundo de um planeta esquecido por Deus. Se não entendermos verdadeiramente esse ponto de vista, e não falarmos de modo que a mente secular seja capaz de compreender, nossas palavras terão o som inútil de uma língua desconhecida.

2. *A propaganda habilidosa trabalha como dedução, não como racionalização.*
Os psicólogos identificaram um processo instintivo de racionalização na mente humana, ao qual deram o nome de *dissonância cognitiva*. Em condições normais, a mente humana, resistente a um estado de

tensão e desarmonia, trabalha para remendar as discrepâncias com um processo autoafirmativo de racionalização.

Estou atrasado para um almoço com um editor. Evidentemente, a culpa não é minha. Deve ser do trânsito. Ou de minha mulher. Ou dos outros participantes que chegaram pontualmente.

Meu artigo é rejeitado. Começo imediatamente a consolar-me dizendo que centenas de manuscritos foram rejeitados naquele dia. Talvez o editor tenha tido um péssimo café da manhã. Talvez ninguém tenha sequer lido meu manuscrito. Surgem vários fatores para justificar a rejeição, o modo que minha mente encontra de silenciar a cacofonia causada por aquela notícia desagradável.

Defino o processo de racionalização de maneira muito simples: ocorre quando uma pessoa já sabe qual é o resultado final e pensa de trás para a frente. A conclusão é um elemento conhecido; eu simplesmente preciso encontrar uma forma de defender aquela conclusão.

Encontrei casualmente um exemplo de racionalização alguns anos atrás quando pesquisava um artigo sobre os tradutores da Bíblia *Wycliffe*. Uma vez que, na época, havia muitos boatos sobre o envolvimento da CIA com a *Wycliffe*, achei importante tentar rastreá-los. Portanto, telefonei para os críticos manifestos da *Wycliffe* do país inteiro. Um deles, professor na Universidade de Nova York, insistiu que a *Wycliffe* era definitivamente subsidiada pela CIA. Pedi provas. *"Está na cara"*, ele replicou. "Eles dizem que seu orçamento anual de 30 milhões de dólares vem das doações das igrejas fundamentalistas. Você e eu sabemos que não há 30 milhões de dólares disponíveis nessas igrejas. É claro que estão recebendo dinheiro de outro lugar". Se aquele professor tivesse feito uma pequena pesquisa, teria descoberto que cada um dos cinco principais televangelistas de televisão estava recebendo 50 milhões de dólares anualmente de donativos dos simpatizantes religiosos. Certamente os recursos arrecadados nos Estados Unidos eram grandes o suficiente para justificar as contribuições para a *Wycliffe*. Mas ele começou com uma conclusão prévia e raciocinou em ordem inversa: do fim para o começo.

Soljenitsyn ouviu uma racionalização surpreendente quando o editor soviético Lebedev lhe disse: "Se Tolstoi estivesse vivo hoje e escrevesse como escreveu na época [isto é, contra o governo], ele não seria Tolstoi". A opinião de Lebedev sobre o governo de seu país era tão firme que ele não podia permitir que alguém o ameaçasse, portanto racionalizou que Tolstoi seria uma pessoa diferente e pensaria de modo diferente sob um novo regime.

Infelizmente, grande parte do que leio na literatura cristã tem um eco de racionalização. Tenho a sensação de que o autor começa com uma conclusão já estabelecida e prepara-se para proporcionar amparo lógico a essa conclusão. Grande parte do que leio sobre depressão, suicídio e homossexualidade parece ter sido escrita por pessoas que começaram com uma conclusão cristã e não conhecem a caminhada de angústia, muito bem conhecida das pessoas que lutam contra depressão, suicídio e homossexualidade. Não é de admirar que os artigos e os livros sobre "como fazer isto ou aquilo" não soam verdadeiros.

Uma conclusão só terá impacto se o leitor estiver preparado para conhecer as fases preliminares antes de ser confrontado com a conclusão. O final deve ser a consumação do que se passou, não o começo.

C. S. Lewis, Charles Williams e J. R. R. Tolkien lutaram com esses problemas enquanto trabalhavam em obras de ficção com base em uma cosmovisão cristã. Lewis e Tolkien descartaram os leitores cristãos bem-intencionados que tentavam identificar todo o simbolismo detalhado em seus livros. Embora alguns paralelos sejam óbvios, os dois autores negaram que tivessem essa intenção. As personagens apontam, sim, para a verdade cristã, mas simbolizam uma verdade cósmica mais profunda e subjacente. Não se pode argumentar de trás para a frente e considerar Aslam e Gandalf simples representações simbólicas — isso destruiria sua individualidade e impacto literário.

O autor católico moderno Walker Percy disse certa vez sobre sua habilidade para a escrita: "A ficção não diz o que você não sabe. Diz o que você sabe, mas não sabe que sabe". Uma boa obra cristã cria uma espécie de capa protetora. Para ser eficaz, o comunicador cristão deve estabelecer seu ponto de vista no âmbito do leitor antes que o leitor o reconheça conscientemente.

3. *A propaganda habilidosa precisa ser "sincera".*
Coloquei a palavra "sincera" entre aspas porque me refiro apenas a seu significado original. Assim como tantas outras, essa palavra foi distorcida pelo mercantilismo moderno, de modo que seu significado passou a ser o oposto.

Pense, por exemplo, em um vendedor tímido que não se mistura com os outros nas festas e não mostra firmeza nas vendas por telefone. Seu gerente envia-o a um curso de Dale Carnegie para aumentar sua autoconfiança. "Você precisa ser *sincero* para ter sucesso em vendas", aprende o novato, e começa a pôr várias técnicas em prática. "Comece com um aperto de mão — que deve ser firme e confiante. Tente algumas vezes. Agora que você assimilou esta parte, vamos trabalhar no contato olho no olho. Veja, quando você aperta minha mão, deve olhar diretamente nos meus olhos. Não desvie o olhar nem titubeie. Olhe direto para mim — essa é a marca da sinceridade. Seu cliente deve sentir que você se importa com ele." Por um salário de algumas centenas de dólares, nosso vendedor inseguro aprende as técnicas da sinceridade. Seus próximos clientes se impressionam com sua percepção, confiança no produto que vende e interesse por eles, tudo porque ele aprendeu uma nova linguagem corporal.

Uma técnica adquirida para comunicar algo que não esteja presente é, de fato, o oposto do significado verdadeiro de sincero. De acordo com alguns especialistas em línguas, a palavra era originariamente um termo usado pelos escultores, derivada de duas palavras latinas, *sin cere*, "sem cera". Até o melhor dos escultores comete ocasionalmente um erro ao usar o cinzel, causando um entalhe malfeito. Os escultores que trabalham com mármore sabem que a cera misturada com a tonalidade de cor apropriada pode preencher o entalhe de modo tão perfeito que poucos observadores conseguem ver a falha. No entanto, uma peça verdadeiramente perfeita, aquela que não necessita de nenhum toque artificial, é *sin cere*, sem cera. A aparência deve ser exatamente igual à essência; sem nenhum disfarce, nenhuma cobertura.

A propaganda transforma-se em má propaganda por causa da cera que os autores aplicam em sua obra. Se conseguíssemos escrever de uma forma sincera que retratasse a realidade, os detalhes da obra reforçariam sua mensagem central. Caso contrário, os leitores verão as falhas e julgarão nosso trabalho de acordo com elas.

Ri alto quando li os conselhos dos censores soviéticos a Soljenitsyn, porque as palavras deles poderiam ter sido escritas pelo editor de uma revista evangélica. Suavize as críticas, disseram-lhe. Edite suas descrições realistas das imperfeições do comunismo de modo que suavize o efeito geral. Todo poder, quer cristão quer secular, deseja uma literatura moral e encorajadora — desde que saibam definir o que compõe a moralidade e o encorajamento.

As histórias escritas por evangélicos — biografia, ficção ou ilustrações de uma narrativa — quase sempre revelam uma mancha de cera sobre as falhas óbvias. Deixamos de fora os detalhes da luta e do realismo que não se encaixam perfeitamente na mensagem da propaganda. Ou incluímos cenas sem nenhum realismo simplesmente para reforçar nosso argumento. Até um observador inexperiente pode localizar as falhas, e basta apenas uma ligeira saliência aqui ou ali para estragar uma obra de arte.

■ ■ ■ ■ ■

Todas essas tentações em torno da propaganda se intensificam com um público cativo e complacente. Quando não temos de persuadir as pessoas para que aceitem nosso ponto de vista, o realismo pode transformar-se em obstáculo. O público cristão aplaude livros nos quais toda oração é respondida e toda doença é curada, mas, se esses livros não refletirem a realidade, não terão sentido para um público cético. É muito comum a literatura evangélica ser considerada estranha e não convincente ao mundo mais amplo, como um tratado de cientologia ou uma edição do jornal *Daily Worker*.

Para ter um modelo dessas três orientações da comunicação habilidosa, precisamos apenas seguir o Criador. Deus levou em consideração a capacidade do público de perceber o maior de todos os sentimentos — deixando de lado sua divindade e tornando-se a *Palavra*, um de nós, com todas as limitações do corpo humano. Em todas as principais revelações — Criação; Jesus, o Filho; a Bíblia —, Deus concedeu evidência suficiente apenas àqueles que têm fé e desejam seguir o raciocínio que leva à verdade, sem nunca oprimir a liberdade humana. E, quanto a ser sincero, existe um livro mais terreno, mais realista, que a Bíblia?

Um amigo meu, cirurgião de mãos, foi despertado de um sono profundo às 3 horas por um telefonema, convocando-o para uma cirurgia de emergência. Ele é especialista em microcirurgia; faz ligações entre nervos e vasos sanguíneos mais finos que um fio de cabelo humano e realiza procedimentos meticulosos de doze horas de duração sem nenhuma pausa. Enquanto tentava vencer o torpor causado pelo sono, ele entendeu que necessitava de motivação extra para suportar aquela maratona cirúrgica. Por impulso, ligou para seu pastor e despertou-o também. "Vou realizar uma cirurgia muito complicada e, desta vez, preciso de alguma coisa a mais para me concentrar", disse. "Gostaria de dedicar esta cirurgia ao senhor. Se eu pensar no senhor durante a cirurgia, conseguirei ir até o fim."

Eu pergunto: esta não deveria ser a resposta de um artista cristão a Deus — uma oferta de nosso trabalho, dedicando-o ao Pai por todas as suas dádivas? Se a resposta for "sim", como ousamos produzir propaganda sem arte, ou arte sem significado?

Para aqueles poucos que alcançam o sucesso e se tornam exemplos de excelência artística, a mensagem do cristão adquire o brilho do significado eterno. Ao analisar posteriormente a vida de T. S. Eliot, Russell Kirk disse: "Ele fez a voz do poeta ser novamente ouvida e, portanto, triunfou; por conhecer a comunidade do povo, ele libertou outros do cativeiro do tempo e da solidão; remando contra os ventos da doutrina, ele afirmou princípios permanentes. E sua comunicação queima como fogo e vai muito além da linguagem da vida".

## Capítulo 12
## A música de Deus

Quando alguém lhes pergunta o que os levou a ter fé, os cristãos quase sempre mencionam fatores como um sermão comovente, uma família que ora, uma reunião evangelística ou conhecimento da Bíblia. Eu incluiria a natureza e a música clássica como fatores que despertaram minha vida espiritual. Cresci em um ambiente carregado de clichês, folhetos evangelísticos e atividades espirituais prescritas. Pouco tempo depois, eu não sabia mais distinguir uma oração verdadeira de uma oração decorada, ou uma atitude autêntica de uma atitude hipócrita.

Em certo sentido, eu havia sido vacinado contra a verdade espiritual por ter ouvido aquilo tudo antes. Durante os anos na faculdade, uma nova agitação tomou conta de mim: o gosto pela beleza. Eu fazia longas caminhadas pelas florestas de pinho da Carolina, acompanhava o voo das borboletas ziguezagueando pelos campos, contemplava a Via Láctea realçando o céu. E, tarde da noite, entrava de mansinho na capela da faculdade e tocava Chopin, Schubert e Beethoven no piano de cauda Steinway.

É difícil demais ser grato e não ter ninguém para agradecer, sentir-se maravilhado e não ter ninguém para adorar. Aos poucos, bem aos poucos mesmo, retornei à fé que rejeitei na infância. Mais precisamente, fui *atraído* de volta pela sensação de saudade que C. S. Lewis descreveu como uma espécie de pré-estreia: "o aroma de uma flor que não encontramos, o eco de um som que não ouvimos, a notícia de um país que nunca visitamos".

Sei que a música e a natureza são experiências subjetivas, que um xintoísta japonês tira conclusões diferentes da natureza, que um apaixonado pode ouvir a *Cantata de casamento*, de Bach, pensando apenas em sua amada, não em Cristo (ou, pior que tudo, pode preferir uma versão *rap* do amor romântico). Ainda assim, a natureza e a arte podem também servir de canais da graça de Deus. Sem a natureza e a arte, eu não poderia sentir temor reverencial, glória e alegria. Com elas, posso compreender melhor algumas noções como separação e redenção e, finalmente, ressurreição.

■ ■ ■ ■ ■

Estou recostado em uma poltrona macia ouvindo um palestrante recitar estas palavras tão conhecidas: "Creio em um só Deus, Pai todo-poderoso, Criador do céu e da terra, e de todas as coisas visíveis e invisíveis. Creio em um só Senhor, Jesus Cristo, Filho unigênito de Deus, nosso Senhor, gerado do Pai antes de todos os séculos, Deus de Deus, Luz da Luz, verdadeiro Deus de verdadeiro Deus, gerado, não criado, da mesma substância do Pai [...]". As palavras prosseguem em tom monótono, uma repetição do conhecido *Credo niceno*, palavras que, um dia, provocaram debate acalorado e conselhos inflamados da igreja, mas que, incrustadas nas cracas do tempo, hoje normalmente provocam um resmungo ritualístico ou um bocejo abafado.

No entanto, quando o palestrante termina, a plateia aplaude com entusiasmo. Alguns batem os pés no chão, e outros gritam "Bravo!", enquanto uma meia dúzia assobia com os dedos na boca. Olho ao redor. Estas pessoas não são carismáticas participando de uma reunião de profecias; são corretores da Bolsa de Valores, advogados, executivos e pessoas importantes da sociedade; todas pagaram um bom dinheiro para ouvir o *Credo niceno*. A maioria deixou de ver a ironia que se agiganta diante de mim: igrejas praticamente vazias por toda a cidade de Chicago, onde se ouve um "Amém!" aqui, outro ali (muito menos aplausos vibrantes), ao passo que essa gente erudita que despreza a religião lota o Orchestra Hall para ouvir a *Missa Solemnis*, de Beethoven.

O "palestrante" neste caso, se eu confundi o leitor, é o Coral Sinfônico de Chicago e seus solistas. No entanto, eles estão transmitindo as palavras pronunciadas pelo Concílio de Niceia em 325 d.C. Essas mesmas palavras, conforme interpretadas por Mozart e Haydn ou linguisticamente adaptadas por Brahms ou Berlioz, são repedidas com frequência por profissionais qualificados em todas as grandes cidades.

Conheço poucos músicos e não imagino que eles atuem como clérigos por vontade própria. Felizmente para os descrentes do coro essas palavras altamente carregadas de graça apresentam-se em um belo conjunto de frases rítmicas em latim que saem da língua com segurança. Mas, enquanto observo, parece que ocorre algo muito próximo de um milagre. Um tenor judeu na terceira fila, que "se preparou" para a apresentação com três Manhattans, que não dá a mínima para "o Unigênito Filho de Deus", cujo queixo está marcado com lápis estíptico e colarinho respingado de sangue por ter se barbeado com muita pressa — o rosto desse tenor transforma-se. A aspereza se esvai; ele suspira fundo, um suspiro de esperança e livramento do mundo ansioso fora do palco e canta a plenos pulmões "Agnus dei, Agnus dei" — "Cordeiro de Deus, que tiras os pecados do mundo, tem misericórdia de nós" — como se essa fosse a única súplica que ele houvesse feito. Talvez, por um momento fugaz, tenha sido.

Talvez o enrugado Beethoven, que, segundo dizem, empunhou iradamente a mão fechada em direção ao céu trovejante antes de render-se à morte, quis mesmo dizer as palavras enquanto as revirava em sua mente silenciosa à procura da maneira mais profunda de transportá-las para a música. A música, tão misteriosa para transportar pensamentos tão etéreos de ser expressados, assume o poder, dominando o compositor, a maestrina, os músicos e cantores, a plateia. Por algumas horas, as preocupações da orquestra quanto ao nível salarial dos empregados do ramo da construção e as festas após a apresentação, bem como minhas ansiedades quanto aos prazos de entrega e telefones tocando sem parar, rendem-se à sublime contemplação do incomensurável.

Até os críticos musicais mais ferrenhos são vulneráveis. Ao escrever sobre a gravação de *Réquiem alemão*, de Brahms, pela Sinfônica de Chicago, o crítico musical do *San Francisco Chronicle* escreveu: "A apresentação é divina (em vários sentidos). Constitui uma experiência superpoderosa, que não é apenas técnica e estilisticamente perfeita, mas comovente de uma forma religiosa excepcional. Quando o coro canta 'O Cristo vivo', até mesmo um ateu é capaz de acreditar nele".

No ensaio para o *Réquiem* pelo mesmo coral, ouvi a maestrina Margaret Hillis repreender as vozes que não se apresentaram a contento. "Isso é bom para qualquer outro coral do mundo", disse após uma passagem sublime. Esperou duas batidas e acrescentou: "[...] mas não para a Orquestra Sinfônica de Chicago". Finalmente, como se estivesse tentando dar uma última cutucada, ela implorou ao grupo de músicos extraordinários: "Se vocês não acreditam em Deus, pelo menos acreditem em Brahms!".

■ ■ ■ ■ ■

Depois de ler artigos (e, claro, de escrever alguns) depreciando a civilização ocidental e a estrutura econômica injusta que sustentou Beethoven e Mozart, bem como outras lamentações contra a revolução industrial que produziu discos para computador, materiais plásticos e o motor de combustão interna, eu ofereceria um voto de gratidão pela música e pela tecnologia que tornou tudo isso democraticamente acessível. Na privacidade de meu escritório, posso ouvir excelentes apresentações que antes eram reservadas apenas aos ouvidos da realeza.

Embora eu tenha dúvidas quanto a alguns produtos da tecnologia moderna, como o Twitter e o telefone móvel equipado com televisão, sou abençoado todos os dias por este recurso que as gerações anteriores não tiveram: posso convidar ao meu estúdio o Coral Bach de Munique ou a Orquestra Real do Concertgebouw. Posso sentar diante de meus palestrantes e ouvir embevecido, como fazia a nobreza europeia que autorizou o envio dessas obras a seus grandes salões e capelas particulares. Ou posso diminuir o volume e usá-la como música de fundo, mesmo enquanto escrevo estas palavras.

Por ser uma pessoa de fora, preciso perguntar: quando os cristãos somam o retorno do investimento de apoiar programas cristãos no rádio e televisão, ou a frequência nos cultos matutinos das igrejas, será que nos esquecemos do impacto cumulativo desses testemunhos a um Cristo vivo, feitos por gênios musicais da História?

Quanto à musica, ninguém questiona os méritos das obras religiosas duradouras de Mozart, Händel ou Bach. Mas o que dizer do valor dessas obras como reflexo da fé pessoal dos compositores? Será que eles tinham intenção de dar testemunho de seus sentimentos religiosos mais profundos?

A resposta varia de acordo com o compositor. Poucos tiveram uma vida disciplinada de espiritualidade humilde, cujos melhores exemplos são os piedosos César Franck e Anton Bruckner. O último escreveu suas obras para refletir sua fé de que Deus é bom e que tudo o que fazemos deve ser para glorificar a Deus. Enquanto trabalhava firme em sua *Décima sinfonia*, ele fez a seguinte observação a Gustav Mahler: "Agora preciso trabalhar muito [...]. Caso contrário, não serei aprovado diante de Deus, diante de quem em breve me apresentarei. Ele dirá: 'Por que eu lhe dei talento, a não ser para você cantar louvores a mim e me glorificar? Mas você fez muito pouco' ". A princípio, Brucker provocou o desprezo dos alunos da universidade. Usando um paletó rural da Alta Áustria, onde nasceu, com uma cabeça maior que o normal e rosto enrugado, ele parava abruptamente suas preleções quando os sinos tocavam em uma igreja na vizinhança. E, ali no chão da sala de aula, ajoelhava-se para orar antes de retomar a preleção. Poucos, contudo, deixavam de sair impressionados com sua extrema sinceridade e a música de fé que ele produzia, semelhante à de uma catedral.

Dois outros compositores famosos, Händel e Mendelssohn, atuaram quase como evangelistas, deixando como memorial magníficas histórias e temas bíblicos em épicos representados vividamente nos palcos.

Händel criou 20 oratórios, inclusive *Saul*, *Israel no Egito*, *Jefté* e uma das peças clássicas mais tocadas até hoje, *O Messias*. Ele transformou as histórias bíblicas em óperas, infundindo-lhes tensão e drama. Na estreia de *Sansão*, o público chorou abertamente quando o protagonista gritou: "Eclipse total — não há Sol! Tudo escuro no calor do meio-dia!". O próprio Händel, já idoso, estava em pé no palco, totalmente cego.

Um amigo meu visitou a Rússia antes e depois da queda do comunismo. Em 1983, alguns turistas jovens e exuberantes haviam sido presos por exibir uma bandeira na Praça Vermelha com a saudação tradicional do Domingo de Páscoa: "Cristo ressuscitou!". Os soldados cercaram os "arruaceiros" que cantavam hinos, rasgaram a bandeira e os levaram presos. Em 1993, exatamente uma década depois daquele ato de desobediência civil, meu amigo voltou a visitar a Praça Vermelha no Domingo de Páscoa. Por toda a praça havia pessoas saudando umas às outras: "Cristo ressuscitou!". "Sim! Ele ressuscitou!". Naquele ano, o Teatro Bolshoi patrocinou pela primeira vez uma apresentação e transmitiu *O Messias*, de Händel — que foi, afinal, apresentado pela primeira vez na Páscoa, não no Natal. No final da apresentação, o maestro levantou uma cruz ortodoxa enorme e a primeiro-soprano testemunhou aos telespectadores de todo o país que seu Redentor estava realmente vivo. "Que música linda é esta?", os anfitriões russos perguntaram a meu amigo. Eles nunca tinham ouvido *O Messias*, de Händel, banido da Rússia por sete décadas. (A história se repete: em 2008, o governo comunista da China proibiu apresentações públicas de *O Messias* e de outras músicas religiosas ocidentais.)

Felix Mendelssohn contribuiu com dois oratórios, *São Paulo* e *Elias*, bem como duas encantadoras sinfonias religiosas, porém raramente ouvidas: *Hino de louvor*, centralizado no hino "Agradeçamos tudo ao nosso Deus", e *A sinfonia da Reforma*, composta em torno dos grandes hinos da Reforma Protestante. Em uma cruel reviravolta na história, Mendelssohn foi rejeitado em quase todo o século XX, em parte por causa do programa de Hitler de proibir a exibição de concertos que tivessem influência judaica. (Embora Moses, o avô de Felix, fosse um filósofo judeu, Felix e seu pai converteram-se ao cristianismo.)

Duas pessoas de origem católica, Mozart e Haydn, produziram grande quantidade de músicas religiosas, mas principalmente por motivos econômicos: as comissões de eventos especiais na igreja eram-lhes vantajosas. Nenhum outro compositor pode ser descrito tão místico como Mozart, apesar de ele ter se comovido tanto com o *Requiem Mass*, no qual trabalhou até a morte, que seu médico tentou tirar o manuscrito de suas mãos para que ele não ficasse muito agitado.

A música religiosa de grande devoção chegou a ser escrita até por compositores sem religião. Pense em Tchaikovski, um homossexual infeliz e paranoico amante da bebida, que produziu uma valiosa composição musical de *A oração do Senhor* e *Divina liturgia de João Crisóstomo*. Seu compatriota Rachmaninoff, igualmente sem religião, também musicou a *Divina liturgia de João Crisóstomo*. Johnnes Brahms, criado em prostíbulos e sem demonstrar sinais de fé, produziu o brilhante *Réquiem alemão*, com frases da *Bíblia de Lutero* e música tão apropriada a ponto de parecer que as palavras haviam sido criadas exatamente para sua composição melódica.

Beethoven escreveu poucas obras religiosas, mas ele e Mahler, seu sucessor, debateram-se tanto com questões teológicas que Mahler pronunciou certa vez: "De onde viemos? Para onde vamos? Por que fui feito para sentir que sou livre, porém vivo confinado em meu caráter, como se fosse uma prisão? Qual o objetivo de tanta labuta e tristeza? Como posso entender a crueldade e a perfídia nas criações de um Deus bondoso? O significado da vida me será finalmente revelado na morte?". Musicalmente falando, os dois fizeram as mesmas perguntas de modo diferente: Beethoven ergueu a mão fechada em direção ao céu, ao passo que Mahler torceu as mãos com desespero e ansiedade.

A música religiosa tem incentivado excelentes compositores a alcançar seus mais altos dons artísticos. De suas centenas de obras, Beethoven escreveu apenas duas missas; ainda assim, considerou a *Missa Solemnis* sua composição mais grandiosa. Benjamin Britten escreveu

"Uma cerimônia para cânticos de alegria" sob perigo mortal; compôs músicas para os antigos poemas ingleses enquanto estava em um navio atacado por submarinos alemães. Os não tão religiosos, como Brahms e Schubert, bem como os compositores remunerados pelas igrejas, encontraram inspiração inigualável em temas cristãos. Ralph Vaughan Williams, filho de um clérigo, mas que se dizia agnóstico, produziu um dos hinários mais primorosos. No último século, Michael Tippett, Edward Elgar e Nikolai Rimsky-Korsakov compuseram magníficas obras religiosas, apesar da falta de comprometimento deles com aquilo que se propunham a fazer com a música.

O espírito de competição incentivou alguns compositores, que procuraram uma forma exclusiva de produzir temas que muitos outros já haviam tentado criar. Imagine a tarefa de romancear um texto tão desprovido de imagens literárias como o *Credo niceno*. Palestrina produziu em grande quantidade 93 missas, estabelecendo um padrão para todos os seus seguidores. Como se estivessem participando de Olimpíadas, cada um competia com as realizações dos grandes compositores.

O segredo verdadeiro, contudo, precisa ser encontrado nos próprios temas cristãos. Por ocasião de seu 25º aniversário, a Organização das Nações Unidas encarregou um compositor de escrever uma peça intitulada "Para a posteridade", o melhor tema que lhes veio à mente. A música espontânea pode originar-se de ideias simples — por exemplo, de vez em quando surge uma boa peça que gira em torno de uma simplória comemoração de um amor adolescente. Mas forneça a um gênio, como Beethoven, um conceito como "Deus de Deus, Luz da Luz, verdadeiro Deus de verdadeiro Deus" ou ofereça a Händel o contexto surrealista de "Digno é o Cordeiro" em Apocalipse 5, e você começará a entender o que motivou grande parte das músicas que vêm marcando séculos.

Francis Schaeffer afirma que a música nunca teria alcançado seu zênite glorioso na civilização ocidental sem o combustível dos temas cristãos. Deixo esse assunto a cargo dos teóricos. Sei, contudo, que quando leio Apocalipse 5 e, depois, concentro-me na versão de Händel, sinto um arrepio na espinha. A música causa um curto-circuito nos sentidos e segue direto para a emoção humana. Minhas crenças em Deus, na graça e na redenção são transfiguradas por novas versões de conceitos que me são muito familiares.

Quando a Checoslováquia finalmente se livrou dos grilhões do comunismo em 1989, o país comemorou com um concerto na Catedral de São Vito, em Praga. Eufóricos, os cidadãos comuns se reuniram formando uma multidão que incluiu as vítimas de prisão e brutalidade, principalmente o dramaturgo Václav Havel e os membros ilustres do parlamento, para ouvir a *Missa* e o *Te Deum* de Antonín Leopold Dvořák. As palavras daquela liturgia antiga, tocada pela Orquestra Filarmônica Checa, parecia a forma mais apropriada de comemorar a dádiva magnífica da liberdade. O arcebispo de Praga, hoje com 90 anos de idade, que sobreviveu à opressão nazista e comunista, sentou-se ao lado de Havel, que acabara de ser eleito como o último presidente da então Checoslováquia.

A música também pode produzir um protesto eloquente. Leonard Bernstein provocou a ira do presidente Richard Nixon ao fazer a primeira apresentação de sua *Missa* em 1971, no auge da Guerra do Vietnã. A obra conserva grande parte do texto em latim da missa, mas acrescenta poemas líricos que descrevem o fim da confiança entre um líder e seus seguidores. Dois anos depois, Bernstein fez uma provocação proposital à administração de Nixon ao reger *Missa em tempo de guerra*, de Haydn, no "Concerto para paz" na Catedral Nacional de Washington — como protesto contra a guerra e também como contraponto a um concerto no Kennedy Center em comemoração ao segundo mandato de Nixon naquela mesma noite.

■ ■ ■ ■ ■

Acima de todos os outros, um compositor simboliza a mistura perfeita dos ideais musicais e religiosos. Refiro-me, claro, a Johann Sebastian Bach, pai dos principais desenvolvimentos da música ocidental. Que outra figura musical teve o rosto estampado na capa da revista *Time* duzentos e cinquenta anos após seu nascimento? Perguntaram ao ensaísta

Lewis Thomas que compositor ele escolheria para representar a Terra em uma comunicação interplanetária. Sua resposta: "Eu escolheria Bach, percorrendo o espaço repetidas vezes. Estaríamos nos vangloriando, claro, mas é perfeitamente justificável colocarmos o melhor rosto possível no início de um relacionamento como aquele. Poderíamos dizer as verdades mais duras posteriormente".

Nascido nas sombras do Castelo de Wartburg, onde Lutero traduziu a Bíblia para o alemão, Bach tornou-se o compositor que mais se identificou com a Igreja luterana. Bach não era nenhum santo: sempre ofendia os alunos e opunha-se a qualquer tipo de autoridade que restringisse sua liberdade musical. Bach, porém, tinha um objetivo claro. O propósito de sua música, disse certa vez, "deveria ser nada mais, nada menos que a glória de Deus e a recreação da mente". Bach perseguiu seu objetivo com uma sede insaciável pelo perfeccionismo e um conhecimento enorme da Bíblia (ele possuía uma imensa biblioteca eclesiástica). Bach compunha como se o próprio Deus, não um rico patrocinador, estivesse esmiuçando cada nota e cada frase, começando a maioria dos manuscritos com *JJ* ("Jesus, ajuda") e terminando com *SDG* (sigla de *Soli Deo Gloria*, "A Deus somente toda a glória").

Das 295 cantatas de Bach para a igreja, $2/3$ sobreviveram, que vão desde meditações sobre o relacionamento entre Cristo e sua Noiva (a Igreja) até comemorações exultantes da ressurreição final. Ele foi capaz de escrever com confiança a famosa música a ser cantada em igrejas: "Vem, doce morte, vem descanso abençoado, pega minha mão e conduze-me ternamente". Quando estava à beira da morte, ele ditou uma última cantata à qual deu o título "Com isto, eu me apresento diante do teu trono".

Entre as obras mais importantes de Bach, *A Paixão segundo São Mateus* é, em geral, aclamada como a melhor obra para coral já escrita em alemão. Foi apresentada no dia de Bach, causou um pequeno rebuliço e deixou de ser tocada por exatamente cem anos. Em 1829, Felix Mendelssohn conseguiu uma cópia do precioso manuscrito por intermédio de seu professor, que alegou ter comprado o original de um comerciante de queijos que, por sua vez, usava o manuscrito inútil para embrulhar queijos. Mendelssohn encenou uma nova apresentação de *A Paixão*, provocando uma onda de entusiasmo por Bach.

Ouvi essa obra magnífica em um concerto de verão pela Orquestra Sinfônica de Chicago e Coral, no Ravinia Park, perto de Chicago. Três mil pessoas aglomeraram-se no parque para assistir à apresentação de quatro horas. Mais uma vez surpreendi-me com a ironia daquela multidão: patrocinadores elegantemente trajados, jantando à luz de velas no terreno espaçoso do Ravinia, contrastando com um grande contingente de pessoas informais, vestindo calças *jeans*. A população judaica de North Shore em Chicago estava distribuída por toda parte. Extasiados, todos ouviam uma narrativa sincera da crucificação de Jesus adaptada do evangelho de Mateus.

Cinco vezes durante a apresentação, o coral inteiro cantou repetidas vezes o refrão do qual foi composto o hino "Oh, sagrada fronte, agora ferida". A cena diante de mim era tão distante da noite humilhante e sangrenta no Calvário quanto sou capaz de imaginar. No entanto, o maestro criara sua magia. Naquela noite, o público pagante trajando roupa de gala rendeu-se diante da agonia e do horror daquele dia de trevas, bem como de seu profundo significado para toda a humanidade, muito melhor que qualquer evangelista com forte sotaque sulino que descrevesse macabramente as marcas dos pregos e dos espinhos.

Quem é capaz de medir o impacto que a apresentação causou? Não conheço nenhum avivamento em igreja que tenha sido motivado pela música clássica. Mas em mim, por ser cristão, o grande esforço investido pela mente mais brilhante da música em expressar o único evento que dividiu a História em duas metades foi recompensado. C. S. Lewis referiu-se à fina arte como "gotas de graça", que pode despertar em nós uma sede pelo Objeto verdadeiro. Sob a batuta do maestro correto, essas gotas podem transformar-se em um dilúvio da presença de Deus. *SDG*.

# Capítulo 13
## A ópera do sr. Händel

Minha mulher e eu viajamos pela primeira vez a Londres durante o Natal. Quando o avião fez uma curva inclinada acima do centro da cidade, avistamos, pela janela do lado direito, filas de barcos a remo navegando no Tâmisa, e também o Parlamento, o Palácio de Whitehall e outros edifícios importantes, iluminados em sépia pelos raios matutinos do Sol. Pela janela esquerda, a Lua, visível pela metade, pairava baixo no céu, e a estrela da manhã ainda brilhava. Aquele foi um dos raros dias de inverno perfeito em Londres.

Mais tarde no mesmo dia, fortalecidos por café, andamos vagarosamente pelas ruas da cidade tentando avançar sete fusos horários em nosso relógio biológico por termos permanecido acordados até o anoitecer. Preocupado, eu não parava de rememorar os detalhes de última hora antes da viagem. Será que deixei a secretária eletrônica ligada e desliguei o computador? Os vizinhos encontrariam a chave da caixa de correio? Reduzimos o nível do termostato? A ansiedade em razão desses detalhes impedira-me de ter um sono repousante na noite anterior e agora, depois de trinta horas acordado, minha mente girava lentamente, e meus olhos ardiam de tal forma que nenhum colírio poderia acalmar.

Pouco antes de nos recolher, entramos em uma fila para adquirir ingressos para o teatro, e foi então que avistei o cartaz: "Só uma noite. O *Messias*, de Händel, apresentado pelo Coro Nacional de Westminster e pela Orquestra Nacional de Câmara no Barbican Center". O vendedor de ingressos garantiu-me que, de todas as apresentações do *Messias* em Londres, aquela era evidentemente a melhor. Havia dois problemas: o concerto começaria dali a algumas horas, e os ingressos estavam esgotados.

Vinte minutos depois, após uma animada negociação entre marido e mulher, estávamos em nosso quarto de hotel instilando mais algumas gotas de colírio nos olhos e nos vestindo para o concerto, cujos ingressos estavam esgotados. Não poderíamos deixar passar aquele momento de feliz acaso. "Nossa presença é ordenada por Deus", garantiu-me minha mulher. Estamos na cidade adotada por Händel, onde ele escreveu a composição musical. Certamente um problema insignificante como ingressos esgotados não nos impediria de encontrar uma forma de entrar no local onde desfrutaríamos uma experiência musical incomparável. As sobrancelhas arqueadas de Janet e os olhos cansados por falta de dormir transmitiram uma mensagem inequívoca do que ela pensava de minha teologia circunstancial, mas ela concordou em me acompanhar.

Depois de uma corrida de táxi tumultuada ao salão do concerto, encontramos por acaso um camarada inglês, preocupado com os interesses da comunidade, que nos ofereceu seus ingressos extras pela metade do preço. Minha teologia melhorava o tempo todo. Comecei a relaxar, prevendo uma noite reconfortante de música barroca. Sentados na última fila do piso principal, estávamos posicionados de maneira ideal para um cochilo se houvesse necessidade.

Eu mal podia imaginar como seria aquela noite. Tinha ouvido, claro, o *Messias*, de Händel, várias vezes. Mas alguma coisa dessa vez — sono atrasado, agitação por ter tomado café, o ambiente londrino, a apresentação em si — me transportou para perto, muito perto da época de Händel. Fui capaz de imaginar facilmente o *Messias* em seu contexto original. O evento tornou-se, de forma totalmente inesperada, não apenas em uma apresentação, mas em uma espécie de epifania, uma revelação surpreendente da teologia cristã. Nunca sentira aquela experiência de enxergar além da música e ver a alma da composição musical.

## Londres, 1741

Quando compôs *O Messias*, Georg Friedrich Händel já era um músico famoso de seu tempo. Ele nasceu no mesmo ano de seu conterrâneo Bach. Bach, porém, permaneceu na Alemanha, ao passo que Händel viajou muito e ganhou fama internacional. Na Itália, ele conquistou o público ao competir com Domenico Scarlatti no órgão e no cravo; com o passar do tempo, também absorveu o espírito romântico da cultura e dominou as técnicas da composição italiana. Em uma viagem subsequente à Inglaterra, ele foi aclamado de tal forma que, dois anos depois, voltou para ficar, tornando-se cidadão naturalizado. Alguns anos depois, seu patrono, George, Eleitor de Hanover, tornou-se o rei George I da Inglaterra, promovendo ainda mais a carreira de Händel.

No início do século XVIII, Londres era, sem dúvida, a cidade mais vibrante do mundo. Alexander Pope e Jonathan Swift comandavam o grupo de intelectuais e ensaístas, Joseph Addison e Richard Steel encantavam os londrinos com suas publicações *Tatler* e *Spectator* e *sir* Isaac Newton estava tomando a frente de uma revolução científica. Ao entrar naquela sociedade, Händel teve de enfrentar requintados e esnobes críticos da música.

Ao mesmo tempo, os compositores precisavam agradar às plateias, para as quais a palavra "requintado" não se aplicava de maneira nenhuma. Os espectadores da ópera jogavam cartas, contavam piadas, não paravam no lugar, quebravam nozes, cuspiam onde queriam e assoviavam alto ou vaiavam um cantor quando não lhes agradava. O cantor retaliava interrompendo a apresentação para proferir obscenidades a um sujeito irritante. Händel teve sucesso nesse ambiente tumultuado. Como homem grandalhão, de temperamento explosivo e ego exagerado, ele enfrentou desafios, primeiro por adquirir contratos dos cantores rivais e depois por ter produzido rapidamente uma série de 42 óperas italianas animadas que mantiveram o público fascinado durante vinte e cinco anos.

No entanto, a ópera italiana que tomou conta de Londres desapareceu tão abruptamente quanto apareceu. Em pouco tempo, a companhia de Händel foi à falência, e ele teve de procurar um novo gênero de composição. Por volta da mesma época (1737), Händel sofreu um acidente cardiovascular, uma calamidade que, segundo alguns biógrafos, o ajudou a voltar-se para temas religiosos. A paralisia temporária no braço direito o impediu de apresentar-se diante do público, além de ter tido problemas de visão e também de percepção mental. Viajou à Alemanha onde esteve em um *spa* para tratamento; depois da recuperação, fez as primeiras tentativas sérias para expressar sua fé simples por meio da música. Depois de fazer amizade com Charles Jennens, um excêntrico muito rico que escreveu libretos com base em textos de Shakespeare, da Bíblia e do *Livro de oração comum*, os dois começaram a trabalhar em conjunto em uma nova forma de arte, o oratório bíblico, uma espécie de ópera religiosa na língua inglesa.

O bispo de Londres franziu o cenho diante da ideia de apresentar a Sagrada Escritura em forma de drama teatral e manteve sua desaprovação. Mas os londrinos afluíam em massa às apresentações de Händel — *Saul, Belsazar, Ester, Débora, Salomão, Israel no Egito, Jefté* e *Sansão* — quase 20 oratórios no total. Por ser um *showman* nato, Händel apresentava-se como solista de órgão em todas as estreias.

Em meio a esse período fértil, Jennens levou a Händel um roteiro baseado na vida de Jesus. Muito mais abstrato e conceitual que os outros oratórios de Händel, esse trabalho exigia pouca ação no palco. Ao contrário das grandiosas obras alemãs para corais, aquela contava a história de Jesus indiretamente, baseando-se mais nas citações dos Profetas e de Salmos, incluindo apenas uma passagem ou outra dos Evangelhos. O libreto comoveu Händel de tal forma que ele partiu para a ação imediatamente. A velocidade com que produzia era célebre, mas dessa vez ele se superou: em apenas 22 dias, Händel terminou seu magnífico *O Messias*. O manuscrito original ainda existe, com manchas, borrões de tinta e correções apressadas deixando à mostra o ritmo arrojado da composição.

Desmembrado dos oratórios de Händel, *O Messias* não estreou em Londres. Vinte e seis vocalistas e alguns instrumentistas, regidos pelo próprio compositor, fizeram a primeira apresentação em Dublin, Irlanda, em abril de 1742, cuja renda foi revertida "Para o conforto dos prisioneiros em vários cárceres, e para sustentar o Mercer's Hospital, na rua Stephen, e a enfermaria caridosa do Inn's Quay". A época da Paixão encaixou-se perfeitamente nos temas do Messias — embora se tenha transformado quase exclusivamente em peça de Natal —, e a causa assistencial ajudou a amenizar o susto do público ainda nervoso ao ouvir um texto sagrado cantado no palco por personalidades do mundo.

Em contraste com o sucesso da estreia em Dublin, Londres recepcionou *O Messias* com um pouco de frieza no ano seguinte. Händel apresentou uma versão levemente alterada em 1745, que também provocou pouco entusiasmo. Quatro anos depois, outra apresentação no Covent Garden foi recebida com entusiasmo suficiente para incentivar apresentações anuais. Em sua última aparição em público, Händel, na época com 74 anos de idade e totalmente cego, pegou a batuta para reger mais uma apresentação de *O Messias*, em benefício de sua instituição de caridade favorita, o Foundling Hospital. Quando ele morreu, mais de 3 mil pessoas compareceram a seu funeral, e ele foi sepultado com honras de Estado na Abadia de Westminster.

Nos dois últimos séculos e meio, não se passou nem um ano sem uma apresentação de *O Messias*, de Händel. Entre todas as muitas obras de Händel, ela é a mais conhecida e a mais amada e, sem dúvida, o oratório religioso mais executado na História.

## Belém

Recostado na poltrona almofadada do Barbican Center, ouvi as recitações bastante conhecidas de *O Messias*, Parte 1, e foi fácil entender por que o oratório veio a ser ligado ao Advento. Händel começa com uma coleção de profecias alegres e cadenciadas de Isaías sobre a vinda do rei que traria paz e consolação a um mundo perturbado e violento. A música intensifica-se, avolumando-se a partir de um solo de tenor

("Consolai o meu povo...") até o momento em que o coral inteiro celebra jubilosamente o dia em que "a glória do Senhor será revelada".

Naquelas poucas horas de passeio turístico pela cidade, eu havia visto indícios da glória britânica, e ocorreu-me que aquelas imagens de riqueza e poder devem ter enchido a mente dos contemporâneos de Isaías que ouviram pela primeira vez aquela promessa. Vi as joias da Coroa, um bastão de ouro maciço do governador e a carruagem dourada do prefeito de Londres. Até os londrinos da época atual reverenciam a glória, porque todos os dias eles fazem uma exibição elaborada da troca da guarda real no Palácio de Buckingham. Quando os hebreus ouviram as palavras de Isaías, sem dúvida o povo expatriado e sem nenhum recurso lembrou-se com saudades dos tempos de Salomão, quando o palácio e o templo reluziam, e "o rei tornou a prata tão comum em Jerusalém quanto as pedras".[1]

Sou, porém, americano, com raízes democráticas e populistas, e nós, os americanos, temos sentimentos ambivalentes acerca da glória. Vacilamos com uma boa razão — a glória e o prestígio nacional nunca são conseguidos sem um preço, conforme os hebreus e os ingleses aprenderam a duras penas com uma sucessão de reis e rainhas. Os governantes que trazem orgulho e honra a uma nação quase sempre fazem isso oprimindo seus súditos e sugando suas riquezas. Quantos cidadãos pobres pagaram impostos para embelezar a carruagem do prefeito de Londres e o palácio do rei Salomão?

Uma vez que governantes fortes têm a tendência de criar um clima de medo, até as promessas do Messias tão aguardado causaram medo aos profetas. Depois daquela abertura impetuosa, surpreendi-me ao ouvir *O Messias*, de Händel, mudar tão rapidamente para um tom melancólico, até mesmo com algum presságio, como se fosse um reconhecimento daquele lado mais escuro do autoritarismo. O baixo fala de um Senhor dos Exércitos que abalará os céus e a terra, o mar e a terra seca.

---

[1] 1 Reis 10.27. [N. do T.]

Os israelitas tinham um medo tão grande de Deus que não falavam nem escreviam o nome dele, e, com a notícia da chegada do Messias prometido, eles temeram não a tirania da injustiça, mas a possibilidade da justiça santa. "Mas quem pode suportar o dia da sua vinda?", o contralto grita alarmado, "[...] pois ele é como o fogo do refinador". Se o Senhor dos Exércitos fizesse uma visita pessoal a este mundo corrompido, algum de seus habitantes sobreviveria? A Terra sobreviveria?

A boa-nova de esperança paira em limbo por um momento, obscurecida pelas possibilidades alarmantes da justiça divina. De modo semelhante, durante séculos os judeus, instigados pelas imagens estarrecedoras do Sinai, devem ter aguardado com esperança, mas com medo, a vinda do Messias.

Da tensão na música de Händel, logo surgem palavras amáveis e bem conhecidas que esclarecem a contradição de um governante poderoso, mas consolador. "Eis, uma virgem conceberá e terá um Filho, e chamará seu nome Emanuel, 'Deus conosco' ". O Deus que vem à terra não chega em um redemoinho devastador, nem em meio a um fogo devorador. Ele vem na forma mais minúscula imaginável: como um óvulo, e depois como feto, desenvolvendo célula por célula no ventre de uma humilde virgem adolescente. Em Jesus, Deus encontrou pelo menos um modo de aproximar-se do ser humano sem lhe causar medo. Quem tem medo de um bebê indefeso sugando o seio da mãe?

"Eis vosso Deus!", o coral intervém, como se estivesse perplexo. Eis o milagre da encarnação. Eu me perguntei quantos londrinos que comemoravam o Natal entenderam o sentido do escândalo. As lojas do lado de fora exibiam cenas da alegria do Natal como nos contos de Dickens, e havia presépios pelas praças da cidade. Sim, a virgem e a criança eram uma cena bastante conhecida, porém como a maioria entendeu as implicações assombrosas da "imensidão abrigada em teu ventre amado"? Do corpo de um pequenino recém-nascido abrigando o Criador de tudo o que existe?

O londrino G. K. Chesterton disse certa vez, maravilhado: "As mãos que fizeram o Sol e as estrelas eram pequenas demais para tocar as cabeças enormes do gado". Ou nas palavras de Lutero:

> Ele, cujos mundos não puderam conter,
> Está ali, no colo de Maria.

*O Messias* mergulha em um interlúdio orquestral, como se tivesse a intenção de permitir que os ouvintes meditassem naquela maravilha. Em seguida, dá um salto no tempo; passa das promessas dos profetas ao anúncio emocionante do nascimento em uma pastagem nos arredores de Belém. Os anjos proclamaram aos pastores assustados que o reinado do medo terminara. *Não temais!* Naquela mesma noite, Deus estava fazendo uma coisa totalmente nova na terra: o Deus todo-poderoso estava tornando-se um de nós. "Glória a Deus nas alturas!", o coral de Händel canta, ecoando o louvor dos anjos.

A Parte 1 do Messias pode formar um círculo em torno de uma palavra antiga, "glória", mas, no processo, adquire um novo significado. O Messias é verdadeiramente um rei, mas não um rei que gosta de carruagens de ouro e coroa de joias. Os solistas descrevem um rei que dá visão aos cegos e destrava a língua dos mudos, de um rei que "alimentará seu rebanho como um pastor" e "ajuntará as ovelhas com seu braço".

Por esse motivo, a Parte 1 pode encerrar com um convite terno, quase paradoxal: "Vinde a ele, todos vós que estais sobrecarregados, e ele vos dará descanso [...]. Seu jugo é suave e seu fardo é leve". Certamente o Messias reina, mas reina com um bordão de amor. Quem pode suportar o dia de sua vinda? Qualquer um pode suportar; todos os que vêm a ele são bem recebidos.

## Calvário

Durante o intervalo, conversei sobre a política dos Estados Unidos com meu companheiro ao lado e misturei-me com outras pessoas da plateia enquanto tomava outra xícara de café. No entanto, o drama da Parte 1 estava mexendo comigo, mesmo enquanto eu conversava sobre amenidades no saguão. Mais que em qualquer outro lugar do mundo, Londres valoriza o teatro, e aquelas pessoas no palco não estavam simplesmente cantando; estavam encenando o drama das palavras de *O Messias*. De repente, pareceu-me muito estranho que estivéssemos sentados tão formalmente, com roupas tão elegantes, enquanto ouvíamos a história que abalou o mundo. Deveríamos saltar de alegria ou trocar apertos de mãos, como fazem os carismáticos.

Todos os outros, porém, pareciam tranquilos e imperturbáveis, e acomodamo-nos em nossas poltronas novamente para assistir à Parte 2. Qualquer ouvinte, mesmo que não tenha gosto pela música, é capaz de sentir uma mudança sinistra nos sons da abertura. Händel revela o humor sombrio com densos acordes orquestrais em tom melancólico, depois faz o coral proclamar com uma palavra introdutória sempre muito significativa: "Eis o Cordeiro de Deus!". A Parte 2 descreve a reação do mundo à vinda do Messias nascido de uma virgem, e a história é tão trágica que não há palavras para descrevê-la.

O libretista Charles Jennens baseou-se em grande parte nas palavras de Isaías 52—53, aquele relato vívido e extraordinário escrito séculos antes do nascimento de Jesus. Na representação de Händel, todos os sons cessam por um momento, e, após essa pausa dramática, a contralto, sem nenhum acompanhamento, anuncia a notícia perturbadora: "Ele foi des-pre-za-do [...] re-jei-ta-do". Ela pronuncia cada sílaba com grande esforço, como se os fatos da história fossem dolorosos demais para recitar. Os violinos reafirmam com obsessão cada frase musical.

A história no Calvário paira suspensa no ar. As extraordinárias esperanças que, como um redemoinho, giraram em torno do tão esperado libertador de Israel desmoronaram nas trevas daquela noite fatídica. Pendurado como um boneco entre dois ladrões, o Messias provocou o pior dos escárnios, ou pelo menos piedade. "Todos os que o veem riem dele com escárnio", diz o tenor, que em seguida completa, no momento mais comovente do oratório de Händel: "Olhai e vede se há uma dor semelhante à dele". O texto musical capta elegantemente a solidão de Jesus, abandonado até por Deus: "Ele confiou que Deus o libertaria [...]. Tuas afrontas quebraram seu coração".

Nem tudo, porém, está perdido! Alguns compassos depois do tenor, a mesma voz que gritou com desespero, introduz o primeiro raio de esperança na Parte 2 do *Messias*: "Mas tu não deixarás sua alma no inferno". Quase imediatamente, o coral inteiro exulta de alegria: "Erguei vossas cabeças, ó portais...". Porque a derrota no Calvário foi apenas uma derrota aparente. O corpo pendurado não permanece um corpo morto. Afinal, ele é o Rei da glória!

Händel deixa aos teólogos as abstrações de como a morte do Filho de Deus redimiu o mundo inteiro. Ao contrário, ele usa o restante da Parte 2 para comemorar o triunfo daquela derrota aparente. "Como são lindos os pés daqueles [...] que trazem as boas-novas", a soprano entoa com força. "Sua voz é ouvida por todas as terras", ecoa o coral. As nações esbravejam furiosamente, conspirando contra a paz e a justiça, mas "aquele que habita no céu rirá deles com escárnio". O jogo de palavras é intencional: aquele que foi motivo de riso e escárnio rirá por último.

"Aleluia!", o coral entoa finalmente em alta voz, e a música eleva--se até atingir o trecho mais famoso de *O Messias*, uma das passagens mais exultantes que um músico compôs até agora. O próprio Händel disse algo ao escrever o coro de aleluias: "Imaginava ver o céu inteiro diante de mim, e o grande Deus em pessoa". "Rei dos reis [...] Senhor dos senhores [...] reinará para sempre" — Händel dá a cada frase o magnífico ritmo melódico que ela merece. Quando o rei George I ouviu o coro de aleluias na estreia em Londres, ele, o soberano da nação, ajoelhou-se maravilhado, e, desde então, as plateias têm honrado sua respeitosa homenagem.

A Parte 1 do *Messias* terminou com um hino de convite ("Vinde a ele") com base em um paradoxo; a Parte 2 explica o paradoxo de como o jugo pode ser suavizado, e a carga, aliviada, porque o sofrimento foi transferido. Na cruz, a dor e a tristeza da humanidade foram transferidas a Deus, porque ele tomou sobre si o castigo que merecíamos. O refrão de O Messias explica claramente: "Ele tomou sobre si as nossas dores e levou as nossas tristezas [...] e por suas pisaduras fomos curados".

Além disso, no ato da morte em si, o último inimigo da humanidade morreu. O que se seguiu, o dia da ressurreição, foi um milagre que merece todo o nosso louvor, que merece o coro de aleluias.

## Eternidade

Alguns céticos dão a entender que o rei George tivesse se ajoelhado menos por respeito do que por assumir erroneamente que o coro de aleluias fosse a parte final de O Messias. Até hoje os que assistem a ele pela primeira vez cometem o mesmo erro. Quem pode culpá-los? Depois de duas horas de apresentação, a música parece chegar ao auge no coro vibrante. O que mais falta?

Eu nunca havia pensado nisso até aquela noite no Barbican Center. Quando, porém, olhei de relance para os poucos parágrafos do que restava no livreto, com os olhos ardendo ainda por falta de sono, percebi o que faltava nas Partes 1 e 2 do Messias. Elas apresentaram a narrativa da vida de Jesus, mas não o significado subjacente. A Parte 3 afasta-se da história e, fazendo uso de citações de Romanos, 1Coríntios e Apocalipse, oferece o essencial de interpretação que faltava.

Quando minha mulher e eu viajamos de avião à Inglaterra naquele dia, voamos acima da calota polar, que mesmo à noite pode ser vista brilhando a 9 mil metros abaixo de nós durante a estação do sol da meia-noite. Eu sabia que, por baixo da camada polar, transitavam submarinos nucleares dos Estados Unidos e da Rússia, cada um com capacidade para matar 100 milhões de seres humanos. Ao aterrissar em Londres, fomos informados sobre um acidente de trem que matara dezenas de passageiros: todos os jornais estampavam fotos da tragédia.

Na semana seguinte, um terrorista explodiu outra bomba. É esse o mundo que Deus tinha em mente no momento da Criação? O mundo que Jesus tinha em mente na encarnação?

Por motivos como esses, não seria certo *O Messias* terminar com um coro de aleluias. O Messias veio ao mundo em glória (Parte 1); o Messias morreu e ressuscitou (Parte 2). Por que, então, o mundo continua neste estado lastimoso? A Parte 3 tenta dar uma resposta. Além das imagens de Belém e do Calvário, há necessidade de outra imagem messiânica: o Messias como Senhor Soberano. A encarnação não conduziu ao fim da história, e sim conduziu ao princípio do fim. Há muito trabalho a ser feito antes que a criação seja restaurada de acordo com o plano original de Deus.

Em uma cadência brilhante, a Parte 3 de *O Messias* inicia-se com uma citação de Jó, aquela figura trágica que se agarrou obstinadamente à fé em meio a circunstâncias que o teriam levado ao desespero total. "Eu sei que o meu Redentor vive, e por fim se levantará sobre a terra", canta a soprano. Subjugado pela tragédia pessoal, com poucas evidências de um Deus soberano, Jó ainda consegue acreditar; e, conforme Händel dá a entender, nós também devemos fazer o mesmo.

Daquela abertura desafiadora em diante, *O Messias* muda para a explicação teológica da morte de Cristo ("Assim como por um só homem veio a morte [...]") e, a seguir, passa rapidamente para suas palavras sublimes sobre uma ressurreição final ("A trombeta soará, e os mortos serão levantados [...]"). A morte de Cristo e a ressurreição do corpo representaram, de uma só vez, a derrota decisiva do mal e um eco antecipado do que acontecerá um dia a todos os que estão em Cristo.

Da mesma forma que a tragédia da Sexta-feira Santa foi transformada no triunfo do Domingo de Páscoa, um dia toda guerra, toda violência, toda injustiça, toda tristeza serão transformadas. Então, e somente então, seremos capazes de dizer: "Ó morte, onde está teu aguilhão? Ó tumba, onde está tua vitória?". O soprano transporta esse pensamento para sua conclusão lógica, citando Romanos 8: "Se Deus é por nós, quem será contra nós?". Se acreditarmos, se acreditarmos de verdade, que o último inimigo foi destruído, não teremos de temer mais nada. Finalmente a morte foi tragada pela vitória.

A obra-prima de Händel termina com uma cena simples congelada no tempo. Para provar seu argumento sobre o Cristo da eternidade, o libretista Jennens poderia ter baseado a cena em Apocalipse 2, passagem em que Jesus aparece com a face reluzente e olhos de fogo. Em vez disso, seu texto conclui com a cena de Apocalipse 4—5, talvez a imagem mais vívida de um livro marcado por imagens vívidas. Essa passagem prenuncia a consumação de toda a História. Vinte e quatro anciãos reunidos e acompanhados de quatro seres viventes que representam força, sabedoria e majestade — o melhor em toda a criação. Essas criaturas e os anciãos ajoelham-se respeitosamente diante de um trono resplandecente e circundado por um arco-íris. Um anjo pergunta quem é digno de romper o selo que abrirá o livro da História. Nem as majestosas criaturas nem os 24 anciãos se atrevem a responder; nenhum deles é digno. O autor entende bem o significado daquele momento: "Eu chorava muito, porque não se encontrou ninguém que fosse digno de abrir o livro e de olhar para ele".[2]

Além dessas criaturas, imponentes para tal tarefa grandiosa, outra criatura apresenta-se diante do trono resplandecente. Embora sua aparência não fosse tão majestosa, ele é, sem dúvida, a única esperança restante da História. "Depois vi um Cordeiro, que parecia ter estado morto [...]"[3] Um cordeiro! Um cordeiro indefeso balindo, aquele que havia sido morto! Mas João em Apocalipse, e Händel em *O Messias*, resumem toda a história nessa imagem misteriosa. O Deus grandioso que se tornou um bebê, que se tornou um cordeiro, que se fez sacrifício — esse Deus, que curou nossas feridas e morreu por nós, somente ele é digno de toda a glória. É nesse ponto que Händel nos deixa, com o extraordinário refrão "Digno é o Cordeiro", seguido de améns exultantes.

---

[2] Apocalipse 5.4. [N. do T.]
[3] V. 6. [N. do T.]

O coral de Westminster tomava conta do salão enorme com os améns. Olhei ao redor e me fiz outra pergunta: Quantos destes londrinos entendem o significado disso? Quantos acreditam nele? Provavelmente poderiam concordar com as partes 1 e 2 de *O Messias*: nesta terra que um dia foi cristã, poucos negariam abertamente os fatos históricos da vida e crucificação de Jesus.

O problema encontra-se na Parte 3. Estávamos sentados em um auditório moderno de tijolos revestidos com carvalho, no fim do século XX, em uma cultura materialista muito distante de imagens de cordeiros sacrificados. Händel, porém, entendeu que a História e a civilização não são o que parecem ser. Auditórios, culturas, civilizações — todos passam por ascensão e queda. A História tem provado que nada do que é feito por mãos humanas dura para sempre. Precisamos de algo maior que a História, algo fora da História. Precisamos do sacrifício de um Cordeiro antes da fundação do mundo.

Confesso que, para mim, não é fácil acreditar em um mundo invisível, um mundo além deste. Assim como muitas pessoas de hoje, às vezes me pergunto se a realidade termina com o mundo material à nossa volta, se a vida termina com a morte, se a História termina com destruição ou exaustão solar. Naquela noite, porém, não tive essas dúvidas. Os fusos horários e a fadiga produziram em mim algo parecido com uma experiência extracorpórea, e naquele momento a magnífica tapeçaria tecida pela música de Händel pareceu muito mais real que meu mundo cotidiano. A sensação foi a de ter tido um vislumbre da grande amplitude da História. E tudo isso centralizado no Messias que veio em missão de resgate, que morreu naquela missão e que, por meio de sua morte, trouxe salvação ao mundo. Saí de lá com a fé renovada de que ele — e nós — certamente reinaremos para sempre e sempre.

Afinal, foi uma boa decisão assistir àquele concerto tão feliz e inesperado.

■ ■ ■ ■ ■

Esta obra foi composta em *Baskerville*
e impressa por Imprensa da Fé sobre papel
*Offset* 70 g/m² para Editora Vida.